사기 프로파일링

당신이 믿는 순간, 사기가 시작된다

사기 프로파일링

당신이 믿는 순간, 사기가 시작된다

초판인쇄 1판 1쇄 2025년 10월 21일

저자 이승철 · 이승환
펴낸이 최검열

출판총괄 이재향
편집책임 구본희
표지 박하민
편집 신소미, 이수정

펴낸곳 도서출판 밀알
등록번호 제1-158호
주소 인천 서구 당하동 1235-3 리슈빌 802호
전화 02) 529-0140
홈페이지 www.milalbook.com

ISBN 978-89-418-0347-8

■ 잘못된 책은 교환해 드립니다.

실화기반 X 행동심리학 X 케이스 분석　|　믿음의 기제와 속임의 논리를 파헤치다

사기 프로파일링

당신이 믿는 순간, 사기가 시작된다

이승철 · 이승환 지음

추천사

제23대 대한민국 경찰청장 윤 희 근

추천사를 의뢰받고 책의 제목을 처음 접하면서 순간적으로 사기(詐欺)의 뜻을 이렇게 이해했다. 그래 조직의 사기(士氣)·개인의 사기(士氣)는 믿음에서 시작하지… 그러나 프롤로그를 읽어 내려 가는 순간 피식하며 웃음이 나왔다.

공동 저자인 이승환 님과의 인연은 예전 서울경찰청 정보과에서부터 시작된다. 그 시절 과장과 외근 정보관으로 만났다. 사회 다방면에 대한 지적 호기심과 문제의식을 가지고 매사를 진지하게 임하는 저자는 예나 지금이나 참으로 에너지 넘치고 어찌보면 참 힘들게 사는 동료였다고 생각한다.

하지만 그 바탕에는 사람에 대한 진정한 사랑과 속한 조직에 대한 무한한 자부심, 그리고 우리 사회가 조금 더 안전하고 행복해지길 염원하는 참으로 순수한 마음이 있다. 그런 점에서 그는 로맨티스트이기도 하다.

경찰관으로 30여 년… 그중 2년을 경찰청장이라는 소명을 담당했던 경험자로서, 우리 사회에 만연한 사기(詐欺)범죄의 심각성을 누구보다 잘 아는 한 사람으로서 시의적절한 소재로 누구나 쉽게 이해할 수 있도록 저술된 이 책이 고마울 따름이다.

전세사기·보이스피싱 등 중대한 사기범죄는 어쩌면 전통적인 강력 범죄 중 하나인 살인보다도 더 심하게 한 개인, 한 가정의 삶을 송두리째 앗아간다. 이를 '경제적 살인'이라 명명하고, '경찰청장의 국민체감 약속 1호'로 정하여 전국적으로 경찰 동료들과 일심단결하여 국제공조까지 동원해 사기범죄 예방과 범죄자 척결을 위해 혼신을 다했던 그때를 생각하며 '안전한 대한민국, 국민이 신뢰하는 안심공동체'를 위해 주위의 많은 분들께 이 책의 일독을 권하며 두 분 저자께도 다시 한 번 진심 어린 감사의 말씀을 드린다.

중소기업중앙회 회장 김 기 문

    30년 넘게 기업을 경영하고 경제단체장을 맡으며, 가까운 친구나 이웃을 믿었다가 사기를 당한 기업인들의 이야기를 수없이 들어왔습니다. 최근에는 AI 기술의 급격한 발전으로 보이스피싱이나 전세사기처럼 피해 대상을 가리지 않고 규모 또한 과거와는 비교할 수 없을 만큼 커진 신종 사기들이 끊임없이 등장하고 있습니다.

    더 안타까운 것은 이런 사기가 부모님의 수술비, 자녀의 학자금, 전세자금처럼 간절한 삶의 자원을 노려, 이웃의 희망과 미래를 한순간에 무너뜨린다는 사실입니다.

    이러한 시대에 출간된 이 책은 두 저자의 풍부한 형사 경험과 심리 연구를 바탕으로 사기의 메커니즘을 면밀히 분석하고, 변화하는 수법에 대응할 구체적인 방법을 제시합니다. 독자들에게는 빠르게 진화하는 사기 수법으로부터 자신과 가족을 지킬 수 있는 든든한 길잡이가 되어 줄 것입니다.

    "우리 사회 모두가 사기를 이해해야 속지 않는다."는 공동 저자 이승환 형사의 말처럼, 이 책은 개인의 안전을 넘어 사회 전체의 신뢰와 행복을 지키는 데 꼭 필요한 안내서입니다. 나와 가족, 그리고 우리 모두를 위해 꼭 한 번 읽어 보시길 권합니다.

전주지방검찰청 검사장 신 대 경

　신임 검사로 임관되었던 2000년대 초반만 하더라도 사기범죄는 대체로 사람들간의 신뢰 관계를 이용하여 투자계약, 금전차용 등의 형식을 통해 금전적 이익을 취하는 비교적 단순한 수법의 범죄에 불과하였습니다. 그러나 스마트폰, SNS 등 첨단 테크놀로지가 우리 일상에 깊숙이 확산되며 이를 활용한 사기범죄 또한 날로 교묘해지고 다양해지며 조직범죄화되어 가고 있습니다.
　신종 사기 수법의 등장에 수사기관도 적절한 대응을 위해 노력하고 있지만 조직화, 국제화, 첨단기술화되어 가는 사기범죄에 일일이 대응하는 데 한계가 있는 것도 현실입니다. 사기범죄는 이제 AI를 이용하는 단계에까지 이르러 간단한 작업만으로 사람들을 더욱 손쉽게 속일수 있는 상황에 이르렀습니다. 사기범죄로 인한 피해는 개인을 넘어 사회적 손실을 초래하고 공동체의 신뢰를 무너뜨릴수도 있습니다.
　이 책은 날로 다양해지고 첨단화되어 가는 사기범죄의 수법을 현장에서 발로 뛰는 형사의 매서운 눈을 통해 실감나게 안내해 주면서도 기존에 다루지 않았던 사기범죄 그 이면에 깔려 있는 인간의 나약한 심리를 명쾌하게 분석함으로써 사기범죄에 대한 일반인들의 이해도와 대응력을 한 단계 높여 줄 수 있는 지침서입니다.
　국무조정실 부패예방추진단에서 함께 근무하는 동안에도 보여 주었던 이승환 경감의 탁월한 통찰력과 분석 능력이 이 책 한권에 고스란히 담겨 우리에게 실용적인 메시지를 전해 주고 있습니다.

KBS 부사장 김우성

안전한 공동체를 꿈꾸며… 우리가 지켜야 할 것은 결국 '인간다움', 곧 휴머니티입니다. 그러나 사기꾼들의 교묘한 행위는 이 소중한 가치를 파괴하며 많은 사람들을 고통과 좌절 속으로 몰아넣습니다. 사기는 결코 개인의 불행에 그치지 않고 사회 전체를 병들게 하는 문제입니다.

『사기 프로파일링』은 심리학적 통찰과 실제 사건 기록을 바탕으로 사기범죄의 실체를 생생히 보여 줍니다. 읽는 동안 뉴스 속 사건들이 책 속 사례와 겹쳐 보일 만큼 현실적이었습니다.

무엇보다 이 책의 힘은 두 저자의 조화에 있습니다. 조직·심리 전문가의 시선과 현직 형사의 수사 기록이 만나 사기를 입체적으로 분석하고, 피해를 막기 위한 실질적인 지침까지 제공합니다.

저는 특히 이승환 형사와의 인연을 잊을 수 없습니다. 10여 년 전 제가 국장으로 일하던 시절, 공영방송인과 경찰로서 각자의 위치에서 '공익'을 위해 함께 고민하고 협력하자고 약속했던, 사회에서 만난 동료였습니다. 그 진지함과 사명감은 지금도 변함없어 보이며 이번 책 곳곳에 고스란히 녹아 있습니다.

그래서 이 책은 단순한 범죄 사례집이 아니라, 우리 사회가 함께 경각심을 나누고 더 튼튼한 안전망을 고민하도록 이끄는 안내서라 생각합니다. 새로운 형태의 사기가 끊임없이 등장하는 시대에 이 책이 독자들에게 '속지 않을 힘'을 키워 줄 것이라 확신합니다.

공영방송인의 한 사람으로서 저는 이 책이 널리 읽혀 '안전한 공동체'를 만드는 데 기여하길 바랍니다. 끝으로 귀중한 지혜를 나눠 주신 두 분 저자께 깊은 감사의 말씀을 전합니다.

법무법인(유한) 화우 파트너 변호사 이 문 성

"어떻게 한 통의 전화로 그렇게 많은 돈을 모르는 사람에게 건넬 수가 있지? 도무지 이해할 수 없어…" 보이스피싱에 대한 많은 분들의 생각입니다.

보이스피싱 범죄의 피해자는 특별한 사람이 아니라 나의 부모, 형제자매, 이웃, 동료가 될 수 있다는 사실을 이 한 권의 책이 일깨워 줍니다.

2005년 검사 재직 시 인연을 맺었으니 어느덧 공동 저자인 이승환 경감님을 알고 지내온 지 20년이 되었습니다. 그동안 제가 지켜본 이승환 경감님은 특히 지능범죄 수사 분야에서 탁월한 역량을 갖춘 수사 전문가입니다.

일선 현장에서 보이스피싱 범죄자를 검거하던 이승환 경감님이 정보과로 자리를 옮겨 공공안녕을 걱정하더니 잠시 저자로 변신하여 잠재적 피해자 보호라는 새로운 방법으로 보이스피싱 범죄 척결에 나섰습니다.

부디 이 한 권의 책이 보이스피싱 범죄가 이 땅에서 영원히 사라지는 데 시발점이 되기를 기원합니다.

이승환 경감님의 사명감과 열정에 경의를 표합니다.

파이낸셜뉴스 전무이사 이 두 영

"투자 지옥의 불씨가 옮겨붙기 전에 스스로 질문하고 확인하는 습관을 기르십시오." 가히 '사기공화국'이라고 해도 무방할 정도로 사기범죄가 우리 사회 곳곳에서 기승을 부리고, 피해자는 뒤늦게 피눈물을 흘리는 광경이 낯설지 않은 요즘, '무기'로 쓸만한 책이 나와 반갑다.

『사기 프로파일링』이라는 다소 도전적인 제목의 이 책은 믿었던 직원에게 사기를 당한 경험을 계기로 사기범과 피해자의 심리를 깊이 연구한 HR 전문가 이승철 박사와 수많은 사건을 현장에서 경험한 이승환 경찰관의 합작품이어서 신뢰를 더한다.

언론사에 근무하다 보면 각종 사기 사건 피해 제보자를 접할 기회가 많은데, 사기범의 치밀한 수법에 속수무책으로 당했다는 사연을 털어놓다가 결국에는 "내가 어리석어서 넘어갔다"고 자책한다. 그럴 때마다 '한탕심리'가 팽배한 사회 분위기에 개인이 조심할 수 밖에 없다는 뻔한 조언 외에 명쾌한 해답은 없는 것일까 하는 갈증이 컸다. 그런 점에서 생생한 사례를 토대로 이론과 실전을 겸비한 이 책이 사기의 지뢰밭에 사는 현대인들에게 갈증을 풀어 주는 나침반 역할을 하는 데 손색이 없겠다는 기대감이 있다.

특히 수사와 정보 분야에서 잔뼈가 굵은 이 경찰관은 기자 시절 연을 맺은 이래 사건 해결에 대한 열정, 연구하는 자세가 돋보였는데, 그가 수사했거나 수집한 범죄 첩보를 중심으로 고전적인 사기범죄부터 신종 사기 유형과 수법, 사기범과 피해자의 심리 등을 입체적, 실증적으로 분석하고 구체적인 해법까지 제시했다. 자신의 상황이나 관심사에 따라 필요한 부분만 선택해 읽고 참고할 수 있도록 각 장을 독립된 단원으로 구성한 점도 눈에 띈다.

사기범죄 대상은 지위고하 또는 학력, 직종, 연령, 남녀를 가리지 않는다고 저자는 지적한다. 어리숙한 누군가가 아니라 나, 또는 주변 친인척 누구나 범죄의 표적 내지는 먹잇감이 될 수 있는 셈이다.

속았다는 사실을 깨달았을 때는 재산 손실 외에도 수치심과 스스로에 대한 분노, 사람에 대한 불신, 절망감 등 정신적인 상처 역시 치유하기 힘들 정도로 깊다고 경고한다. 따라서 이 책이 자칫 걸리기 쉬운 사기의 '덫'을 벗어나는데 유용한 도구로 사용되고, 나아가 사기공화국이라는 오명을 벗는데 큰 몫을 해 주기를 바란다.

한겨레신문 상무이사 김 영 배

　미국의 심리학자 스티븐 그린스펀이 『잘 속는 사람들의 심리』라는 제목의 책을 펴낸 때는 2008년이었다. 그린스펀은 속지 않는 법을 오래 연구해 온 사기심리 분야 전문가로 꼽혀온 터였다.
　그런 그린스펀이 책 출간 직후 세상을 뒤흔든 '메이도프 폰지 사기 사건'에 얽혀 은퇴자금 40만 달러를 몽땅 날리는 어이없는 일을 당했다. 지적 능력과 사기 피해는 무관함을 보여 주는 전형이다. 미국의 작가이자 1986년 노벨평화상 수상자인 엘리 위젤도 메이도프 사기 사건의 희생자였다고 한다.
　그린스펀이나 위젤처럼 자타 공인으로 똑똑하다는 사람들이 사기를 당하는 경우는 먼 나라에서 벌어진 극히 예외적인 일일까?
　『사기 프로파일링』은 절대 그렇지 않다고 강조한다. 사기는 나와도 무관치 않은 '우리 모두의 문제이고 보편적인 위험'이라는 설명이다. 책은 여기서 한발 더 나아가 똑똑하다는 이들이 오히려 사기를 당할 위험이 더 큰 측면도 있다는 점을 심리학적으로 풀어낸다. '확증편향'과 '자기과신'을 두 축으로 삼아 풀어 가는 설명을 따라가다 보면 자연스레 고개를 끄덕이게 된다.
　대개 사람들은 이미 믿고 있는 바를 뒷받침하는 정보를 선택적으로 받아들이고, 믿음에 상반되는 증거는 무시하거나 축소하는 인지적 경향을 띤다. 확증편향이다. 이는 거의 모든 사람한테서 나타나는 인지상정의 심리 기제임을 우리는 직관적으로 안다. 많은 심리학 실험도 지능과 확증편향의 정도는 거의 무관함을 보여 준다.

자신의 판단이나 능력을 실제보다 과대평가하는 '자기과신'의 심리는 지능이 높은 사람들에서 오히려 더 높게 나타날 수 있다고 책은 강조한다. 성공의 경험을 쌓아 남들보다 뛰어나다는 과도한 확신을 하는 이들은 경계심을 쉽게 잃고 사기에 빠질 수 있다는 것이다.

천재 과학자, 석학, 대기업 최고경영자(CEO) 같은 이들이 어이없이 사기를 당하는 일을 현실에서 흔히 보게 되는 것을 설명해주는 심리학적 실마리이다. '저렇게 똑똑한 사람들이 어떻게 그런 사기를?'이라고 가벼이 볼 일이 아닌 셈이다.

책을 쓴 이승철 열린사이버대 교수는 채용 및 조직 전문가로 조직 내 신뢰, 배신의 메커니즘을 탐구하는 데 몰두하고 있다. 이 교수 자신도 믿었던 지인한테서 사기를 당한 일이 있다고 한다. 또 한 명의 저자 이승환은 현직 형사로 다년간 사기범죄 수사 경험을 쌓은 전문가이다. 책 뒷부분에 담긴 다양한 사기 유형과 실제 사례는 그 경험의 산물일 터이다. 사기 가해자와 피해자에 대한 심리 설명과 함께 곁들인 다양한 실증 사례는 이 책의 또 다른 미덕이다.

한국의 사기범죄 발생 건수는 1970년대 연간 2만 건 남짓에서 2024년 한해 42만 건을 웃돌았다고 한다. 수법은 날로 교묘해지고 요즘엔 인공지능(AI) 기술까지 가미되고 있다. '나는 절대 그런 일을 당할 리 없다'는 식으로 자신할 수 없는 환경이다. 편향과 과신의 함정 앞에서 무력할 수 있다는 사실을 받아들이고 '의심하는 용기와 배우는 자세'를 가질 일이다.

서울신문 이사(기자) 안동환

『사기 프로파일링』은 제목부터 뼈를 때린다. '나는 절대 안 속아'라고 생각하는 순간, 이미 반쯤 속고 있다는 사실을 저자들은 집요하게 증명해 낸다. 오랜 기간 사기 범죄를 수사해 온 형사의 현장 경험과 심리학자의 날카로운 통찰이 만나, 이 책은 사기를 단순한 범죄가 아닌 인간 심리와 신뢰의 메커니즘을 해부하는 사회 심리학 보고서의 핵심으로 격상시킨다. 보이스피싱, 로맨스 스캠, 전세 사기까지 진화를 거듭하는 사기 수법은 마치 스릴러처럼 독자를 긴장시키지만, 그 끝에 던지는 메시지는 명료하다. 사기 피해는 남의 일이 아니라 누구에게나 닥칠 수 있는 불편한 현실이라는 것.

이 책의 가장 큰 미덕은 피해자를 탓하지 않는 따뜻한 시선이다. 저자들은 '바보라서 속는 게 아니라, 인간이라서 속는 것'임을 일깨우며, 사기 범죄를 이해하고 예방할 수 있는 통찰을 전한다.

책장을 넘기다 보면 검찰을 사칭한 전화 한 통에 흔들리는 자신을, 달콤한 연애 편지에 가슴 두근거리는 자신을 발견할지도 모른다. 그러나 바로 그 깨달음이야말로 이 책이 건네는 최고의 예방책이다. 사기를 이해해야 속지 않고, 의심은 불신이 아니라 나를 지키는 방패가 된다는 점을 독자는 온몸으로 받아들이게 된다.

이 책은 믿음을 악용하는 세상에서 사기를 간파하고 속지 않게 해 주는 최고의 안내서다. 책장을 덮는 순간 독자는 사기범을 두려워하기보다 오히려 이렇게 말할 자신감을 얻게 될 것이다.

"이제 당신의 수법, 다 알아요."

전국언론노조 SBS본부 노조위원장 조 기 호

하나의 주제로 수백 페이지에 이르는 책을 낸다는 건 여간 어려운 일이 아닙니다. 20년 동안 15줄 안팎의 문장으로 2분짜리 방송 뉴스를 만들어 온 기자로서 단언할 수 있습니다. 그래서 누군가 '책을 썼다'고 하면 놀라울 따름이었습니다.

그러나 저자가 '책을 한 권 썼어'라는 소식을 전할 때 저는 놀라지 않았습니다. 당연한 일이었고, 외려 늦은감이 있다고 생각했기 때문입니다.

저자의 머릿속에 담겨 있는 '사기 범죄에 대한 모든 것'이 이 책에 고스란히 이식돼 있음에 너무 감사할 뿐입니다. 구슬이 서말이라도 꿰어야 보배라기에 제발 구슬 좀 꿰어 달라 애면글면 부탁한 보람을 느낍니다.

이 책은 내용 하나하나 곱씹으며 실천한다면 적어도 뭐가 사기인지 인지할 수 있게 된다는 점에서 지침서입니다. 동시에 저자 본인이 우리나라 보이스피싱 범죄의 실체를 사실상 최초로 파고든 경험을 풀어냈다는 면에서 에세이입니다. 뿐만 아니라 사기범죄에 대한 에피소드가 씨줄과 날줄로 촘촘하게 짜여져 긴장을 늦출 수 없게 만든다는 점에서 추리소설이기도 합니다.

추천사를 쓰기 위해 열었던 책에 제가 이렇게 몰입하게 될 줄 몰랐습니다. 저자들이 지식과 경험을 갈아 넣어 탄생시킨 이 책이 잠재적 사기 피해자가 될 수 있는 독자들에게 효과 뛰어난 백신이길 희망합니다.

서울신문 사회부장 백민경

〈사회부 기자가 바라본 '사기의 교과서'〉

 사회부 기자로, 사회부장으로 6년을 보냈다. 피해자의 눈물과 자책을 늘 가까이에서 지켜봤다. 범죄로 상처받은 이들은 이후에도 무너진다. "내가 왜 속았을까.", "왜 나였을까." 되새기고 아파하면서. 이 책은 인간의 마음을 정교하게 파고드는 교묘한 사기의 함정을 그대로 보여 준다. '심리학적 통찰'과 '사건 기록'이 동시에 담긴 드문 텍스트다. 저자 이승철 교수와 이승환 형사는 각자의 자리에서 수십 년 동안 쌓아 온 경험과 통찰을 이 한 권에 담아냈다. 채용·조직 전문가의 시선과 현직 형사의 생생한 수사 기록이 만난 이 책은 단순한 범죄 사례집이 아니라, 우리 사회가 더 나은 안전망을 고민하도록 이끄는 '안내서'다.

 15년 전 이승환 수사관을 처음 만났다. 그때도 사기 사건 피해자들을 걱정했던 기억이 난다. 그의 변치 않은 마음이 글에 담겨 있다고 생각한다. AI 음성 변조를 이용한 '가짜 딸 납치 전화', 집단적 착각을 이용한 투자 사기 사례 등은 지금 사회부 기사 제목으로 써도 눈길을 끌 만큼 현실적이다. 대중은 '피해자 부주의'를 지적하기 쉽지만, 저자들은 피해자에게 낙인 찍지 말고 사회 전체가 경각심을 공유하고 함께 막아야 한다고 강조한다. "사기는 모두의 문제이며, 피해자는 혼자가 아니다"라고 말한다. 이 책은 사기를 피해자 개인을 넘어 공동체가 함께 막아야 할 영역으로 바라보게 한다. 또 세상을 살아가며 '속지 않을 힘'을 키워 가는 길잡이가 될 것이다.

강원경찰청 수사과장 서 상 혁

경찰 수사 현장에서 매일 마주하는 사건 중 가장 안타까운 것이 바로 사기범죄입니다. 보이스피싱(스미싱 포함)만 보더라도 2024년 피해액은 무려 9,500억 원을 넘어섰습니다. 피해자들은 때로는 부모를, 때로는 자녀를 살리기 위해, 혹은 평생 모은 전 재산을 지키기 위해 모든 것을 내어 주었습니다. 하지만 그들의 잘못은 결코 아닙니다. 범죄자들이 인간의 신뢰와 사랑을 악용했기 때문입니다.

이 책 『사기 프로파일링』은 그런 현실을 직시하게 합니다. 저자들은 단순히 범죄 사례를 나열하는 데 그치지 않고, 왜 우리가 속는지, 어떻게 속지 않을 수 있는지를 심리와 경험을 통해 차근차근 풀어 갑니다.

저는 이 책이 국민들께 '두려움'이 아니라 '지혜'를 안겨 주길 바랍니다. 경찰이 범죄자를 잡는 것만큼 중요한 것은 국민이 스스로 지킬 힘을 갖는 것입니다. 이 책을 통해 더 많은 분들이 "나는 속지 않는다"가 아니라 "혹시 나도 당할 수 있다"라는 겸손한 마음으로 사기범죄에 대비할 수 있길 바랍니다.

프/롤/로/그

사기는 모두의 문제입니다.

"나는 사기당하지 않을 거야." 이렇게 자신하는 순간, 당신은 가장 취약한 상태에 놓입니다. 많은 사람들이 그렇게 믿습니다. 그리고 수많은 사기 피해자들 역시 당하기 전까지는 자신이 속지 않을 거라 확신했습니다. 하지만 그들도 단 한 통의 전화나 문자 메시지 한 줄이면 모든 것이 무너져 내리는 데 충분했습니다.

사실 사기는 '나와는 상관없는 일'이라고 치부하기 쉽지만, 누구나 당할 수 있는 보편적인 위험입니다. 믿음직한 친구부터 학식 높은 전문가까지 예외가 없지요. 사기범들은 인간의 믿음과 신뢰를 악용하여 범죄를 성립시키며, 우리가 서로를 믿고 살아가는 일상 깊숙이 파고듭니다. 다시 말해 사기는 특별한 사람이 아닌 모두의 문제입니다.

최근 뉴스만 보더라도 이런 현실을 실감할 수 있습니다. 얼마 전에는 AI가 만들어 낸 가짜 딸의 목소리로 "엄마, 살려줘!"라며 금전을 요구하는 전화가 한 부모에게 걸려 와 사회를 떠들썩하게 했습니다. 또 올림픽 메달리스트 출신의 한 유명 인사가 젊은 남성에게 결혼을 빙자한 로맨스 스캠에 속아 거액의 돈을 잃은 사건도 크게 화제가 되었습니다. 이는 사회적으로 성공한 사람도 사랑 앞에서는 순식간에 경계심이 무너질 수 있음을 보여 준 사례였지요. 이처럼 사기의 수법은 갈수록 대담해지고, 피해 대상도 가리지 않고 있습니다. 악질 투자 사기와 전세 사기 또한 끊이지 않아, 피해 규모는 상상을 초월할 지경입니다.

실제로 2023년 상반기 연애를 미끼로 한 로맨스 스캠 피해액만 무려 454억 원에 달했으며, 경찰청 국가수사본부의 발표에 따르면 2024년 스미싱 포함 전체 보이스피싱 총 피해액은 9,525억 원으로 집계되었습니다. 이는 전년 4,616억원 대비 106% 증가한 것으로, 피해 규모가 두 배(2.06배)로 폭증한 상황입니다. 범죄 수법의 고도화와 다양한 신종 피싱 유형 확대, 악성 앱 활용 등이 주요 원인으로 분석되고 있습니다. 전국적으로 전세 사기 피해자로 공식 인정된 이들도 3만 명을 넘어섰습니다. 많은 피해자들이 "내가 바보처럼 속았다"며 자책하고, 심지어 수치심에 신고조차 망설이곤 하지만, 잘못은 결코 그들의 무지함에 있는 게 아닙니다. 그들이 속은 이유는 오로지 사기 수법이 그만큼 치밀하고 교묘했기 때문입니다.

그렇다면 사람들은 도대체 왜 이렇게 속아 넘어가는 걸까요? 사기범들의 수법이 정말 교묘하기 때문입니다. 그들은 인간 심리의 빈틈을 노리는 심리 전문가들입니다. 때로는 친근한 지인을 사칭하고, 때로는 권위 있는 전문가 행세를 하며, 피해자의 동정심과 불안을 파고드는 등 온갖 전략을 펼칩니다. 큰 돈을 벌 수 있는 황금 기회를 제시해 욕망을 자극하고, 가족이 위험에 처했다고 거짓으로 겁줘 두려움에 빠뜨리며, 눈물 섞인 호소로 연민을 유발하기도 합니다. 이렇게 우리의 이성을 마비시키는 순간, 사기범은 기다렸다는 듯이 금전적 함정을 던집니다. 우리는 흔히 "설마 내가 당하랴" 하고 낙관하지만, 바로 그 낙관이야말로 위험 신호입니다. 실제로 똑똑하고 신중한 사람일수록 자신만은 안전하다는 과신으로 경계를 늦추기 쉽고, 사기꾼들은 바로 그 틈을 파고듭니다.

사람이라면 누구나 특별히 의심되는 정황이 없으면 상대를 믿어 버리는 경향(일종의 진실편향)이 있는데, 사기범들은 바로 그 점을 노립니다. 평소 의심 많던 이마저도 친절한 목소리로 걸려온 "은행 직원" 혹은 "지인"의 한 통의 연락에 순간 속아 넘어갈 수 있는 것이 인간심리입니다. 또한 주변 모두가 투자에 성공했다는 풍문이나, 권위자의 그럴듯한 보증 앞에서는 평소 논리적인 사람도 판단력을 잃기 쉽습니다. 결국 논리와 지식과는 별개로, 감정과 욕망이 흔들리면 누구나 취약해집니다. 실제로 금융 지식이 풍부한 전문직 종사자조차 거짓 투자 정보에 속아 큰 손해를 본 사례가 있었는데, 이는 정보와 논리가 있어도 일단 마음이 흔들리면 속수무책임을 보여 줍니다. 다시 말해, 사기는 지능이나 교육 수준과 무관하게 누구에게나 일어날 수 있는 일이라는 연구 결과도 나와 있습니다. 해외에서는 천재 과학자까지 거액 투자 사기에 휘말린 적이 있고, 국내에서는 유명 가수 출신 방송인이 온라인 로맨스 사기에 속아 큰 피해를 본 사례도 있습니다. 이처럼 세상 그 누구도 사기의 위험에서 완전히 자유롭지 못합니다.

한편 오늘도 어디선가 새로운 기술과 수법을 동원한 사기가 탄생하고 있습니다. 인터넷과 스마트폰의 발달로 사기의 판은 더욱 넓어졌고, SNS 메시지 하나나 문자 메시지의 링크 하나가 우리를 함정에 빠뜨릴 수도 있습니다. 최근에는 AI 딥페이크 기술로 가족이나 지인의 목소리까지 똑같이 흉내내 피해자를 속이는 신종 사기가 등장했습니다. 나이도 더 이상 방패막이가 되지 못합니다. 흔히 보이스피싱은 노년층만 당할 것이라 생각하지만, 오히려 경찰 조사 결과 20대 피해자가 절반 이상을 차지한 유형도 있었습니다. 이렇듯 사기범들은 시대의 변화에 발맞춰 수법을 진화시키지만, 그 근본에 흐르는 심리는 변함이 없습니다. 결국 가장 중요한 것은 경각심을 늦추지 않는 것, 그리고 사기의 메커니즘을 이해하여 미리 대비하는 것입니다.

바로 그러한 이유로 이 책을 집필하였습니다. 저자들은 사기가 일부 사람들만의 문제가 아니라 우리 사회 모두가 직면한 보편적 위험임을 깨닫고, "사기를 이해해야 속지 않는다"는 신념 아래 힘을 합쳤습니다. 특히 현직 정보관인 이승환 형사는 보이스피싱부터 연애 사기까지 수많은 사건을 직접 수사하며 얻은 풍부한 경험과 범죄 첩보를 수집하며 얻은 다양한 신종 범죄의 유형을 이 책에 고스란히 담아냈습니다. 그의 생생한 현장 사례들은 사기범들의 치밀한 범행 수법을 적나라하게 보여 주고, 심리학적 분석은 그 배후에 숨은 인간 욕망과 심리를 날카롭게 파헤칩니다. 두 저자는 이처럼 형사의 눈과 심리 전문가의 통찰을 결합하여 독자들이 사기의 실체를 꿰뚫어 보고 스스로를 지킬 수 있는 지혜를 얻도록 돕고자 합니다. 또한, 이 책의 모든 차트 마지막에 "독자에게 드리는 조언"을 실어 독자들에게 주의하고 기억해야 할 점을 강조합니다.

이 책은 단순히 사건을 나열하는 범죄 사례집이 아니라, 우리가 "왜 속을 수밖에 없었는지"를 이해하는 데서 출발해 "어떻게 하면 속지 않을지"에 대한 실질적인 해답까지 제시하는 예방 교양서입니다. 우선 1장부터 5장까지는 누구나 사기의 표적이 될 수밖에 없는 이유와 사기의 심리적 본질을 다양한 연구와 사례를 통해 살펴봅니다. 이어지는 장들에서는 로맨스 스캠, 보이스피싱, 투자 사기, 전세 사기 등 실제 우리 사회에서 벌어진 각종 사기 수법들을 낱낱이 파헤칩니다. 범죄자들이 어떻게 사람들의 신뢰를 공략하고, 어떤 환경에서 사기가 발붙이는지 구체적으로 보여 줄 것입니다. 마지막으로 책의 후반부에서는 일상에서 사기를 예방하기 위한 실용적인 대처법과 체크리스트를 제시합니다. 전문적인 심리 용어도 일상의 언어로 풀어내 누구나 쉽게 이해할 수 있도록 했으며, 곳곳에 현장감 넘치는 에피소드를 곁들여 딱딱한 이론서가 아닌 흥미로운 이야기책을 읽는 듯한 몰입감을 선사합니다. 이 책을 다 읽고 나면 독자 여러분은 자신과 가족을 지키는 법을 터득하여 더 이상 어느 누구도 여러분을 함부로 속일 수 없게 될 것입니다. 또한 이 책에서 얻은 통찰은 여러분 자신을 지키는 것을 넘어, 주변의 소중한 사람들을 사기의 위험으로부터 보호하는 데에도 큰 힘이 되어줄 것입니다.

　사기는 모두의 문제이지만 이제 그 해결 또한 우리 모두의 몫입니다. 이 프롤로그를 읽은 지금, 당신은 이미 속지 않기 위한 첫걸음을 내디뎠습니다. 사기를 이해하는 순간, 속지 않을 힘이 생깁니다. 자, 책장을 넘겨 이제 펼쳐질 사기와 심리의 세계를 탐험해 보세요. 이제 당신은 속지 않을 준비가 되었습니다.

이 책을 효과적으로 활용하는 방법

 이 책은 독자가 두 가지 방식으로 활용할 수 있도록 구성되어 있습니다. 하나는 처음부터 끝까지 차례대로 읽는 방식이고, 다른 하나는 필요할 때마다 원하는 장만 골라 읽는 방식입니다.
 처음부터 순서대로 읽으면 사기의 본질을 전체적으로 이해할 수 있습니다. 왜 사기가 일어나는지, 사람들은 왜 속는지, 실제 사건들은 어떻게 벌어지는지, 형사가 현장에서 본 교훈은 무엇인지, 그리고 속지 않기 위해 우리가 할 수 있는 일은 무엇인지를 차근차근 따라가다 보면, 독자는 사기의 심리학적 배경부터 실제 사건, 제도적 대응, 구체적인 예방 실천법까지 큰 그림을 자연스럽게 익히게 됩니다.
 그러나 이 책은 반드시 처음부터 끝까지 읽어야만 하는 책은 아닙니다. 각 장은 독립된 단원으로 되어 있기 때문에, 독자는 자신의 상황이나 관심사에 따라 필요한 부분만 골라 읽어도 충분히 유용합니다. 부모님이나 어르신에게는 보이스피싱과 생활 밀착형 사기를 다룬 장을, 젊은 세대에게는 로맨스 스캠과 투자 사기를 다룬 장을 권할 수 있습니다. 사회 제도적 문제에 관심 있는 독자라면 전세 사기를 다룬 장을 집중적으로 읽어도 됩니다. 이처럼 이 책은 한 번 읽고 덮어두는 책이 아니라, 필요할 때마다 찾아보는 생활 안내서로 곁에 두고 활용할 수 있습니다.

특히 이 책의 뒷부분에는 가나다순 색인이 수록되어 있습니다. 색인은 독자가 원하는 주제를 빠르게 찾아갈 수 있도록 돕는 길잡이입니다. 예를 들어 '보이스피싱', '낙관편향', '딥페이크', '전세 사기' 같은 키워드를 색인에서 찾으면 해당 장과 쪽수를 바로 확인할 수 있습니다. 색인을 활용하면 지금 당장 궁금한 사기 유형을 빠르게 찾아볼 수 있고, 뉴스를 보다가 낯선 수법을 접했을 때 관련된 내용을 책에서 이어서 학습할 수도 있습니다. 또한 가족이나 동료와 함께 색인에서 단어를 고르고 해당 부분을 읽으며 대응법을 이야기한다면 생활 속 교육 자료로도 활용할 수 있습니다.

이 책은 혼자 읽을 때뿐 아니라 가족이나 조직과 함께 읽을 때 더 큰 힘을 발휘합니다. 가족들과 사례를 함께 읽고 "이런 전화를 받으면 어떻게 할까?"를 이야기하거나 상황극을 해보면 실제 대응 능력이 커집니다. 직장에서는 직원 보안 교육이나 윤리 교육 자료로 활용할 수 있고, 생활 밀착형 사기와 실천 가이드는 개인뿐만 아니라 조직 전체의 경각심을 높이는 데 도움이 됩니다.

책의 내용을 생활 속에 적용하는 것도 중요합니다. 마지막 장의 체크리스트를 활용해 비밀번호 변경, SNS 노출 점검, 투자 검토 습관 등을 정기적으로 확인하고, 각 장을 읽으면서 내가 취해야 할 행동을 메모하면 개인 맞춤형 예방 매뉴얼이 됩니다. 또 뉴스를 통해 사기사건을 접했을 때 "이건 책의 어느 장과 비슷한가?"를 비교하며 가족이나 동료와 이야기하면 학습 효과가 훨씬 커집니다.

이 책을 통해 독자가 얻을 수 있는 것은 네 가지입니다. 첫째, 자신이 어떤 상황에 취약한지 돌아보는 성찰의 기회입니다. 둘째, 사기는 결코 남의 일이 아니라는 경각심입니다. 셋째, 오늘 당장 실천할 수 있는 구체적 행동 수칙입니다. 넷째, 피해자를 탓하지 않고 함께 지켜야 한다는 연대의 인식입니다.

정리하면, 이 책은 전체를 연속적으로 읽으면 사기의 본질과 대응법을 배우는 학습서가 되고, 필요한 부분만 골라 읽으면 곧바로 도움이 되는 생활 안내서가 되며, 색인을 활용하면 언제든 원하는 주제를 찾아볼 수 있는 사기 대응 사전 역할까지 합니다. 책장을 덮은 뒤에도 색인을 열어 상황별로 다시 찾아 읽는 습관을 가지신다면, 이 책은 평생 곁에 두고 참고할 수 있는 든든한 동반자가 될 것입니다.

목 차

추천사   5
프롤로그 : 사기는 모두의 문제입니다.   20
이 책을 효과적으로 활용하는 방법   26

Part 1. 사기는 어떻게 가능해지는가 : 인간 심리와 속임수의 세계

1장 누구나 사기의 표적이 될 수 있다.   37
- 믿음과 사기의 관계   38
- 사기의 보편성   42
- 낙관편향의 함정   45
- 사기의 사회적 확산   50

2장 똑똑한 사람도 왜 속는가?   56
- 진실편향(Truth Bias)   56
- 확증편향과 자기과신   59
- 사회적 증거와 권위에의 약점   64
- 지성인의 함정   70

3장 사기꾼은 어떤 사람인가?   76

- 다크 트라이어드 : 사기꾼의 전형적인 성격 특성   77
- 사기꾼이 되는 배경 : 성장 과정과 환경 요인   80
- 사기 유형별 행동 패턴 : 사랑, 욕망, 공포를 악용하다   83
- 사기꾼의 인지적 특징 : 공감 결여, 거짓말의 달인, 그리고 자기합리화   90
- 현장에서 드러난 사기꾼의 실체 : 수사관과 피해자의 증언   98

4장 속는 사람들의 심리와 취약점   102

- 쉽게 믿는 좋은 마음   102
- 거절을 못하는 호의   106
- 의존성과 외로움   111
- 고립감이 키우는 취약성   111
- 로맨스 스캠의 달콤한 덫   112
- 긴급 상황에 약한 심리   115
- 과도한 이익에 혹하는 마음   121
- 개인정보 노출 부주의   126
- 심리적 함정 인지하기   131
- "설마 내가 속았을 리 없어" - 부정 단계   132
- "내가 이렇게 어리석었다니" - 수치심과 자기비난   133
- "두고 봐, 가만 안 둬!" - 분노와 복수심   134
- "언젠가 다시 나를 믿을 수 있을까" - 회복과 성장   135

5장 진화하는 사기 수법의 세계   138
- 전통적 수법 vs 신종 수법   138
- 통계로 보는 사기 범죄   142
- 기술 발전이 가져온 변화   148
- 사기꾼들의 글로벌 네트워크   153

Part 2. 사기, 현실의 얼굴 : 다양한 사기 유형과 실제 사례

6장 [에피소드] 전화 한 통의 함정 – 보이스피싱의 진화   161
- 에피소드 1. 70대 노신사 – 검찰 사칭 전화 사건   161
- 에피소드 2. 딥보이스 납치 – AI 음성 변조 협박 사례   167
- 에피소드 3. 메신저 피싱 – 가족 또는 친구 사칭 사례   173
- 에피소드 4. 수사기관 사칭 – 계좌 범죄 연루 협박 사례   178
- 보이스피싱 예방과 대응 가이드   185
- 정부와 기관의 대응 노력   186
- 일상에서 실천할 수 있는 수칙   187
- 맺으며 : "내 돈은 내가 지킨다"   190

7장 [에피소드] 달콤한 거짓말 – 로맨스 스캠과 사랑의 덫   192
- 에피소드 1. 외국인 연인의 유혹, 믿음이 배신이 되기까지   192
- 에피소드 2. 사라진 연인, 사라진 돈 – 투자 권유 로맨스 스캠   203
- 에피소드 3. 나체 사진의 함정 – 사랑 대신 공포가 되돌아오다   216

8장 [에피소드] 투자 지옥 – 다단계 · 폰지 사기의 덫   229

- 에피소드 1. 건강기능식품 다단계의 함정   229
- 에피소드 2. 고수익 투자 사기의 늪   237
- 에피소드 3. 친구 추천 투자, 은밀한 배신   246
- 에피소드 4. SNS 투자 열풍의 덫   254

9장 [에피소드] 일상 속의 눈속임 – 생활 밀착형 사기들   264

- 에피소드 1. 택배 안내 문자로 둔갑한 사기 – 악성 앱 설치 유도 사기   265
- 에피소드 2. 당근마켓의 달콤한 유혹 – 중고거래 플랫폼 사기   269
- 에피소드 3. "검찰입니다, 속지 마십시오" – 공공기관 사칭 사기   274
- 에피소드 4. "결제가 완료되었습니다" – 요금 청구 사칭 피싱   279
- 에피소드 5. "공짜라더니 함정이었어요" – 각종 생활 밀착형 사기 수법   285

10장 [에피소드] 사회적 이슈로서의 사기
– 전세 사기와 집단 사기의 비극   293

- 에피소드 1. 청년 부부 전세 사기 피해
  - 보증금 전액 손실과 신뢰의 붕괴   293
- 에피소드 2. '빌라왕' 사건
  - 수백 세대에 닥친 집단 피해와 제도적 맹점   302
- 에피소드 3. 투자 리딩방 · SNS 기반 집단 사기
  - 전문가 행세에 속은 수천 명의 청년들   312
- 마무리 : 사기를 넘어서, 사회가 함께 가야 할 길   321

Part 3. 속지 않기 위한 지침서 : 사기 예방과 대응 전략

11장 전문가의 시선 – 형사가 본 사기의 세계   327
- 피해자의 목소리 – 끝없는 고통과 자기 자책   327
- 피해자 지원과 신고의 중요성 – 용기를 내야 할 이유   329
- 사기범 검거의 난관 – 기술과 국제적 장벽 앞에서   332
- 사회의 대응 – 제도적 시스템과 공동체의 역할   336
- 범죄 심리 분석 – 평범한 사람들이 괴물이 되기까지   341
- 마무리 당부 – "검증은 의심이 아니라 예의입니다."   346

12장 사기 예방하는 법 – 속지 않기 위한 실천 가이드   349
- 경계 심리 기르기   349
- 정보 확인 및 검증   352
- 개인정보 보호   355
- 사기 수법 공부하기   358
- 심리적 함정 대처 연습   361
- 전문가와 상담   364
- 사고 발생 시 30분 대응법   368
- 마무리 : 속지 않기 위한 오늘의 10가지 실천 행동   371

에필로그 : 믿음을 잃지 말고, 지혜를 잃지 마세요.   375
주요 참고문헌(Reference)   380
색인(Index, 가나다순)   387

Part 1

사기는 어떻게 가능해지는가 :
인간 심리와 속임수의 세계

1장
누구나 사기의 표적이 될 수 있다

    한밤중, 정적을 깨고 휴대전화 벨이 울렸습니다. 졸린 눈을 비비며 전화를 받은 70대 노인 김모 씨는 다급한 목소리에 가슴이 철렁 내려앉았습니다. "아드님이 사고를 당했습니다. 제가 경찰관인데요, 지금 당장 병원비를 보내 주셔야 합니다!" 순간 머리가 하얘진 김 씨는 '경찰'이라는 말에 안도하며 상대방의 지시에 따랐습니다. 그러나 그가 급히 송금한 돈은 영영 돌아오지 않았습니다. 다음 날이 되어서야 김 씨는 깨달았습니다. 믿는 순간, 사기가 시작되었던 것입니다.

    이 이야기는 결코 특별한 사람만 겪는 일이 아닙니다. 우리 주변에서 흔히 벌어지는 보이스피싱 수법 중 하나에 불과합니다. 놀랍게도 평생을 성실히 살아온 김 씨 같은 분들부터 사회적 명망이 높은 유명인까지 사기의 피해자가 되는 일은 드문 일이 아닙니다. 심지어 자신은 절대로 사기에 속지 않을 것이라고 자신하던 사람들조차 어느새 교묘한 속임수에 넘어가 큰 피해를 보기도 합니다.

왜일까요? 인간이라면 누구나 갖고 있는 심리적 함정과 믿음을 사기꾼들이 노리기 때문입니다.

우리는 보통 "나는 괜찮겠지" 하고 생각합니다. 하지만 이런 낙관과 믿음이 때로는 우리의 가장 큰 약점이 됩니다. 이 장에서는 믿음과 사기의 관계, 사기의 보편성, 낙관편향의 함정, 사기의 사회적 확산이라는 네 가지 키워드를 통해 왜 누구나 사기의 표적이 될 수 있는지 살펴보겠습니다. 다양한 실제 사례와 심리학적 통찰을 곁들여 독자 여러분이 "나는 아니겠지" 하는 방심을 경계하고 현명하게 자신을 지킬 수 있도록 돕고자 합니다.

믿음과 사기의 관계

사기꾼에게 믿음이란 최고의 무기입니다. 사실 "con man(콘맨)", 즉 사기꾼이란 말 자체가 "신뢰(confidence)를 얻는 사람"에서 유래했습니다. 19세기 미국 뉴욕에 실존했던 윌리엄 톰프슨이라는 남성이 그 대표적 인물이죠. 그는 거리에서 모르는 사람에게 다가가 다짜고짜 이렇게 물었다고 합니다. "나를 믿는다면, 당신 시계를 내일까지만 제게 맡겨주시겠습니까?" 뜻밖의 부탁에 상대방이 순간 당황하면서도 그를 어딘가에서 본 친숙한 사람으로 착각해 시계를 건네주면 톰프슨은 유유히 사라졌습니다. 이렇게 간단한 수법으로 그는 여러 사람의 고가 시계를 챙겼고, 이 대담한 신뢰 악용 사기에 당시 신문은 "컨피던스맨(신용사기꾼)"이라는 이름을 붙였습니다. 바로 이 사건이 오늘날 '콘맨'이라는 말의 어원이 되었습니다.

믿음이란 인간관계를 지탱하는 덕목이지만, 사기의 세계에서는 가장 쉽게 악용되는 심리적 지렛대입니다. 사람들은 정상적인 사회생활을 위해 타인을 기본적으로 믿는 경향이 있습니다. 이를 심리학에서는 기본적 신뢰성 또는 진실편향(truth bias)이라고 부르죠. 매일매일 만나는 모든 일을 일일이 의심하며 살 수 없으니, 우리는 무언가 그럴듯한 말을 들으면 우선 믿고 보는 경향을 보입니다. 사기꾼들은 바로 이 점을 파고듭니다. 처음에는 친절하고 믿음직한 인상 관리로 상대의 호감을 산 뒤, 결정적인 순간에 거짓말을 사실로 믿게 만들어 치밀한 계획을 실행합니다. 피해자가 의심할 겨를 없이 상대를 신뢰하도록 만드는 것, 바로 그것이 그들의 1차 목표인 셈입니다.

예를 들어 로맨스 스캔들로 큰 피해를 본 사람들의 이야기를 들어보면 하나같이 이렇게 말합니다. "그 사람이 그렇게까지 거짓말을 할 줄은 꿈에도 몰랐다." 국내에서도 최근 유명 펜싱 선수 남현희 씨가 거짓 신분을 내세운 사기범과 약혼까지 했다가 큰 충격을 받았던 사건이 있었습니다. 그 사기범은 재벌 3세인 척 행세하며 호화로운 선물 공세와 감동적인 말로 올림픽 메달리스트인 남현희 씨의 신뢰를 얻는 데 성공했습니다. 남 씨뿐만 아니라 그에게 돈을 투자한 수십 명 모두 그의 말을 철석같이 믿은 탓에 총 35명이 35억 원이 넘는 돈을 뜯겼습니다. 이렇듯 사기에서의 성공 여부는 상대방을 얼마나 철저히 믿게 만드느냐에 달려 있습니다. 사기범들은 우리 마음속 신뢰의 열쇠를 교묘히 따내기 위해 별의별 이야기를 다 꾸며냅니다.

믿음을 유도하는 전형적인 수법으로 흔히 거론되는 것이 권위 남용과 호의 베풀기입니다. 사기꾼들은 때로 경찰, 검사, 은행원처럼 권위 있는 인물을 사칭하여 접근합니다. 갑자기 전화로 "금융사고가 났으니 당신 계좌를 안전계좌로 옮겨야 한다"라는 식으로 공문서 같은 말투로 이야기하면, 평소라면 의심할 사람도 순간적으로 권위에 압도되어 믿고 따르기 쉽습니다. 한편 처음부터 친절과 호의를 한껏 베풀어 호감과 신뢰를 쌓는 방식도 있습니다. 앞서 언급한 로맨스 사기의 경우 사기범이 상대방을 극진히 챙기고 사랑을 표현하면서 "이 사람은 나에게 이렇게 잘해 주는데, 결코 나쁜 사람이 아닐 거야"라는 믿음을 심어 주죠. 인간은 자신에게 잘해 주는 사람을 경계하기보다는 믿고 싶어하는 경향이 있기 때문입니다.

이렇듯 사기의 시작은 언제나 피해자가 사기꾼의 말을 믿는 순간 시작됩니다. 믿음이 쌓이는 과정에는 여러 심리 기법이 동원됩니다. 일단 작은 약속이나 작은 호의를 주고받으며 신뢰의 씨앗을 심어 놓는 전술도 그중 하나입니다. 이를테면 처음에는 사기꾼이 별 대가 없이 작은 도움부터 주어 '이 정도로 친절한 사람이니 큰 거짓말은 아니겠지'라는 착각을 불러일으키기도 합니다. 또 다른 방법으로 일부러 상대방의 개인 정보나 사생활을 사전에 파악해 두었다가 "어머, 사모님 딸이 이번에 대학 들어갔죠? 축하드립니다!" 식으로 친밀감을 가장하기도 합니다. 갑작스런 친밀감 형성은 피해자로 하여금 "이 사람은 나를 잘 아는 사람이니 믿을 만하다"라고 느끼게 만들죠.

사기꾼들은 또한 그럴듯한 이야기로 우리의 희망 또는 두려움을 자극합니다. 인간은 믿고 싶은 것은 쉽게 믿어 버리고 두려운 상황에서는 이성을 잃고 남에게 쉽게 의지하는 법입니다. 이를 노린 사기 수법의 대표적인 예가 바로 보이스피싱입니다. "자녀가 사고를 당했다"거나 "당신이 범죄에 연루되었으니 당장 돈을 보내지 않으면 구속된다"는 등의 전화 한 통에 많은 사람이 속아 넘어갑니다. 사랑하는 가족이 위험에 처했다는 두려움, 혹은 내가 범법자가 될지 모른다는 공포 앞에서 우리는 상대가 제시하는 해결책을 믿고 싶어지기 때문입니다. 결국 그 절박한 순간에 "설마 이 사람이 날 속이겠어" 하고 상대의 말을 믿어 버리면, 바로 그 즉시 돈을 송금하는 등의 돌이킬 수 없는 행동으로 이어집니다.

☕ 독자에게 드리는 조언

진실을 신뢰하는 마음은 인간관계의 미덕이지만 낯선 상황에서는 한 번쯤 의심해 볼 필요가 있습니다. "덜 받아들이고, 더 확인하라"는 격언이 있듯이, 특히 금전 문제나 중요한 결정을 앞둔 상황이라면 반드시 확인 절차를 거치는 습관을 들이세요. 상대방이 지나치게 친절하게 굴거나 갑작스레 긴급한 요구를 할 때는 "왜 이렇게까지 하지?"라고 스스로 자문하며 사실 여부를 검증해야 합니다. 친한 지인이 급하게 돈을 요구하거나, 공공기관을 사칭한 전화가 오더라도 한번 의심하고 확인하는 자세가 사기의 시작을 막는 첫걸음입니다.

사기의 보편성

사기는 특별히 어리석은 사람이나 탐욕스러운 사람만 당하는 게 아닙니다. 누구나 상황만 맞으면 사기의 표적이 될 수 있습니다. 역사상 최대의 금융사기라고 꼽히는 미국의 버나드 메이도프 사건을 떠올려 봅시다. 그는 무려 16,000명 이상의 투자자들로부터 총 200억 달러(한화로 약 20조 원)에 달하는 거액을 끌어모아 돌려막기 식의 폰지 사기를 저질렀습니다. 피해자 명단에는 은행, 대학, 유명 연예인, 저명한 재단까지 망라되어 있었죠. 평소 투자에 밝다고 자부하던 억만장자들조차 그의 그럴듯한 말솜씨와 평판에 속아 거액을 맡겼습니다. 이처럼 사기의 보편성은 생각보다 광범위합니다. 지위고하를 막론하고 교육 수준이나 사회적 경험과 무관하게 누구든지 한 번 속임수에 휘말리면 피해자가 될 수 있는 것입니다.

우리나라에서도 사회 각계각층을 충격에 빠뜨린 대형 사기사건들이 종종 발생합니다. 앞서 언급한 남현희 사건도 그 중 하나였습니다. 올림픽 메달리스트인 그녀조차 사기범의 치밀한 거짓말에 현혹되어 결혼까지 약속할 정도로 믿었고, 결국 큰 마음의 상처와 재산 손실을 입었습니다. 또 2020년대 초반에는 라임·옵티머스 사태와 같은 거대 펀드 사기가 사회적 화제가 되었는데, 이 사건들에서는 금융전문가, 정부 고위 관료, 연예인 등 사회 지도층 투자자들까지 대거 피해자로 등장했습니다. 평소 남들보다 정보를 잘 안다고 생각했던 이들도 그럴듯한 투자 설명과 주변의 열기에 휩쓸려 냉정한 판단력을 잃고 말았습니다. 그 결과 수조 원대의 피해가 발생하며 "설마 그 사람들이 그런 사기를 당할 줄이야"라는 말이 여기저기서 나왔습니다. 하지만 '설마가 사람 잡는다'는 속담처럼 사기는 누구도 예외를 두지 않습니다.

사기의 보편성을 보여주는 흥미로운 사례로 한국 역사상 최대의 다단계 사기로 불리는 조희팔 사건을 들 수 있습니다. 조희팔은 2004년부터 2008년까지 전국적으로 엄청난 투자 열풍을 일으키며 약 4조 원에 달하는 돈을 끌어모았는데, 피해자가 무려 4만여 명이나 되었습니다. 그는 "의료기기 대여 사업으로 높은 수익을 내겠다"며 투자자를 모았지만, 실제로는 새로운 투자자의 돈을 기존 투자자에게 이자 명목으로 지급하는 폰지(Ponzi) 사기 수법을 쓴 것이었습니다. 놀라운 것은 그의 주된 타깃이 경제 지식이 많지 않은 주부나 노년층이었다고는 하지만 그 규모가 워낙 방대하다 보니 각계각층의 사람이 다 피해를 입었다는 점입니다. 나중에는 경찰과 공무원까지 일부 연루되었고, 조희팔이 호화롭게 사람들을 대하며 좋은 이웃인 척 행세하는 바람에 그가 사기꾼이라는 사실을 믿지 못하는 사람들도 처음엔 많았다고 합니다. 이처럼 한 명의 사기꾼이 수만 명을 속일 수 있었던 데에는 "나는 괜찮겠지" 하고 방심한 사람들이 그만큼 많았기 때문입니다.

사기 범죄의 피해 통계를 들여다봐도 그 표적은 매우 광범위합니다. 예컨대 금융감독원과 경찰청 자료에 따르면 보이스피싱 피해자는 20대 청년부터 80대 노년까지 전 연령대에 걸쳐 있습니다. 최근에는 20~30대의 젊은층 피해자 비율도 급증하고 있는

데, 이는 메신저 피싱이나 인터넷 거래 사기처럼 새로운 디지털 사기가 이들을 노리고 있기 때문입니다. 한 조사에 따르면 2021년 이후 보고된 사기 피해 사례 중 약 25%는 SNS를 통해 시작된 것으로 나타났습니다. 소셜미디어에서 사기범이 다가와 말을 걸면, 디지털 환경에 익숙한 젊은이들도 방심하고 속아 넘어가기 쉽다는 뜻입니다. 실제로 2023년 상반기에 20대가 입은 사기 피해 금액의 38%가 소셜미디어를 통해 발생한 것으로 집계되었습니다.

해외 사례를 하나 더 들어볼까요? 영국 왕립사기방지국의 통계에 의하면 영국인 수백만 명이 매년 사기 시도에 노출되고 그 중 상당수가 실제로 금전 피해를 봅니다. 미국에서도 2017년 한 해에 4천만 명 이상의 성인이 어떤 형태로든 사기를 당했다는 연구 결과가 있습니다. 이러한 수치들은 사기가 특정 국가나 문화에 한정된 문제가 아니라 전 세계적으로 보편적인 범죄임을 보여 줍니다. 인터넷이 발달하고 글로벌 금융 거래가 활발해지면서 사기의 손길은 국경도 가리지 않고 뻗치고 있습니다. 국제적으로 조직화된 사기 조직들은 전화, 이메일, SNS 등을 통해 전 세계 사람들을 동시에 노립니다. 결국 현대 사회에서는 우리 모두가 잠재적인 사기의 표적이 되었다고 해도 과언이 아닙니다.

이쯤 되면 어떤 분은 이렇게 생각할지 모릅니다. "그래도 난 안 속을 자신 있어." 그러나 기억해야 할 사실은 사기는 자신의 약점을 자각하지 못하는 사람일수록 더 당하기 쉽다는 것입니다. "설마 내가 당하겠어?"라는 생각 자체가 위험 신호입니다. 다음 절에서 이야기할 낙관적 편향이 바로 그러한 함정이죠. 결국 사기의 보편성을 인정하고, 나도 예외가 아님을 깨닫는 순간부터 우리는 비로소 사기에 대비할 수 있습니다.

> ☕ **독자에게 드리는 조언**
>
> 사기 범죄는 결코 '남의 일'이 아닙니다. 누구도 사기의 위험에서 완전히 자유롭지 않다는 점을 항상 명심하십시오. 학력이나 지능, 사회적 지위와 관계없이 한 순간의 방심으로 누구나 피해자가 될 수 있습니다. '난 절대 안 속아'라는 지나친 자신감이야말로 가장 위험한 함정입니다. 나만은 예외일 것이라는 생각을 버리고, 언제든 나도 당할 수 있다는 경각심을 가지는 순간부터 사기 예방은 시작됩니다.

낙관편향의 함정

많은 사람이 사기에 쉽게 노출되는 이유 중 하나는 "낙관편향"이라 불리는 심리적 함정입니다. 낙관편향이란 나쁜 일은 남에게 일어나고 나는 괜찮을 것이라고 믿는 경향을 말합니다. 쉽게 말해 내가 피해자가 될 확률을 과소평가하는 심리적 편견이죠. "다른 사람들은 몰라도 난 눈치가 빠르니까 사기 따윈 당하지 않을 거야"라고 자신을 과신하거나, "뉴스에 나오는 피해자들은 운이 없어서 그렇지, 나는 조심하면 돼"라고 여기는 마음이 바로 그것입니다.

흥미로운 조사 결과도 있습니다. 한 연구에서 성인 2,000명에게 "당신이 사기를 당할 가능성이 남들보다 낮다고 보느냐?"라고 물었더니, 83%가 그렇다고 답했습니다. 10명 중 8명 이상이 "사기는 다른 사람이 당하는 일"이라고 여긴 것입니다. 또 다른 설문에서는 10명 중 9명이 자신이 사기 피해자가 될 가능성을 거의 느끼지 않는다고 답했죠. 이렇게 많은 사람들이 "나는 아니야"라고 믿는 사이, 정작 사기 시도는 우리 모두를 향해 다가오고 있습니다.

오하이오주 검찰총장의 보고서에서도 낙관편향이 사기 위험 인식에 미치는 영향이 지적되었는데, 이러한 낙관적 믿음 때문에 사람들은 자신이 취약하다는 사실을 과소평가한 채 예방 정보도 찾지 않게 된다고 합니다. 결과적으로 경각심을 늦추고 대비를 하지 않으니, 막상 사기 상황에 놓였을 때 더 취약해지는 악순환이 생기는 것이죠.

"난 안 속아"라는 생각이 얼마나 위험한지는 실제 사례를 통해서도 알 수 있습니다. 금융 분야에서 일하던 30대 회사원 A씨는 자신이 누구보다 사기 뉴스를 잘 챙겨 보고 대비한다고 믿었습니다. 하루에도 수십 통씩 날아오는 피싱 문자쯤은 가볍게 무시할 줄 아는 센스를 가졌다고 자부했지요. 그런데 어느 날 늘 다니던 은행 직원을 사칭한 전화를 받고는 그만 큰 피해를 보고 말았습니다. 상대방은 A씨의 이름, 직책, 심지어 최근 거래 내역까지 줄줄이 대며 전화를 해왔고, A씨는 "아는 은행 직원이니 문제 없겠지"

하고 안심했습니다. 알고 보니 그 정보들은 모두 해킹이나 SNS 등을 통해 미리 수집한 A씨의 신상 정보였습니다. A씨는 뭔가 수상한 느낌이 들면서도, "설마 이 사람이 가짜일 리 없겠지"라는 안이한 생각에 확인 절차를 생략해 버렸습니다. 그리고 곧바로 "당신 계좌에 이상 거래가 감지되니 안전계좌로 옮겨주겠다"는 말에 속아 자신의 돈을 몽땅 이체하고 말았습니다. 평소 "나는 안 당해" 하며 자신만만하던 태도가 오히려 함정이 되어 정작 위기 상황에서는 그 과신 때문에 기본적인 의심과 확인조차 소홀히 한 것입니다.

이와 유사한 일은 우리 주변에 비일비재합니다. 사랑에 빠진 사람은 "내 연인은 절대 날 속이지 않아"라는 낙관에 빠져 연인에게 돈을 빌려주었다가 사라지는 로맨스 스캠의 희생양이 되기도 합니다. 실제로 제3자가 보기에는 수상해 보이는 정황인데도, 정작 본인은 "우리 사랑은 진실된 거야"라고 믿어 버리고 주변의 만류를 듣지 않는 일이 많습니다.

또 투자 베테랑이라 자부하는 이들은 '내가 투자하는 회사(혹은 코인)는 남들과 다를 거야. 나는 타이밍만 잘 잡아서 빠져나오면 돼'라는 근거 없는 자신감을 갖고 있다가, 폰지 사기나 불법 다단계 투자에 큰돈을 잃기도 합니다. 도박 중독자들이 "이번엔 다를 거야. 이번만 운이 따르면 돼" 하고 계속 베팅하다가 결국 파산하는 것도 일종의 낙관편향의 연장선으로 볼 수 있습니다. 사람은 자기에게 유리하게, 그리고 희망적으로 상황을 해석하는 경향이 있어서, 위험 신호를 보고도 "나는 아닐 거야"하고 넘겨버리기 쉽습니다.

낙관편향은 단순한 자신감과는 다릅니다. 자신감은 근거 있는 믿음이지만, 낙관편향은 근거 없이 자신을 특별하게 여기는 착각입니다. "나만은 특별히 운이 좋을 것이고, 남들처럼 당하지는 않을 거야"라는 아무 근거 없는 믿음은 아주 위험합니다. 특히 사기범들은 이러한 인간의 과신을 노립니다. "여러분 중 일부는 속을지 몰라도, 당신만큼 똑똑한 사람은 이 기회를 한눈에 알아볼 거라 믿어요"라는 식으로 피해자를 부추기기도 합니다. 그런 말을 들으면 사람들은 우쭐해져서 "그래, 내가 남들보단 잘 알지" 하는 심리에 빠질 수 있습니다. 또는 "이 투자로 돈 잃은 사람들도 있다지만, 그건 바보들이 그런 거고 난 적절히 손절하면 돼"라고 안이하게 생각하기도 합니다. 하지만 사고란 항상 '설마' 하는 순간에 찾아오는 법입니다.

심리학자들은 낙관편향을 깨뜨리기가 매우 어렵다고 지적합니다. 단순히 '당신도 위험할 수 있다'고 알려 주는 것만으로는 대부분 효과가 없다고 해요. 오히려 "사기 피해자들은 이렇게 어리석은 행동을 했다"는 식의 이야기를 들으면, 사람들은 자신을 그런 부류와 비교하며 "나는 저런 부류가 아니니 괜찮아"라고 생각해 버린다고 합니다. 즉, 피해자에 대한 고정관념이 낙관편향을 더 강화시키는 겁니다. "저 사람들은 나약하거나 욕심이 많아서 당한 거야"라고 단정지어 버리면, 정작 본인은 같은 잘못을 저지를 수 있다는 사실을 망각하게 됩니다. 이러한 인지적 함정 때문에 사기 예방 캠페인에서도 "설마 하다 당합니다" 같은 슬로건으로 경각심을 주려 노력하는 것이죠.

우리나라에서 크게 보도된 사례 중에는, 전문직 종사자나 심지어 수사관까지 사기를 당한 일도 있습니다. 몇 해 전 한 지방 경찰 간부가 전화금융사기에 속아 거액을 잃은 사건은 많은 사람들을 놀라게 했습니다. 수사를 하는 사람조차 순간 방심하면 넘어갈 수 있다는 교훈이 되었죠. 그 경찰은 나중에 "평생 사기꾼 잡던 사람인데, 내가 그런 전화를 받을 줄은 몰랐다"고 말했습니다. 아는 것과 당하는 것은 별개임을 보여 주는 대목입니다. 그러므로 '누구나 속을 수 있다'는 전제를 받아들이고 대비하는 것이 중요합니다.

내 자신이 아무리 똑똑하고 조심성이 있더라도, 사기범들은 내 허점을 찾기 위해 풀타임으로 연구하는 사람들입니다. 내가 잘 모르는 분야나 예상치 못한 상황을 파고들면 한순간에 당할 수 있습니다. 결국 겸손한 마음으로 자신의 취약성을 인정하는 태도가 과신에서 비롯된 함정에 빠지지 않는 길입니다.

> ☕ **독자에게 드리는 조언**
>
> '나는 괜찮을 거야'라는 근거 없는 낙관은 매우 위험한 함정입니다. 누구나 사기를 당할 수 있다는 가능성을 항상 염두에 두고 경계를 늦추지 마십시오. 사기범들은 사람들의 이런 과신을 노리기에, 과도한 자신감 대신 건강한 의심과 겸손을 유지하는 것이 중요합니다. 나만 특별히 예외일 것이라는 생각을 버리고 "혹시 나도 당할 수 있다"는 의심을 가져야 합니다. 내가 남들과 다르지 않다는 사실을 받아들이는 순간부터 사기를 멀리하는 지혜가 생깁니다.

사기의 사회적 확산

사기는 한 사람의 잘못된 판단으로 끝나지 않고, 사회적으로 전염되듯 퍼져 나가기도 합니다. 한 명이 속은 사기라면 옆 사람도 덩달아 속기 쉽고, 그렇게 사기에 물든 사람들이 또 다른 피해자를 끌어들이는 악순환이 생깁니다. 이를테면 피라미드형 다단계 사기에서는 초기 피해자가 나중에는 가해자의 조력자처럼 행동하게 되는 경우도 많습니다. "당신에게만 이 정보를 드리는 거예요"라는 말에 솔깃해 거액을 투자한 사람이 수익을 내지 못하자, 원금이라도 건지려고 자기 지인들을 또 끌어들이는 식이죠. 이렇게 사기는 개인에서 개인으로 구전(口傳)되듯 번져 나가 집단적 피해를 낳습니다.

사회적 확산의 메커니즘을 이해하려면 인간의 집단 심리를 살펴볼 필요가 있습니다. 사람들은 주변에 같은 행동을 하는 사람이 많으면 그것을 거의 의심하지 않게 됩니다. 심리학의 사회적 증거(social proof) 이론에 따르면, 우리는 무언가를 판단할 때 다른 사람들이 믿고 있는 것을 따라 믿는 경향이 있습니다. 사기꾼들은 이 심리를 교묘히 이용합니다. 예컨대 투자 사기를 할 때 "이미 수천 명이 투자해서 큰 돈을 벌었다"는 가짜 후기와 허위 통계 숫자를 제시하거나, 가짜 수익 인증샷을 SNS에 퍼뜨립니다. 이를 본 사람들은 "이렇게 많은 사람이 참여했는데 설마 사기일 리 없어"라고 생각하게 마련이죠. 범죄자들은 심지어 유령 투자자나 알바 작성단을 동원해 인터넷에 긍정적인 글을 올리며, 마치 다들 믿고 있는 것처럼 분위기를 조성합니다. 그렇게 다수가 믿는 것처럼 보이게 만들면 개인은 의심을 내려놓고 덩달아 참여하게 되는 것입니다.

한국에서 한때 열풍을 일으켰던 암호화폐 투자 붐에도 이러한 사회적 확산의 측면이 있었습니다. 2021년경 비트코인을 비롯한 가상화폐 가격이 폭등하자, 너도나도 투자에 뛰어들었죠. 사실 그 중에는 스캠 코인이라 불리는 사기성 코인들도 많았지만, 주변 친구들이 "이 코인으로 돈 벌었다"고 자랑하면 경계심이 무뎌졌습니다. "나만 뒤처질 순 없다"는 FOMO(Fear Of Missing Out, 좋은 기회를 놓칠지 모른다는 두려움) 심리에 많은 사람들이 검증되지 않은 투자판에 앞다투어 뛰어들었습니다. 그 결과 얼마 지나지 않아 상당수 코인이 폭락하면서 투자자들이 큰 손실을 봤습니다. 나중에서야 드러난 바로는, 일부 코인은 애초에 개발자와 초기 투자자들이 가격을 조작해 올린 다음 일반인이 따라 사면 고점에서 팔아 치우는 폰지형 사기였던 것입니다. 그러나 사회적 분위기가 "이번엔 다들 돈 버는구나"라는 쪽으로 흘러가다 보니 정작 그 한복판에 있을 때는 누구도 냉정한 판단을 하기 어려웠던 것이죠.

사기의 사회적 확산은 오프라인 인간관계망에서도 흔히 나타납니다. 전통적인 다단계 수법을 떠올려 봅시다. 가족이나 친지가 다단계 판매에 빠져서 주변 사람들에게 제품 구매나 투자를 권유하고 다니는 모습, 한 번쯤 목격해 보지 않으셨나요? 이렇게 신뢰하는 인간관계망을 타고 사기는 번져 갑니다. 우리나라 2000년대 중반의 JU그룹 다단계 사기에서는 총책 주수도가 교회 등 친분 네트워크를 적극 활용했습니다. 신도끼리, 친구끼리 서로 권유하면서 "나도 했는데 당신도 해봐" 하는 식으로 퍼져 나간 겁니다. 결국 피해자가 3만여 명에 달했는데, 그중엔 목사, 교사, 공무원 등 서로 잘 아는 사람들끼리 소개로 들어갔다가 함께 피해를 본 사례도 많았습니다. 친밀한 신뢰의 연결망이 역설적으로 사기의 전파 경로가 되어 버린 셈입니다.

이렇듯 사기는 바이러스처럼 전염되기도 합니다. 현대에는 인터넷과 모바일 기술 덕분에 그 전파 속도가 더욱 빨라졌습니다. 스팸 문자 메시지 딱 하나만 만들어 뿌려도, 그것을 받은 100명 중 단 한 명만 속으면 사기범은 이득을 챙깁니다. 더구나 이 중 한 명이 속아서 돈을 보내게 되면, 사기범들은 곧바로 그 피해자의 전화 연락처 목록을 입수해 "방금 속은 사람의 가족이나 친구에게도 시도해야지" 하는 식으로 추가 범행을 벌이기도 합니다. 이를테면 메신저 피싱으로 한 사람의 카카오톡 계정을 탈취하면, 곧바로 그 사람이 아는 다른 사람들에게 "급한 일이 생겼다"며 돈을 요청하는 메시지를 보내는 식입니다. 실제로 한 대학생이 메신저 계정을 해킹 당한 후, 그의 친구 5명이 연달아 똑같은 사기 메시지를 받고 모두 돈을 보낸 사건도 있었습니다. 친구의 계정으로 온 부탁이니 다들 별 의심 없이 보내 버린 것이죠. 이처럼 디지털 시대의 사기는 한 번 뚫리면 순식간에 연쇄 피해로 번질 위험이 있습니다.

사회적 확산이 무서운 또 하나의 이유는 집단적인 맹신(盲信)을 낳을 수 있다는 점입니다. 한 집단 전체가 어떤 사기적인 믿음에 빠져들면, 내부에서 이성을 찾기가 매우 어려워집니다. 17세기 네덜란드의 튤립 투기 열풍이나 21세기 초의 비트코인 광풍 등 일종의 거품 현상도 비슷한 메커니즘이죠. 모두가 튤립 구근을 사들이고, 모두가 코인에 열광할 때, 거기서 한 발 벗어나 "혹시 이거 거품 아닐까?" 물으면 오히려 이상한 사람 취급을 받습니다. 다수가 믿는 거짓은 그 무리 안에서는 진실처럼 통용되고 의심하는 소수는 배척당하기까지 합니다.

사기꾼들은 이런 분위기를 교묘히 조장합니다. 초기 피해자들이 의심을 품지 못하도록 "당신에게만 기회를 드리는 거예요"라고 치켜세우거나, "지금 나가면 손해 봅니다"라고 겁을 주며 피해자를 묶어 두죠. 이렇게 집단의 동조 압력과 군중심리까지 더해지면, 개인은 더욱 판단력을 잃고 휘둘리게 됩니다.

사회적 확산을 막기 위해선 개인 간 신뢰를 악용한 사기 수법을 인지하고 경계해야 합니다. 아무리 친한 친구나 친척의 권유라도 투자나 사업 이야기가 나오면 한 번 거리를 두고 객관적으로 검증할 필요가 있습니다. 그 친구 또한 사실은 누군가에게 속아 넘어가 전달하는 것일 수 있으니까요. 또한 주변 모두가 한다고 해서 덩달아 따라가기 전에, 집단 전체가 착각에 빠져 있을 가능성을 항상 생각해 봐야 합니다. '모두가 믿는다'는 사실이 진실의 보증수표는 아니라는 걸 명심하세요. 역사상 많은 사기와 거품이 바로 '다 함께 속은' 사례들이었습니다.

마지막으로 정보의 투명한 공유가 사회적 확산을 차단하는 열쇠입니다. 사기를 당한 피해자들이 창피함 때문에 입을 닫지 않고 용기 내어 알려야 더 큰 피해를 막을 수 있습니다. 앞서 소개한 호주의 한 행동과학 블로그에 따르면 사기 피해자의 4분의 3은 신고를 하지 않는다고 합니다. 피해자가 남들에게 어리석어 보일까 봐 숨기기 때문인데 이렇게 숨길수록 똑같은 수법이 계속 번지게 됩니다. "나도 당했다"는 경험을 공유하고 사회 전반에 경각심을 확산시킬 때 비로소 사기의 전염을 막을 수 있을 것입니다.

이처럼 믿음이 어떻게 때로 배반당할 수 있는지, 왜 누구나 사기의 희생양이 될 수 있는지, 그리고 우리 마음속 낙관과 사회의 집단심리가 어떻게 사기를 키우는지 살펴보았습니다. 혹시 읽는 내내 불안감이 몰려왔다면, 어쩌면 그 불안이야말로 우리가 가져야 할 건강한 경각심일지도 모릅니다. 중요한 것은 두려워하지만 말고 올바른 지식과 인식으로 무장하여 대비하는 것입니다.

> ### ☕ 독자에게 드리는 조언
>
> 사기는 사회적 현상처럼 번질 수 있는 범죄입니다. 주변에 많은 사람이 믿는다고 해서 무작정 따라가서는 안 됩니다. 남들도 다 하니까 괜찮겠지라는 생각이야말로 위험합니다. 오히려 유행처럼 번지는 투자 제안일수록 "집단적 착각이 아닌가?" 의심하고 냉철하게 검증해야 합니다. 아무리 가까운 친구나 친척이 권하는 정보라도 반드시 객관적인 사실 확인을 거친 후에 판단하십시오. 다수가 믿는 이야기도 무조건 받아들이지 말고 내 눈으로 사실 여부를 따져 보는 비판적 태도가 필요합니다.

다음 장부터는 구체적으로 누구나 사기의 표적이 될 수밖에 없는 이유와 사기꾼의 본질에 대하여 다양한 연구와 사례를 통해 설명해 드리겠습니다. 한 가지 명심하십시오. "내가 믿는 순간, 사기는 시작된다"는 사실을. 그렇기에 어떤 순간에도 의심할 용기와 배우는 자세를 지니는 것이 자신을 지키는 지혜입니다. 오늘 살펴본 교훈들을 가슴에 새기고 어떠한 속임수 앞에서도 현명함을 잃지 않길 바랍니다.

이 장에서 다룬 사례와 통계는 모두 사기의 심리학을 보여주는 단서들입니다. 우리가 타인을 믿는 마음 자체를 완전히 버릴 수는 없지만 상황을 의심하는 이성을 함께 지닌다면 사기의 표적이 될 확률을 크게 낮출 수 있습니다. 부디 이 글이 독자 여러분께 작은 방패가 되어 주길 바랍니다.

2장
똑똑한 사람도 왜 속는가?

진실편향(Truth Bias)

　진실편향이란 인간이 보고 들은 정보를 별 의심 없이 진실이라고 믿어 버리는 경향을 말합니다. 명백한 거짓임을 입증하는 단서가 제시되기 전까지는 우리는 들은 순간 곧바로 그 말을 사실로 받아들이고 나중에야(그리고 그마저도 드물게) 진위를 확인합니다. 이러한 경향은 사회 생활에서 신뢰와 협력을 가능하게 하는 '기능'으로 볼 수 있기에 '버그가 아니라 특성'이라고도 합니다. 실제 일상 대화에서 대부분의 사람은 거짓말보다는 진실을 말하기 마련이고, 매번 상대방 말을 의심하며 살 수는 없기 때문입니다. 그러나 바로 이 진실편향 때문에 우리는 속임수에 취약해집니다. 사람들은 보통 의심스러운 단서가 없는 한 상대를 믿기 때문에 사기꾼들은 능숙하게 거짓말을 섞어 우리의 방심을 파고듭니다. 결과적으로 모든 사기는 피해자의 진실편향을 전제로 작동한다고 해도 과언이 아닙니다.

　현대 심리학 연구도 이러한 진실편향을 거듭 확인하고 있습니다. 사람들은 초기 대화에서 상대가 정직할 것이라고 기본 가정하는 경향이 강하며, 이를 "기본적 진실 가정"이라고 합니다. 이 때문에 거짓을 간파하는 인간의 능력은 생각보다 낮습니다. 메타분석에 따르면 평범한 사람들의 거짓말 탐지 정확도는 평균 54% 수준에 불과합니다. 이는 진실과 거짓을 거의 동전 던지기 수준으로 구별한다는 뜻인데 그마저도 거짓보다는 진실을 맞추는 경우에 편향되어 있습니다. 다시 말해 사람들은 대부분 상대방이 하는 말이 사실일 것이라고 믿고 듣기 때문에 거짓을 특별히 경계하지 않는 한 잘 속아넘어가게 되는 것입니다.

　이 진실편향은 일상적인 대인 신뢰를 가능하게 하는 장점이 있지만 사기범들에게는 더없이 좋은 먹잇감이 되곤 합니다. 예컨대 전화나 대면으로 거짓 신분을 사칭하는 보이스피싱 수법은 오로지 피해자의 신뢰 심리를 공략하여 작동합니다. 한 연구 보고에 따르면 이메일보다는 음성 통화가 주는 친밀감과 신뢰감이 훨씬 커서 전화 사기는 인간이 목소리에 두는 내재적 신뢰를 악용한다고 지적합니다. 실제로 2021년 한 해에만 미국에서 5,940만 명이 전화 사기의 희생양이 되었을 정도로 이러한 보이스피싱은 광범위한 피해를 낳고 있습니다. 우리나라 역시 상황은 심각하여 하루 평균 1,000건 이상의 사기 신고가 접수되고 있고 이 중 상당수가 전화 금융사기(보이스피싱) 등 진실편향을 노린 범죄입니다. 피해자들은 사기범이 "검찰입니다", "은행 직원을 대신 연결해드리겠습니다." 등 권위 있는 말투와 명분을 내세우면 일단 그 말을 사실로 받아들이고 신뢰해 버리는 경우가 많습니다. 이렇게 초기 대응에 실패하면 이후에는 설령 수상한 정황이 보여도 이미 믿어 버린 이야기를 번복하기 어려워지는 심리가 작용합니다. 결국 사기범은 피해자의 의심하지 않는 마음을 이용해 치밀한 거짓말을 이어가며 이 과정에서 피해자는 점점 사실 확인 능력을 잃고 끌려다니게 됩니다.

대표적인 사례로 국내의 보이스피싱 범죄를 들 수 있습니다. 한 검사를 사칭한 사기범은 전화로 "당신 명의 계좌가 범죄에 연루되었다"는 거짓말을 늘어놓고는 결백을 증명하려면 당장 돈을 송금하고 상품권을 구매해 전달하라는 황당한 요구를 했습니다. 그러나 피해자인 B씨는 그 전화를 곧이곧대로 믿은 나머지 안내에 따라 130만 원을 송금하고 200만 원 상당의 상품권까지 사기범에게 넘겨주고 말았습니다. 이처럼 말도 안 되는 지시에도 불구하고 따르게 된 배경에는 상대가 '검사'라고 자신을 소개한 순간 이를 진실로 받아들인 피해자의 진실편향이 자리하고 있었습니다. 해외 사례로는 "이 약을 먹으면 암이 낫는다"는 엉터리 건강기능식품 광고나 "복권에 당첨됐다"는 피싱 이메일 등도 모두 수신자가 일단 믿도록 만드는 데 성공했기 때문에 피해를 일으켰습니다. 범죄자는 "설마 거짓말이겠어?"라는 우리의 기본 심리를 교묘히 파악하고, 그 틈을 파고드는 것입니다.

> ### ☕ 독자에게 드리는 조언
>
> 진실을 신뢰하는 마음은 인간관계의 미덕이지만 낯선 상황에서는 한 번쯤 의심해 볼 필요가 있습니다. "덜 받아들이고, 더 확인하라"는 조언이 있습니다. 아무리 그럴듯한 정보라도 무조건 믿지 말고 반드시 출처에 집중하라는 뜻으로. 제가 정보활동을 하면서 평소 되새기는 말입니다. 금전이나 중요한 결정을 앞둔 대화라면 확인 절차를 거치는 습관을 들이세요. 친한 사람이 급하게 돈을 요구하거나 공공기관 직원이라는 사람이 정보 제공을 요청할 때 즉각 믿지 말고 전화를 끊은 후 해당 기관 공식 번호로 재확인하는 식의 2차 검증을 생활화하는 것이 좋습니다. 순간의 의심으로 관계가 다쳐서가 아니라 '잘못된 믿음으로 인생이 다칠 수 있음'을 기억해야 합니다.

확증편향과 자기과신

확증편향(confirmation bias)은 사람들이 이미 믿고 있는 바를 뒷받침하는 정보만 선택적으로 받아들이고 그 믿음을 반박하는 증거는 무시하거나 축소하는 인지적 경향을 뜻합니다. 어떤 주제에 대해 일단 의견이나 결론을 형성하면 이후 정보 처리 과정에서 자신이 옳다고 생각하는 쪽의 근거만 찾고 기억하며 반대되는 사실은 애써 외면하기 쉽습니다. 예를 들어 논쟁적 이슈에 대해 글을 쓰게 할 경우 대부분의 사람들은 자신의 입장을 지지하는 논거들만 나열하고, 스스로 반대쪽 논리를 균형 있게 검토하지 않는다는 실험 결과가 있습니다. 심지어 지적 능력이 높은 사람들도 이 편향에서 예외가 아니었습니다. 한 연구에서 지능 검사 점수가 높은 집단 역시 낮은 집단과 마찬가지로 본인의 입장에 유리한 '내 편 증거(myside bias)'만을 진술했고, 지능과 확증편향의 정도는 거의 무관하다는 결과가 나왔습니다. 이처럼 확증편향은 누구나 빠지기 쉬운 인간 보편의 함정인데, 특히 어떤 사안에 대해 정서적으로 얽혀 있거나 자신과 관련성이 높을수록 더 강하게 발현되는 것으로 알려져 있습니다. 왜냐하면 자신의 믿음이 틀렸음을 인정하면 자존심이 상하고 심리적 불편이 크기 때문에 사람들은 무의식중에 자신을 옳게 만들어 줄 정보만 편식하려 들기 때문입니다.

한편 자기과신(overconfidence)은 말 그대로 자신의 판단이나 능력을 실제보다 과대 평가하는 심리를 말합니다. 쉽게 말해 "난 틀릴 리 없어." 또는 "나는 남들보다 뛰어나"라는 확신이 과도한 상태입니다. 대부분의 사람들은 어느 정도 자신감이 있지만 자기과신은 근거 없는 자신감이 지나쳐 경계심을 잃게 만드는 것이 문제입니다. 예컨대 운전자들 중 73%가 자신이 평균 이상의 운전 실력을 가졌다고 믿는다는 조사가 있고 남성 운전자에 한하면 80% 이상이 "나는 상위 20% 운전자로 잘 달리고 있다"고 믿는 것으로 나타났습니다. 그러나 통계적으로 말이 안 되는 이 현상은 실제로는 90% 이상의 교통사고가 사람의 과실로 일어난다는 냉혹한 사실과 극명히 대비됩니다. 이렇듯 누구나 자기 능력을 긍정적으로 여기고 싶어하지만 자기과신이 심해지면 냉정한 평가 능력을 잃고 위험 신호를 무시하거나 잘못된 결정을 내릴 확률이 높아집니다.

    확증편향과 자기과신은 구분되는 개념이지만 현실에서는 서로 밀접하게 연관되어 동시에 나타나는 경우가 많습니다. 똑똑한 사람일수록 자신이 옳다고 믿는 심리적 이유도 바로 여기에 있습니다. 높은 지능이나 전문성을 가진 이들은 많은 상황에서 자신의 판단으로 성공을 거둔 경험이 쌓여 있기 때문에 점점 자신감이 커지고 확신의 함정에 빠지기 쉽습니다. 이러한 전문가의 과신에 대한 연구에 따르면 실제로 어떤 분야의 권위자들은 비전문가보다 옳은 답을 더 많이 맞히지만 틀린 답에 대해서도 지나치게 높은 확신을 보이는 경향이 있다고 합니다. 즉 틀렸을 때조차 '내가 맞다'고 믿는 정도가 일반인보다 클 수 있다는 것입니다. 이렇게 자기과신이 강한 상태에서는 새로운 정보를 접해도 자신의 견해에 부합하는 내용만 받아들이고 불편한 진실은 외면하는 확증편향적 사고가 더욱 강화될 수밖에 없습니다. 실제 심리 실험에서도 어떤 선택을 내린 뒤 확신도가 높은 사람일수록 결정을 번복하기보다 자신을 지지해줄 정보만 찾아보려는 경향(일종의 사후 확증편향)이 뚜렷하게 나타났습니다. 이는 똑똑한 사람도 경고 신호를 무시하고 속임수에 넘어갈 수 있음을 보여 줍니다. 높은 지능이나 지식이 있다고 해도 인간이라면 기본적으로 보고 싶은 것만 보는 심리를 완전히 벗어나기 어렵기 때문입니다. 오히려 본인이 똑똑하다는 자부심이 강할수록 "나는 남들처럼 속지 않을 것"이라는 과신 자체가 하나의 함정이 되기도 합니다.

사기 피해 사례를 보면 확증편향과 자기과신의 무서운 콜라보를 곳곳에서 발견할 수 있습니다. 투자 사기의 경우 일찍부터 주변에서 "위험해 보인다"는 충고나 수상한 정황을 접하고도 애써 무시한 피해자들이 많습니다. 대형 폰지 사기로 역사에 남은 버나드 메이도프 사례를 되짚어 보면 사기 초반부터 일부 금융 전문가들은 그의 비현실적으로 안정적인 수익률에 의문을 제기했습니다. 그러나 정작 돈을 맡긴 투자자들은 "설마 저명한 인사가 사기를 치겠어.", "다른 투자자들도 다 괜찮다는데 문제없을 것"이라고 스스로 안심하며 경고를 외면했습니다. 심지어 어떤 피해자들은 이상 징후가 분명히 드러난 후에도 "나는 메이도프를 오래 봐 왔는데 남들과 달라.", "곧 상황이 좋아질 거야"라며 추가 자금을 투입하기까지 했습니다. 이러한 자기합리화의 심리를 사회심리학에서는 인지부조화 해소라고 부르는데 일단 본인이 큰돈을 넣은 사실이 있기 때문에 그것이 잘못된 선택이라고 인정하기가 너무 고통스러워서 오히려 스스로 믿음을 강화해 버리는 현상입니다. 결국 확증편향으로 좋은 소식만 듣고 싶은 마음과 자기과신으로 "난 틀리지 않아"라는 마음이 겹쳐지면 사기꾼이 짜놓은 거짓의 굴레에서 빠져나오기 어렵게 됩니다. 한 투자 사기 피해자의 증언은 이를 단적으로 보여 줍니다. "너무나 똑똑해 보였던 45세의 신경외과 의사가 모든 경고 신호를 무시하고 전 재산을 날렸다"는 일화에서처럼 그는 주변 지인들의 만류와 상식적인 의문점들마저도 자신만의 근거로 합리화하면서 믿고 싶은 대로 믿은 끝에 큰 손해를 보았습니다. "어떻게 이런 결과를 예상 못 했지?"라는 그의 탄식은 고학력자라도 편향과 과신 앞에서는 속수무책이 될 수밖에 없음을 보여줍니다.

한편 똑똑한 사람일수록 특정 주제에 전문성은 높아도 다른 영역에 대해서는 오히려 순진할 수 있다는 지적도 있습니다. 예를 들어 세계적 물리학자가 금융사기 앞에서는 일반 투자자와 다름없이 당할 수 있습니다. 이는 전문 분야 외에는 권위자의 말에 쉽게 기대려는 성향과도 관련이 있습니다. 자신의 영역에서는 누구보다 비판적이고 치밀한 사람도 익숙지 않은 분야에서 전문가 행세를 하는 사기꾼을 만나면 그 말을 곧이곧대로 믿는 오류를 범할 수 있는 것이지요. 결국 지적 능력과 비판적 사고 능력은 일치하지 않을 수 있으며 뛰어난 두뇌를 가졌다고 해서 인지편향에서 자유로운 것은 아니다라는 것이 심리학계의 중요한 발견입니다. 다시 말해 우리가 흔히 말하는 '똑똑함'은 편향에 대한 면역력을 보장하지 않습니다.

> ☕ **독자에게 드리는 조언**
>
> 자신에 대한 믿음은 성공의 원동력이 되지만 맹신은 금물입니다. 큰 결정이나 투자를 할 때는 "내가 옳다"는 생각이 들수록 한 발 물러나 객관적 증거를 검토하세요. 자신의 주장에 유리한 정보뿐 아니라 반대되는 의견과 데이터도 찾아보고 검토하는 연습이 필요합니다. 주변에서 제기하는 경고

> 신호를 가벼이 여기지 말고 불편한 조언일수록 새겨듣는 태도를 가지십시오. 특히 지식인이나 전문가 분들이라면 "내 전공 분야가 아니면 나도 초보자"라는 겸손을 가지고 다른 분야의 사기성 정보에 대해선 남들보다 더 조심해야 함을 명심해야 합니다. 아무리 뛰어난 재능도 편향과 과신의 함정 앞에서는 무력할 수 있다는 사실을 받아들이고 스스로를 늘 점검하는 지혜가 필요합니다.

사회적 증거와 권위에의 약점

우리는 흔히 "남들이 다 한다면 나도…"라는 생각으로 집단을 따라가는 경향이 있습니다. 이를 심리학에서는 사회적 증거 효과(social proof)라고 부릅니다. 사회적 증거란 어떤 판단을 내릴 때 주변 사람들의 행동과 믿음이 근거가 되는 현상입니다. 특히 자신이 확신이 없거나 정보가 충분치 않을 때 남들이 옳다고 믿는 방향을 따라서 결정하면 안전할 것이라고 여기는 인간 심리에서 비롯됩니다. 고전적 실험인 솔로몬 애시(Solomom Asch)의 동조실험에서 사람들은 명백히 틀린 타인의 답변에도 불구하고 다수의 의견에 끌려 같은 오답을 말했습니다. 이렇듯 사회적 압력이나 분위기는 개인의 판단력을 마비시키곤 합니다. "많은 사람이 선택한 데는 다 이유가 있을 것", "주변에서 다들 좋다고 하니 나도 좋게 느껴진다"는 식의 사고가 대표적입니다.

권위(authority bias)에의 복종도 유사한 맥락에서 이해할 수 있습니다. 인간은 권위자나 전문가의 지시에 순종하려는 타고난 성향이 있습니다. 이는 일종의 인지적 지름길로서, '나보다 잘 아는 사람이 하는 말이니 옳을 것'이라고 여기는 것입니다. 실제로 심리학자 스탠리 밀그램의 유명한 복종 실험에서는 참가자들의 65%가 괴로워하면서도 실험자가 주는 전기 충격 가해 지시를 끝까지 따랐습니다. '위험하다'는 자신의 양심보다 '책임지겠다'는 실험자의 권위를 더 크게 받아들였던 겁니다. 로버트 치알디니 교수는 설득 심리학의 여섯 가지 법칙 중 하나로 이 권위의 원칙을 꼽으며 사람들은 합법적이고 유능해 보이는 전문가의 지시에 따르면 자신에게 유리할 것이라 믿는 경향이 있다고 설명했습니다. 의사, 변호사, 교수, 정부 관료 등 칭호와 외양에서 풍기는 전문성이 있으면 우리는 자연히 그들을 신뢰하고 따르는 경향이 있다는 것입니다. 현대 사회는 복잡해져서 모든 영역을 개인이 다 알 수 없기에 "전문가에게 묻자"라는 태도가 필수적이지만 바로 그 점을 노려 가짜 권위자가 잘못된 방향으로 이끌 때 문제가 발생합니다.

사회적 증거와 권위에 대한 복종 심리는 사기꾼들이 즐겨 이용하는 무기이기도 합니다. 투자 사기의 경우 "내 주변 사람도 다 이 투자에 참여해서 돈을 벌었다"는 소문이나 입소문이 강력한 유혹이 됩니다. 대표적으로 폰지 사기는 기존 투자자들에게 새 투자자의 돈으로 수익금을 주면서 겉보기엔 많은 사람이 이득 보는 것처럼 꾸며내는 수법입니다. 주변 몇 사람이 "정말 수익 받았다"라고

하면 그 말을 들은 다른 사람도 안심하고 따라 투자하게 되고 이렇게 눈덩이처럼 피해자가 불어나는 것입니다. 1920년대 찰스 폰지의 우표 투자 사기나 2000년대 버나드 메이도프 사건 모두 친지, 동료들 사이의 입소문이 피해 확산의 동력이었습니다. 메이도프의 경우 초기 투자자들이 고수익을 봤다는 이야기가 유대인 부유층 커뮤니티 내에 퍼지자 너도나도 돈을 맡겼고 심지어 "왜 나만 안 하냐"는 FOMO(소외에 대한 두려움) 심리까지 작용했습니다. 한 피해자(심리학자 스티븐 그린스펀)는 자신이 그런 사기에 말려든 요인으로 "함께 투자한 친구들이 신뢰할 만한 사람들이었다"는 점을 꼽았습니다. 주변 가족, 동료, 동창 등 믿을 만한 사람들이 모두 어떤 제안을 좋게 평가하고 있으면 설령 그 제안이 객관적으로 볼 때 수상쩍더라도 개인은 경계를 풀게 됩니다. 이를 '친분에 의한 사기(affinity fraud)'라고도 하는데 우리나라에서도 지역 친목회, 동창 모임, 종교 모임 등을 매개로 한 친분 사기 사례가 잦습니다.

의료 사기나 건강 관련 사기에서도 사회적 증거와 권위 효과가 빠지지 않습니다. 사람들은 친구나 주변인의 체험담에 약하기 때문에 다단계 건강식품 판매원들은 "우리 어머니가 이걸 먹고 효과를 봤다"는 등 검증되지 않은 성공 사례를 부풀려 홍보하곤 합니다. 심지어 가짜 약을 팔 때 배우를 동원해 의사 가운을 입히거나 가짜 병원 이름을 내세우면 사람들이 속아넘어가기 쉽습니다. 2020년 코로나19 대유행 시기, 미국의 유명 텔레비전 복음 전도사 짐 배커 목사는 자기 방송에서 은으로 만든 '실버 솔루션'이라는 액체를 마시면 코로나를 치료할 수 있다고 광고했습니다. 그는 자신이 목사라는 종교적 권위와 방송인의 대중 영향력을 이용해 수많은 시청자에게 허위 치료제를 80~125달러 '기부금' 형식으로 팔아넘겼습니다. 이 사기 행각은 결국 당국에 적발되어 배커 목사는 거액의 배상금과 판매금지 처분을 받았지만, 그가 '하나님의 사역자'라는 권위를 앞세워 사람들의 신뢰를 끈 덕분에 단기간에 큰 돈을 벌 수 있었던 것입니다. 국내에도 유사한 경우가 있습니다. 일부 사이비 종교 지도자들은 병을 기도로 치료해 준다며 헌금을 강요하거나 신도들에게 가짜 영양제를 고가에 떠넘기는 일이 있었습니다. 많은 신도들이 "우리 교주님은 다르다"는 맹신으로 의심 없이 따르다 큰 피해를 보곤 했지요. 최근 다큐멘터리로 폭로된 JMS 정명석 사건에서도 정명석 씨가 '메시아'를 자처하며 높은 권위를 행사하자 대다수 신도들이 비이성적인 요구도 복종했습니다. 특히 JMS는 대학가를 중심으로 포교하여 고학력 청년들까지 포섭했는데 일본 지부의 경우 유명 대학 출신의 엘리트층 신도가 많았다는 보고도 있습니다. "엘리트들이 믿을 정도면 정말인가 보다"라는 사회적 증거가 더 많은 신규 신도를 불러오는 악순환이 된 것이지요.

투자 사기에서는 권위 있는 인물이나 그럴싸한 직함의 위력을 실감하게 됩니다. 사기꾼들은 흔히 자신을 박사, 전문가, 전직 고위직 등으로 소개하거나 유명 인사를 광고 모델로 내세워 믿음을 심습니다. 과거 국내의 한 다단계 업체는 유명 연예인을 홍보 얼굴로 내세워 NFT 투자를 권유했고 그 유명세 덕분에 많은 피해자가 모였습니다. 또 다른 사건에서는 유명 금융 전문가의 이름을 사칭한 주식 리딩방이 성행하여 2022년 한 해에만 7천억 원대 피해가 났습니다. 사람들은 "그 유명한 ○○○(전문가)이 추천한다"는 말에 경계를 풀고 돈을 맡겼지만 사실 당사자는 전혀 관계없는 권위 도용 사기였던 것입니다. 심지어 사기범 스스로 권위자가 되어 신뢰를 쌓는 경우도 있습니다. 2023년 적발된 창조투자자문 사건의 범인 엄모 씨는 본인을 투자 전문가로 포장하기 위해 실제로 영화, 골프, 게임 등 여러 유망 업체에 투자하여 고수익을 일부러 몇 차례 보여 줬습니다. 그 결과 '저 사람은 투자에 능한 업계 권위자'라는 신뢰가 시장에 형성되었고 이후 그가 운영하는 P사 펀드에는 기업 CEO들과 자산가들이 앞다퉈 거액을 넣었습니다. 엄씨는 서울의 유명 대학 최고경영자(CEO) 과정에 다니며 정·재계 인맥을 만들고, 프로 골퍼까지 동원해 교류 모임을 여는 등 상류층 인사들과 친분을 맺어 권위와 사회적 증거를 모두 확보했습니다. 그 결과 피해자 명단에는 IT업계 유명 H사 대표, 재생에너지 상장사 대표, 유명 연예인 등 저명인사 50여 명이 이름을 올렸습니다. 결국 '능력 있는 투자자문가가 추천한 확실한 투자'라는 권위에 모두가 현혹되어 1,075억 원이라는 어마어마한 피해 규모의 폰지 사기가 벌어진 것입니다.

　사회적 증거와 권위 남용이 결합하면 더욱 강력한 속임수가 탄생합니다. 예를 들어 사기꾼이 하버드대 박사 출신이라는 타이틀(권위)을 들고 와서 "이미 전 세계 10만 명이 이 코인을 사서 대박 났다"(사회적 증거)고 홍보한다면 그 말을 들은 사람은 심리적으로 거의 저항하기 어렵습니다. 대형 다단계, 유사수신 사기들이 빠짐없이 "○○박사 개발", "전직 ○○청 간부 추천" 같은 권위 강조 표현과 "전 세계 누적 회원 수 ○만 명 돌파", "○○카페 가입자 폭증" 같은 숫자 자랑을 활용하는 이유가 여기에 있습니다. 우리의 합리적 판단력을 마비시키는 두 가지 지름길, "남들도 다 해"와 "전문가 말씀이야"를 동시에 자극하면 웬만한 이성적 사람도 일순간 판단력을 잃고 가담하게 되는 것입니다.

> ### ☕ 독자에게 드리는 조언
>
> 많은 사람이 믿는다고 항상 옳은 것은 아니며, 권위자가 말한다고 무조건 사실인 것도 아니다라는 경구를 늘 기억해야 합니다. 투자나 구매 결정을 내릴 때 주변 분위기에 휩쓸리지 않도록 의식적으로 자신만의 판단 기준을 세워 두세요. "친구들이 다 하고 있다"는 이유만으로 따라하지 말고 그 친구들도 정확히 알고 하는지 한 번 물어볼 필요가 있습니다. 또 전문가 의견을 활용하되 맹종하지 않는 태도가 필요합니다. 권위자의 조언은 참고하되 최종 결정 전에는 스스로 한 번 더 검증하는 습관을 가지세요. 의사의 처방도, 금융 전문가의 추천도 필요하다면 제3자의 의견을 추가로 듣고 교차 확인하는 지혜가 요구됩니다. 끝으로 사기범들은 흔히 "이건 특별히 당신에게만 주는 기회", "우리만의 비밀 정보"라고 유혹하지만 이런 배타적이고 폐쇄적인 제안일수록 의심해야 합니다. 사회적 증거가 강요되는 집단, 맹목적 복종을 요구하는 조직에는 가까이 가지 말고, 독립적 사고와 건강한 의심을 통해 내 재산과 신념을 스스로 지키겠다는 다짐이 필요합니다.

지성인의 함정

종종 뉴스에서 천재 과학자, 석학, 유명 연예인, 재벌 CEO 등 지성인들이 거액의 투자 사기에 휘말렸다는 소식을 접하곤 합니다. 언뜻 보기에는 "저렇게 똑똑한 사람이 어떻게 그런 속임수에?" 싶지만, 앞서 설명한 바와 같이 사기의 덫은 지능지수와 무관하게 누구에게나 찾아올 수 있습니다. 오히려 뛰어난 지성인들이 자신만만함과 한 순간의 방심 때문에 더 크게 당하는 경우도 있습니다.

해외 사례 중에는 아이러니하게도 '속지 않는 법'을 연구하던 학자조차 사기를 당한 일이 유명합니다. 심리학자 스티븐 그린스펀(Stephen Greenspan)은 2008년에 『잘 속는 사람들의 심리(Annals of Gullibility)』라는 책을 출간한 사기 심리 분야 전문가였습니다. 그런데 출간 직후 세상을 놀라게 한 버나드 메이도프의 폰지 사기사건에서 정작 그린스펀 본인이 은퇴 자금 약 40만 달러를 몽땅 날리는 피해자가 되고 말았습니다. 그는 자신이 그렇게도 연구하던 '잘 속는 이유'를 몸소 겪은 뒤에 사기 당한 경험을 토로하며 어떤 네 가지 요인이 자신 같은 지식인을 함정에 빠뜨렸는지 분석했습니다. 그가 꼽은 요인은 다음과 같았습니다. 첫째, 상황: 주변에서 믿을 만한 친구와 가족들이 메이도프를 신뢰하고 투자하니 본인도 안심했다는 것(사회적 증거의 영향). 둘째, 인지: 본인은 금융 전문가는 아니어서 메이도프 전략의 실체를 잘 이해하지 못했다는 것(전문지식 한계). 셋째, 성향: 본인이 성격적으로 남을 잘 믿고 충동을 억제하지 못하는 면이 있었다는 것. 넷째, 감정: 메이도프 펀드로 안정적인 수익을 얻을 거라 믿으니 장밋빛 미래에 안도감이 들어 의심할 생각을 못 했다는 것(희망적 사고). 요컨대 뛰어난 학자일지라도 자신의 전문 분야 밖에서는 권위자 말에 의존했고, 친구들이 투자한다는 사회적 증거에 안심했으며, 욕심과 방심이라는 인간적 약점을 피하지 못했다는 고백입니다. 그린스펀은 훗날 "한 번 속임수의 세계에 발을 들이면 헤어나오기 어렵다"고 토로했는데, 이는 지성인들조차 한 번 잘못된 믿음에 빠지면 빠져나오지 못하고 계속 깊이 빠져드는 현상을 잘 묘사해 줍니다.

또 다른 유명 사례로 노벨평화상 수상자 엘리 위젤(Elie Wiesel)도 메이도프 사기의 희생자가 되었습니다. 홀로코스트 생존자로서 세계적 지성인이었던 위젤은 자신의 인도주의 재단 자금 1,520만 달러 전액을 메이도프 펀드에 맡겼다가 날려 버렸고 개인 자산도 큰 손해를 보았습니다. 위젤은 메이도프를 두 번 만났는데 돈 이야기는커녕 역사와 교육에 대한 고담준론만 나눴다고 합니다. 즉 상대의 인품과 명성을 높이 평가한 나머지 정작 투자 위험에 대해서는 "설마 이렇게 존경받는 사람이 사기를 치겠냐" 하며 전혀 의심하지 않았던 것입니다. 사기가 터진 뒤 위젤은 "메이도프는 희대의 악당"이라며 절대로 용서 못 한다고 분노했습니다. 그러면서도 자신이 그를 소개받게 된 경위 – "믿을 만한 지인의 추천"으로 투자를 결정했다는 점 – 를 밝히며 인지적 능력이나 삶의 지혜와 별개로 친분과 권위 앞에 누구나 취약할 수 있음을 인정했습니다. 메이도프는 평소 유대인 자선계의 명망가로 통했고, 전직 나스닥 증권거래소 의장을 지낸 화려한 이력으로 재계에서 존경받았습니다. 위젤 같은 노벨상 수상자조차 그 사회적 지위와 권위에 현혹되어 경계심을 풀었던 것입니다.

지성인의 함정은 해외뿐 아니라 국내에서도 흔합니다. 2020년대만 해도 사회적으로 성공한 기업인이나 유명 연예인이 연루된 사기사건들이 다수 보도되었습니다. 예를 들어 2023년 적발된 앞서 언급한 폰지 사기사건(창조투자자문)에서는 IT기업 대표, 상장사 CEO, 인기 연예인 등 최상류층 피해자 50여 명이 나왔습니다. 이들은 대부분 평소 친목 모임이나 대학원 최고위 과정 등을 통해 범인과 알고 지내며 신뢰를 쌓았던 사이였습니다. 범인이 투자 전문가로서 여러 차례 성공 사례를 보여 주자 그 사회적 증거를 믿고 앞다퉈 거액을 맡긴 것입니다. 하지만 결과적으로는 남들 다 하니까 괜찮을 줄 알았던 방심이 수백억 원대 손실로 돌아왔습니다. 또 다른 사례로 최근 한 유명 가수 겸 사업가는 신뢰하던 투자 브로커의 말만 믿고 거액을 주식에 넣었다가 하루아침에 투자금 대부분을 날려 큰 논란이 되었습니다. 이 사건에서 그 가수는 "제 불찰"이라며 대중에 사과했지만, 많은 사람들이 "본인 같은 전문가도 당했을 정도면 일반인은 어쩌겠냐"며 허탈해 했습니다. 이렇게 사회적으로 성공한 이들이 오히려 더 크게 다치는 이유를 분석해 보면 높은 지위에서 오는 안도감과 자기과신, 그리고 둘러싼 사람들의 예스맨 문화 등이 지목됩니다. 평소 본인이 많은 정보를 접하고 최고의 조언자들을 두고 있다 보니 "내가 모르는 게 있겠어"라는 착각을 하기 쉽고, 주위 사람들도 그들에게 쓴소리하기보다 무조건 추종해주는 경향이 있다는 것이지요. 인지 심리학자 칩 히스가 말한 "전문가 함정"과 일맥상통하는 대목입니다. 즉 뛰어난 전문성은 좁은 분야에 국한된 것이지만 사람들은 이를 과신하여 다른 모든 영역에서도 자신이 잘 판단할 것이라 믿게 된다는 것입니다. 이런 맹점 때문에 아인슈타인 같은 천재라 해도 외부 세계의 사기에는 속수무책일 수밖에 없습니다. 실제로 세계적인 석학이던 존 설스틴 경(Sir John Sulston)은 어느 날 걸려온 보이스피싱 전화에 속아 금전 피해를 봤는데, 그는 인터뷰에서 "수식을 풀 때만큼만 경계를 발휘했더라면 속지 않았을 것"이라고 자책하기도 했습니다(가상 사례를 통한 설명). 이처럼 지성도 분야 밖에서는 보호막이 아니며, 오히려 "나는 안 속는다"는 자만심이 독이 될 수 있다는 교훈을 얻을 수 있습니다.

국내 종교 분야에서도 지성인의 함정은 반복되었습니다. 1980년대부터 2000년대까지 활동한 다단계 사교 집단들의 이면을 보면 고학력 신도와 사회 저명인사들이 다수 포함되어 있었습니다. 한국의 주요 교단에서 이단으로 규정하고 있는 신천지나 JMS 같은 경우 대학 캠퍼스에서 공부 잘하는 학생들을 주로 포섭했고, 기업 간부나 의사, 변호사 같은 전문직도 상당수 신도로 흡수했습니다. 이들은 한때 "남들은 모르는 영적 진리를 나는 깨달았다"는 우월감에 빠져 자신이 현명한 선택을 했다고 믿었지만 나중에 돌이켜보면 교주에게 맹목적으로 복종하며 합리적 사고를 상실한 꼴이 되고 말았습니다. 이러한 사례들을 연구한 전문가들은 지적인 사람일수록 자신의 신념 체계를 합리화하는 능력이 뛰어나서 한번 빠지면 더 논리 정연하게 자기합리화를 하고 빠져나오기 어렵다고 지적합니다. 오히려 배운 사람들이 교묘한 사기 논리에 더 그럴듯한 이유를 붙여 믿어 버리는 역설이 생긴다는 것입니다. 실제 JMS 사건에서 탈출한 한 신도는 "우리같이 똑똑한 사람들이 모였으니 이것은 사이비가 아니라고 서로 세뇌했다"고 증언했습니다(가상 인터뷰 인용). 이처럼 지성인 사회 특유의 집단 자부심과 확증편향이 결합하면 오히려 서로의 맹신을 강화하는 공동 최면에 걸릴 위험이 있습니다.

결론적으로 높은 지능, 학식, 사회적 지위 등은 사기의 위험을 완전히 막아주지 못합니다. 때로는 그것들이 방심과 오만을 불러와 더 큰 함정으로 이끌기도 합니다. 지성인일수록 편향에 대한 맹점(바이어스 블라인드 스팟)이 크다는 연구도 있습니다. 자신이 똑똑하기 때문에 남들보다 오류가 적을 것이라고 믿는 순간 오히려 사기범의 표적이 될 수 있습니다. 사기꾼들은 이런 심리를 간파하고 "선생님 같은 분이 알아봐 주시니 영광입니다.", "역시 안목이 뛰어나십니다" 같은 아부로 지성인의 자존심을 건드립니다. 그러면 지식인은 기분이 좋아져 더욱 경계를 풀고 덜 확인하게 되는 것이지요. 한 유명 투자 사기꾼은 훗날 재판에서 "오히려 고학력자들이 더 잘 속는다"고 증언해 충격을 준 일도 있습니다(가상의 재판 발언 예시).

> ### ☕ 독자에게 드리는 조언
>
> 자신의 지적 능력이나 경험을 과신하지 말라는 것이 지성인들의 사기 피해가 주는 교훈입니다. '설마 내가 속겠어'라는 생각 자체가 위험 신호입니다. 똑똑한 분일수록 오히려 주변의 조언에 귀를 기울이고 스스로를 의심하는 훈련이 필요합니다. 어떠한 투자나 결정도 예외 없이 기본 원칙과 검증 절차를 거치십시오. 또한 감정과 욕망은 지식으로도 다스리기 어려우므로 큰돈이나 인생 결정이 걸린 상황에서는 내 감정 상태(흥분, 조바심, 자만)를 점검해 보세요. 특히 사회적 지위가 높거나 전문가 위치에 있는 분들은 주변에서 쓴소리해 줄 사람이 적을 수 있습니다. 그러므로 스스로 겸손을 유지하며 중요한 판단을 할 때 다른 전문 분야 지인의 의견을 구하거나 제3자의 검토를 받는 장치를 마련하는 것이 바람직합니다.

끝으로 지성인들은 사기에 한 번 당하면 자책감과 수치심 때문에 회복이 더딜 수 있습니다. 그러나 '누구나 실수할 수 있음'을 인정하고, 만약 피해를 봤다면 신속히 주변에 알리고 법적 조치를 취하세요. 그래야 2차, 3차 피해를 막고 더 큰 배움을 얻을 수 있습니다. 아는 것과 속는 것은 별개임을 늘 유념하며 지성인다운 열린 마음으로 자신의 취약점을 돌아볼 때 비로소 속지 않는 현명함을 갖출 수 있을 것입니다.

3장
사기꾼은 어떤 사람인가?

사기 범죄의 피해는 결코 남의 일이 아닙니다. 우리 모두는 친절한 이웃이나 다정한 연인으로 가장한 사기꾼에게 누구나 속아 넘어갈 수 있습니다. 그렇다면 남의 믿음과 신뢰를 악용하는 사기꾼은 도대체 어떤 사람들일까요? 겉보기에는 평범하거나 때로 매력적이기까지 한 그들이 어떻게 양심의 가책도 없이 다른 사람을 속이고 이용할 수 있을까요? 이 장에서는 이러한 핵심 질문에 답하기 위해 사기꾼을 구성하는 다층적 요소들을 살펴보겠습니다. 우선 그들의 전형적인 성격 특성에 어떤 것들이 있는지 조명하고, 이어서 어떤 성장 배경과 환경적 요인이 작용하는지를 알아보겠습니다. 또한 연애 사기, 투자 사기, 피싱 등 사기 유형별 행동 패턴을 통해 이들이 상황에 따라 어떻게 사람을 속이는 전략을 달리하는지도 살펴보겠습니다. 더 나아가 인지적 특징 측면에서 공감 능력의 결여, 거짓말에 대한 적응, 자기합리화 심리를 파헤치고, 뇌과학 연구가 밝힌 사기꾼들의 뇌 구조와 기능상의 특징(vmP-

FC, 편도체 등)은 무엇인지 알아보겠습니다. 끝으로 현장의 증언을 통해 현직 수사관과 범죄심리 전문가들의 견해, 그리고 피해자들의 생생한 경험을 바탕으로 드러난 사기꾼의 실체를 입체적으로 조망해 보겠습니다. 이를 통해 독자 여러분이 '사기꾼이란 어떤 사람인가'를 보다 깊이 이해하고, 현실에서 그들을 경계하는 안목을 키울 수 있도록 돕고자 합니다.

다크 트라이어드 : 사기꾼의 전형적인 성격 특성

사기꾼들의 성격을 논할 때 가장 자주 언급되는 개념 중 하나가 다크 트라이어드(dark triad)입니다. 다크 트라이어드는 사회적으로 어두운 성향을 보이는 세 가지 성격 요소를 가리키는 용어입니다. 즉 나르시시즘(자기애), 마키아벨리즘(권모술수), 사이코패시(반사회성) 세 가지 특성이 여기에 해당됩니다. 많은 연구자들과 전문가들이 지적하듯이 상당수의 사기범들은 이 어두운 삼요소 성향을 고루 갖추고 있는 경우가 많습니다. 물론 모든 사기꾼이 정확히 이 범주에 들어맞는 것은 아니지만, ① 자기애적 과신과 특권 의식, ② 타인을 조종하려는 냉혹한 계산심, ③ 양심 부재와 공감 부족이라는 세 가지 면모는 사기꾼들에게서 전형적으로 나타나는 심리 프로파일이라 할 수 있습니다.

자기애성(Narcissism) : 사기꾼들은 대체로 자기애적 성향이 강합니다. 자신을 남들보다 우월하고 특별한 존재로 믿으며 과도한 자신감과 특권 의식을 내비칩니다. 타인의 관심과 찬사를 갈구하면서도 정작 다른 사람을 진심으로 존중하지는 않습니다. 대표적인 희대의 사기범인 버나드 메이도프의 사례를 보면 그는 투자자들 앞에서 합리적이고 유능한 척 이미지를 구축했지만 내면으로는 자신의 욕망과 우월감에 도취되어 있었다고 합니다. 실제로 심리학자 마리아 코니코바에 따르면 많은 사기꾼들이 자신의 기술과 재능을 과시하고 싶어하는 거대한 자아를 가지고 있으며, 자신은 절대 잡히지 않을 것이라는 무모할 정도의 자신감(이른바 무적감)까지 보인다고 합니다. 이러한 자기 도취적 면모는 사기 행위를 스스로 정당화하는 데도 일조합니다. "나는 남들보다 뛰어나니 이 정도 이득쯤은 챙겨도 된다"거나, "내가 특별한 기회를 주고 있으니 상대는 오히려 감사해야 한다"는 식으로 자기중심적인 왜곡된 사고를 하게 만드는 것입니다.

마키아벨리즘(Machiavellianism) : 마키아벨리즘적 성향은 목적 달성을 위해 수단과 방법을 가리지 않는 교활함과 냉혹함을 말합니다. 사기꾼들에게 특히 두드러지는 특징이 바로 이 마키아벨리즘적 교활함입니다. 이들은 타인의 심리를 치밀하게 읽고 조종하는 데 능숙하며 거짓말과 속임수를 일상적인 도구처럼 활용합니다. 인간관계를 오로지 자신의 이익을 극대화하기 위한 게임으로 여기기 때문에 필요하면 친절과 호의도 연극하듯 보여 주고 필요 없으면 언제든 등을 돌립니다. 감정적으로 냉담하고 계산적인 이러한 성향 덕분에 사기꾼은 양심의 가책이나 죄책감 없이도 타인을 속여 이득을 취할 수 있습니다. 실제 심리학 연구에서도 마키아벨리즘 성향이 높은 사람일수록 대인 관계에서 공격적인 전략과 조작 행동을 보이고, 다른 사람을 이용해 목표를 이루는 데 죄책감을 느끼지 않는다고 지적합니다. 사기꾼들은 이러한 성향을 바탕으로 피해자의 감정을 농락하고 상황을 자기 뜻대로 주무르는 '감정 조작의 달인'으로 군림합니다.

사이코패시(Psychopathy) : 사이코패스적 특성, 즉 반사회적 성향은 많은 악질 사기범들의 심리에 깔려 있는 핵심 요소입니다. 사이코패스 성향을 지닌 사람들은 공감 능력이 심각할 정도로 결여되어 있고, 충동적이며 자신의 행동에 대해 양심의 가책을 거의 느끼지 않습니다. 폭력을 쓰지 않는 사기범이라 할지라도 상당수가 이런 사이코패스적 특징을 공유하고 있습니다. 겉보기에는 친근하고 매력적으로 보일 수 있지만 속내는 차갑고 이기적입니다. 타인의 고통에 무감각하며 자신의 이익을 위해서는 남에게 해를 끼치는 일에도 거리낌이 없습니다.

☕ **독자에게 드리는 조언**

사기꾼들은 겉으로는 친절하고 매력적으로 행동해도 그 이면에 숨은 의도를 늘 의심해야 합니다. 말과 태도가 그럴듯하다고 해서 방심해서는 안 됩니다. 특히 처음 만난 사람이 너무 빠른 속도로 친밀감을 표시하거나 자신을 특별히 대우해 주면서까지 무언가를 요구한다면 한발 물러서서 살펴보십시오. 상대가 지나치게 자기중심적이거나 타인을 조종하려 드는 기색이

> 보이면 설령 겉모습은 **훌륭해 보여도 일정 거리를 유지하며 신중하게 대하는 지혜가 필요합니다.**

사기꾼이 되는 배경 : 성장 과정과 환경적 요인

　사기범들의 악행은 타고난 성격만으로 형성되는 것이 아닙니다. 가정환경, 성장 과정, 사회·경제적 조건, 조직 문화 등 여러 외부 요인이 복합적으로 작용하여 한 개인을 사기꾼의 길로 이끌 수 있습니다. 흔히 범죄자는 불우한 가정에서 자랐을 것이라 생각하기 쉽지만 흥미롭게도 사기범들의 가정 환경은 전형적인 강력범들과 사뭇 다를 수 있습니다. 예를 들어 영국에서 이루어진 한 프로파일링 연구에 따르면 화이트칼라 사기범들은 대체로 두 부모가 있는 안정적인 중산층 가정에서 성장한 경우가 많았습니다. 경제적으로도 비교적 부족함 없이 자랐고 학력 수준도 높은 편이었습니다. 이러한 결과는 어린 시절 가난과 폭력을 겪은 경우가 많은 일반 강력범들과 대비됩니다. 실제 한 미국 연구에서도 수감된 사기범들의 68%가 친부모와 함께 자랐고, 부모 이혼이나 결손 가정 출신 비율은 오히려 소수였다고 합니다. 물론 모든 사기꾼이 풍족한 환경에서 자란다는 뜻은 아니지만 "불우한 어린 시절이 범죄자를 만든다"는 단순 공식이 사기 범죄에는 꼭 들어맞지 않을 수 있다는 점은 주목할 만합니다.

그렇다면 대체 무엇이 이들을 범죄로 이끌었을까요? 전문가들은 사기 범행의 동기를 개인의 성향과 사회적 요인이 교차하는 지점에서 찾아야 한다고 말합니다. 그중 하나로 사회경제적 야망과 압력이 중요한 요인이 될 수 있습니다. 비교적 안정된 환경에서 성장해 교육 수준이 높고 직업도 갖춘 사기범들이 사회적으로 성공하고 부를 얻고자 하는 야망은 큰 반면 합법적인 방법만으로 그 목표를 이루는 데 한계를 느낄 때 '지름길'의 유혹을 받을 수 있다는 것입니다. 특히 '돈을 버는 능력이 곧 자기 가치'라는 식의 과도한 물질주의 환경에서는 목적을 위해 수단을 가리지 않는 사고방식이 용인되거나 심지어 조장되기도 합니다. 예컨대 일부 영업 조직이나 투자 업계에서는 실적만 좋으면 과정상의 편법이나 윤리적 문제를 눈감아 주는 분위기가 있을 수 있습니다. 이런 환경에서는 양심적인 사람도 흔들리기 쉽고, 하물며 다크 트라이어드 성향을 지닌 사람이라면 죄책감을 훨씬 덜 느끼면서 범죄의 유혹을 받아들일 가능성이 높아집니다.

조직 문화 역시 사기꾼을 양성하거나 억제하는 데 중요한 역할을 합니다. 만일 한 조직의 지도층이 부정하거나 비윤리적 행위를 일삼는다면 그 아래 구성원들도 그런 행동을 학습하거나 묵인하게 될 위험이 큽니다. 기업 환경에서 만연한 부패 문화가 한 예입니다. 역사상 최대 폰지 사기를 벌인 버나드 메이도프 사례를 보더라도 그의 개인적 탐욕뿐 아니라 금융업계 전반에 퍼져 있던 탐욕과 방임의 분위기가 겹쳐져 거대한 범죄를 일으켰다는 분석이 있습니다. 메이도프는 2008년 체포되기 전까지 월가에서 존경받는 인물로 통했지만 사실 그의 주변에는 그를 견제하기보다는 맹목적으로 추종하거나 눈감아 준 금융 권력층이 있었습니다. 이처럼 조직이나 사회 전반이 돈만 중시하고 윤리를 경시하는 분위기라면 잠재적 사기꾼들에게 죄책감 없이 능력을 발휘할 수 있는 '완벽한 토양'이 되어 버립니다. 반대로 건강한 조직 문화, 강력한 내부 통제 장치, 투명한 사회 규범은 사기 범행의 싹을 잘라내는 데 크게 기여합니다.

요컨대 아무리 특정한 성향을 타고났다 해도 주변 환경에 따라 그 사람이 선량한 시민으로 자랄 수도 있고 악덕 사기꾼으로 변모할 수도 있습니다. 성격이라는 씨앗이 어떤 환경의 토양을 만나느냐에 따라 범죄로 이어지는 정도가 달라지는 것입니다.

> ☕ **독자에게 드리는 조언**
>
> 겉보기 평범하고 배경이 탄탄한 사람이라고 해서 방심해서는 안 됩니다. 사기꾼은 특정한 가정 환경이나 학력을 가진 사람만이 아니라, 어느 환경에서든 야망과 유혹이 맞물리면 누구나 될 수 있다는 사실을 기억해야 합니다. 때문에 사람을 볼 때 막연한 편견에 기대기보다 실제 그 사람의 행동과 태도를 면밀히 관찰하는 자세가 필요합니다. 평소 돈이나 성공을 위해 수단을 가리지 않는 분위기나 조직 문화에는 스스로 물들지 않도록 경계하고 윤리적인 원칙을 지키려는 마음가짐을 갖추십시오. 이것이 사기꾼이 될 수 있는 토양을 멀리하고 주변에서 그런 인물이 나타났을 때 일찍 포착하는 데 도움이 될 것입니다.

사기 유형별 행동 패턴 :
사랑, 욕망, 공포를 악용하다

　사기꾼들은 범행 대상을 속이기 위해 상황과 상대에 따라 서로 다른 수법과 행동 패턴을 보입니다. 연애를 미끼로 한 로맨스 스캠(연애 사기)부터, 고수익을 미끼로 한 투자 사기, 첨단 기술과 두려움을 이용한 최신 피싱 사기에 이르기까지 수법은 제각각이지만 그 밑바탕에는 공통점이 있습니다. 바로 인간 심리의 약점을 공략한다는 점입니다. 여기서는 주요 사기 유형별로 사기꾼들의 전형적인 행동 특징을 살펴보겠습니다.

1. 연애 사기 사랑과 친밀감을 미끼로 한 조작

　연애 사기는 사기꾼들이 피해자의 외로움과 사랑 받고 싶은 욕구를 노리는 전형적인 수법입니다. 보통 온라인 데이트 앱이나 SNS 등을 통해 접근하며 짧은 기간 내에 급속도로 친밀감을 형성하는 것이 특징입니다. 사기꾼은 처음에는 운명적인 사랑을 가장하여 달콤한 말로 상대의 마음을 엽니다. 예컨대 며칠 만에 사랑을 고백하거나 금세 결혼을 약속하며 피해자로 하여금 '이 사람이야말로 평생 찾던 운명의 상대'라는 착각을 심어 줍니다. 실제로 많은 피해자가 "너무 빨리 다가왔지만 그만큼 나를 특별히 사랑해 주는구나" 하고 경계심을 풀어버리곤 합니다.

일단 감정적으로 상대를 묶어두는 데 성공하면 사기꾼은 곧바로 경제적 요구를 꺼내 듭니다. 흔한 시나리오는 갑작스럽게 거짓된 위기 상황을 꾸며내 '당신밖에 도와줄 사람이 없어'라며 금전 지원을 요청합니다. 이미 사랑에 눈이 먼 피해자는 의심하기보다는 정말로 사랑하는 연인을 돕는 마음으로 큰돈까지 보내주곤 합니다. 실제 사례로 몇 해 전 한국에서 50대 독신 여성이 온라인으로 만난 외국인 남성과 인터넷 연애를 하다가 거액을 송금해 피해를 본 일이 있습니다. 그 남성은 자신을 미군 장교라고 소개하며 열렬한 사랑을 표현한 뒤 이내 "전쟁터에서 탈출하려면 돈이 필요하다"거나 "당신과 결혼하러 한국에 가야 하는데 경비가 필요하다"는 등의 거짓말로 돈을 요구했습니다. 그녀는 사랑하는 마음에 수천만 원을 보내 주었지만 나중에 알고 보니 모든 이야기가 거짓이었습니다. 이처럼 '사랑'이라는 감정은 사기꾼이 신뢰를 얻고 금전을 뜯어내는 데 활용하는 가장 강력한 무기가 될 수 있습니다.

사기꾼들은 연애 사기에서 피해자의 모든 감정적 빈틈을 파고 듭니다. 앞서 살펴본 대로 이들은 정서적 공감 능력은 없지만 머리로 상대의 마음을 읽어 내는 인지적 공감 능력이 뛰어납니다. 피해자가 어떤 말에 설레는지, 어떤 상처를 가지고 있는지를 면밀히 파악한 뒤 거기에 맞춰 이상적인 연인 역할을 연기합니다. "당신 마음을 정말 이해한다"는 말을 끊임없이 반복하고, 세심한 배려와 관심을 퍼부어 주면 사랑에 목말랐던 상대는 금세 마음을 열어 버립니다. 실제로 2023년에 큰 화제가 된 전직 펜싱선수 남현희 씨 사례에서도 가해자는 처음에 젊고 다정한 사업가인 척 접근하여 남현희 씨의 모든 말과 감정에 공감하는 연기를 하면서 신뢰를 쌓았습니다. 남현희 씨는 "이 사람은 나를 정말 알아주고 배려해 주는구나" 하고 믿게 되었고, 그 결과 수억 원의 금전적 피해를 당했을 뿐 아니라 심적으로도 큰 상처를 입었습니다. 이렇듯 연애 사기의 사기꾼은 사랑에 눈이 먼 사람의 심리를 교묘히 이용하여 결국 돈과 마음을 모두 빼앗습니다.

> ☕ **독자에게 드리는 조언**
>
> 진정한 사랑과 신뢰는 시간 속에서 검증되는 법입니다. 며칠 또는 몇 주 만에 갑작스레 운명을 운운하며 금전 요구까지 하는 사람이라면 아무리 마음이 끌려도 일단 의심하는 것이 좋습니다. 가까운 가족이나 친구가 "좀 이상하지 않니?" 하고 만류할 때 그 조언을 흘려듣지 말고 "혹시 사기가 아닐까?" 하는 의심의 끈을 놓지 않아야 합니다. 달콤한 말 뒤에 날카로운 칼날이 숨겨져 있을 수 있다는 경계를 늦추지 않는 한 로맨스 스캠의 희생양이 되는 최악의 상황은 막을 수 있을 것입니다.

2. 투자 사기 : 탐욕과 욕망을 자극하는 수법

투자 사기는 인간의 금전적 욕망, 그중에서도 '남들보다 더 빨리 많이 벌고 싶다'는 탐욕을 노리는 범죄 형태입니다. 대표적으로 폰지 사기, 불법 다단계, 유사 투자자문 사기 등이 이에 속합니다. 이 유형의 사기꾼들은 피해자가 돈을 벌고 싶어하는 마음, 특히 쉽게 고수익을 얻고 싶다는 욕망을 교묘히 자극합니다. "절대 손해 볼 리 없는 확실한 기회야.", "너니까 특별히 알려 주는 정보야.", "지금 놓치면 평생 후회할 투자야" 같은 그럴싸한 말들로 피해자의 판단력을 마비시킵니다. 투자 사기의 핵심 전략은 피해자가 욕망에 눈이 멀어 정상적인 판단을 하지 못하도록 만드는 것입니다.

실제 사례를 하나 들여다보겠습니다. 2010년대 초반 한국 사회를 떠들썩하게 만든 일명 '자매 사기꾼' 사건이 있습니다. 두 여성 사기범은 가짜 사업가로 행세하며 "금 투자에 참여하면 월 15% 수익을 보장한다.", "아파트 개발로 이미 1조 원을 벌었다" 등 터무니없는 거짓말로 투자자들을 끌어모았습니다. 혹시 투자자들이 의심을 품으면 이들은 모조 다이아몬드를 진짜 25캐럿 다이아몬드인 양 보여 주며 '담보'로 맡기는 치밀함까지 보였습니다. 또한 자신들을 '미국에서 금 거래 사업을 하는 큰손'이라고 허풍을 떨어 신뢰를 쌓은 뒤 통관비 등의 명목으로 투자자들에게 거액을 추가로 받아 가로채기도 했습니다. 결국 경찰 수사로 아파트 개발, 해외 금거래 등 그들의 모든 주장이 새빨간 거짓말로 드러났지만 이미 많은 투자자가 큰돈을 잃은 뒤였습니다. 이 사건에서 보듯 투자 사기꾼들은 고수익의 유혹과 그럴듯한 거짓말을 섞어 피해자가 의심할 틈을 주지 않습니다.

투자 사기의 또 다른 전술로는 일부 진실에 거짓을 절묘하게 끼워 넣는 혼합형 거짓말이 있습니다. 100% 거짓 정보만 내세우면 아무도 믿지 않을 테니 사기꾼들은 실제 존재하는 회사나 유명 인물의 이름, 혹은 일부 실제 데이터를 마치 증거처럼 섞어 제시하면서 그 사이에 거짓 정보를 심어 넣습니다. 예컨대 가짜 투자 회사를 차려 놓고 실제 초기에 몇 사람에게 약속한 이자를 지급하여 입소문을 내게 한 후, 이를 믿고 몰려든 다수의 투자금을 가로채는 폰지 수법이 그렇습니다. 또 권위 있는 인물을 사칭하거나 실제 저명인사가 투자한 것처럼 꾸며 신뢰를 높이기도 합니다. "유명한 ○○ 회장도 투자했다"라거나 "정부 고위 관계자와 친분이 있다"는 식으로 거짓된 권위를 동원하면 피해자들은 더욱 안심하고 돈을 맡기게 됩니다.

투자 사기꾼들의 행동 패턴을 보면 한 가지 거짓말이 들통나면 곧바로 새로운 거짓말로 덮어 버리는 경향이 강합니다. 처음 제시한 사업 계획에 의문이 제기되면 즉시 이야기를 바꾸어 새로운 투자처를 제안하거나 예상치 못한 변수로 계획이 늦어지고 있다고 핑계를 댑니다. 이렇게 상황에 따라 말을 바꾸며 임기응변에도 능하기 때문에 어느 순간부터는 피해자도 무엇을 믿어야 할지 혼란에 빠지게 됩니다. 사기꾼들은 피해자가 지친 기색을 보이면 "지금 포기하면 손해입니다. 조금만 더 기다리면 다 돌아옵니다" 하며 다시 한 번 욕망의 미끼를 던집니다. 그러면 피해자는 이미 투자한 것이 아까워서라도, 혹은 '정말 이번 고비만 넘기면 될지도 모른다'는 마음에 또다시 속아 넘어가게 됩니다. 이처럼 투자 사기에서는 인간 심리의 매몰비용 오류(이미 투자한 돈이 아까워 추가 피해를 감수하는 오류)까지 교묘히 악용됩니다.

> ☕ **독자에게 드리는 조언**
>
> 너무 그럴듯하게 들리는 투자 제안이라면 우선 의심부터 하는 것이 상책입니다. 세상에 고위험인데도 담보 없이 고수익을 보장하는 투자는 존재하지 않는다고 생각하십시오. 아무리 친한 사람이 권유하더라도 금전 거래와 투자만큼은 반드시 객관적인 검증을 거쳐야 합니다. 제시된 정보의 진위를 공신력 있는 경로를 통해 확인하고, '단기간에 확정 수익 보장' 등 투자 원칙에 어긋나는 약속은 일단 거리를 두고 보시기 바랍니다. 사기꾼은 누구나 가지고 있는 '좀 더 쉽게 돈 벌고 싶다'는 마음을 파고든다는 사실을 명심하고 스스로 그 탐욕의 함정에 빠지지 않도록 경계해야 합니다.

3. 피싱 사기 : 공포심과 기술을 악용한 신종 기만

피싱(phishing)은 비교적 최근에 등장한 사기 유형으로 전화나 문자, 이메일 등 통신수단과 IT 기술을 이용하여 사람을 속이는 수법입니다. 대표적인 예로 보이스피싱(전화 금융사기), 스미싱(문자 메시지 내 악성 링크), 이메일 피싱 등이 있으며, 최근에는 인공지능 기술을 악용한 AI 피싱까지 등장했습니다. 피싱 범죄자들은 주로 상대의 공포심을 자극하고 권위에 대한 복종심을 악용하는 전략을 펼칩니다.

　예를 들면 경찰·검찰·금융감독원 직원 등을 사칭해 "현재 범죄 수사가 진행 중이니 협조가 필요하다"며 개인정보나 자금을 요구하거나 은행 직원을 사칭해 "고객님의 계좌에 이상 거래가 감지됐다"고 속여 계좌 비밀번호를 묻는 식입니다. 상대가 국가기관이나 금융기관이라고 믿게 되면 일반 사람들은 순간적으로 긴장해서 시키는 대로 따르게 마련입니다. 사기범들은 이러한 사람들의 심리를 잘 알기 때문에 공문서를 위조하거나 공식 로고를 도용하는 등 외관상 그럴듯한 설정을 기본으로 갖춥니다. 최근에는 여기에 한층 진일보한 첨단 기술까지 동원되고 있습니다.

　특히 인공지능 딥페이크(deepfake) 기술의 발전은 피싱 사기에 새로운 위협을 더하고 있습니다. 2024년 경찰청 발표에 따르면 "자녀를 납치했다"는 거짓 내용의 합성 음성을 부모에게 보내 돈을 요구하는 AI 피싱 협박 사례가 실제로 확인되어 주의보가 내려진 바 있습니다. 이처럼 기술의 발전은 사기범들에게 새로운 무기를 쥐어 주고 있습니다. 영상 합성이나 보이스 클로닝으로 인해 이제 눈이나 귀로는 가짜와 진짜를 구분하기 어려운 시대가 되었습니다. 사기범들은 전화 발신 번호를 경찰청 대표번호로 위조해서 걸고, 문자 메시지나 메신저 프로필에 공공기관 로고와 이미지를 사용해 더욱 진짜같이 꾸미기도 합니다. 또 피해자의 휴대폰에 악성 앱이나 원격 제어 프로그램을 설치하도록 유도하여 휴대폰을 완전히 장악한 뒤 실제 은행 앱이나 문자 내용을 가로채는 수법도 활용합니다. 이렇게 되면 피해자는 범인이 지시하는 대로 따를 수밖에 없는 덫에 걸리게 됩니다.

> ☕ **독자에게 드리는 조언**
>
> 피싱 의심 전화를 받았을 때는 무엇보다 침착함을 유지해야 합니다. 아무리 긴급해 보이는 전화나 문자를 받아도 즉시 응대하지 말고 일단 전화를 끊고 내용의 진위를 차분하게 확인하세요. 경찰이나 검찰은 어떠한 경우에도 전화로 자금 이체나 개인정보 제공을 요구하지 않는다는 점을 반드시 기억하시기 바랍니다. 가령 "자녀를 납치했다"는 협박 전화를 받더라도 바로 돈을 보내지 말고 우선 해당 자녀나 가족에게 직접 다른 연락 수단으로 연락해 사실 여부를 확인하는 것이 최우선입니다. 목소리가 실제와 비슷하게 들리더라도 당황한 상태에서는 판단력이 흐려지기 쉽습니다. 반드시 제3자를 통해 진위를 교차 검증한 후 대응하는 습관을 가지세요. 기술이 발전할수록 눈에 보이거나 귀에 들리는 것을 그대로 믿지 말고 한 번 더 의심해 보는 건강한 경계심이 필요합니다.

사기꾼의 인지적 특징 :
공감 결여, 거짓말의 달인, 그리고 자기합리화

이제 사기꾼들의 마음속을 들여다보겠습니다. 그들은 무엇을 생각하며 어떻게 자신의 행동을 정당화할까요? 사기꾼들의 인지적 특징을 한마디로 요약하면 '비뚤어진 사고방식과 뛰어난 거짓말 기술'입니다. 구체적으로는 정서적 공감의 결여, 거짓말에 대한 적응과 능숙함, 도덕관의 왜곡(자기합리화) 세 가지 측면에서 살펴볼 수 있습니다.

정서적 공감의 결여와 '냉혹한 공감자' : 앞서도 언급했듯 많은 사기꾼들은 타인의 감정에 진심으로 공감하지 못합니다. 여기서 말하는 공감은 정서적 공감, 즉 상대의 감정을 자기 가슴으로 함께 느끼는 능력을 뜻합니다. 보통 사람이라면 남이 슬퍼하면 같이 가슴 아파하고, 남이 기쁘면 덩달아 즐거워하지만 사기꾼들은 이러한 정서적 동기화가 현저히 부족합니다. 대신 이들은 인지적 공감 능력 - 머리로 남의 감정을 이해하고 분석하는 능력 - 은 오히려 뛰어난 경우가 많습니다. 다시 말해 상대가 무엇을 느끼는지는 논리적으로 잘 알지만 거기에 감정적으로 동조하지 않는 냉혹한 관찰자인 셈입니다. 이러한 유형을 일부 심리학자들은 '어두운 공감자(dark empathy)'라고 부르기도 합니다. 사기꾼들은 이 감정 없는 공감 능력을 무기로 피해자를 손쉽게 조종합니다. 예를 들어 친구나 연인이 슬퍼할 때 겉으로는 함께 슬픈 척 연민을 보이지만 속으로는 아무런 동정심을 느끼지 않는 식입니다. 그럼에도 피해자는 '이 사람이 내 마음을 정말로 이해해 주는구나' 하고 착각하게 되고 결국 경계심을 풀고 마음을 열어 버립니다. 사기꾼에게 이러한 진심 없는 공감 흉내는 상대의 신뢰를 얻기 위한 전략적 기술에 불과합니다. 피해자가 웃을 때 따라 웃고, 울 때 같이 울어 주지만 그 내면은 차갑게 식어 있는 것, 이것이 바로 사기꾼의 냉혹한 이중성입니다. 이 점을 이해하면 어떤 사람은 눈앞의 누군가가 눈물을 흘리는데도 속으로 전혀 느끼는 바가 없을 수 있고, 그런 사람이기에 남을 철저히 속일 수 있다는 사실을 깨달을 수 있습니다. 일상에서 누군가가 너무 빨리 친밀해지고, 내 감정을 잘 알아주는 듯이 행동한다면 오히려 한 번쯤 의심해 봐야 하는 이유가 바로 여기에 있습니다.

거짓말의 달인과 병적인 거짓말 적응 : 사기꾼들은 문자 그대로 일상을 거짓말로 살아가는 사람들입니다. 거짓말이 입에 착착 붙을 뿐만 아니라 표정과 몸짓까지 완벽히 속일 줄 아는 타고난 배우인 경우가 많습니다. 일반인은 거짓말을 할 때 어느 정도 양심의 가책과 긴장감 때문에 말투나 표정에 티가 나기 마련입니다. 하지만 숙련된 사기꾼에게서는 그런 미세한 불안의 흔적조차 찾기 어렵습니다. 이들은 눈빛, 미소, 목소리 톤, 제스처 하나까지 철저히 계산하여 거짓을 진실인 양 연기합니다. 심지어 필요하면 눈물까지 흘리는 연기를 선보이기도 합니다. 실제로 많은 피해자들이 "너무 진지한 표정으로 이야기해서 의심할 수 없었다.", "울기까지 해서 거짓말일 줄 상상도 못했다"고 털어놓습니다. 그만큼 사기꾼들은 언행의 모든 면에서 일관성 있는 거짓 연출을 해내는 탁월한 능력을 갖추고 있습니다.

흥미로운 것은 사기꾼들은 거짓말을 반복하다 보면 자신마저 그 거짓을 믿게 되는 경우도 종종 있다는 점입니다. 상습적인 사기범들은 같은 거짓말을 수십, 수백 번 반복하면서 자신도 그 각본에 익숙해지고 심리적 저항감이 무뎌진다고 합니다. 그래서 거짓이 모두 탄로 난 후에도 끝까지 시치미를 떼고 우겨대는 일이 비일비재합니다. 실제로 한 피해자는 "사기꾼의 행각이 다 드러난 후에도 그가 끝까지 거짓말로 일관하는 모습을 보고 경악을 금치 못했다"고 증언하기도 했습니다. 심리학에서는 이렇게 상습적이고 병적으로 거짓말을 일삼는 현상을 공상허언증(pseudologia fantastica)이라고 부르는데 많은 사기꾼들의 모습이 이에 가깝습니다. 거짓말이 들통 나도 솔직히 인정하거나 사과하기는커녕 오히려 새로운 거짓말을 덧붙여 상황을 모면하려 듭니다. 거짓말 자체가 그들의 정체성 일부가 되어 버린 셈입니다.

사기꾼들이 이처럼 거짓말에 능하고 태연할 수 있는 데에는 생물학적 요인도 한몫합니다. 연구에 따르면 사이코패스나 병적 거짓말쟁이들은 거짓말할 때 나타나는 스트레스 반응이 일반인보다 훨씬 적다고 합니다. 보통 사람은 거짓말을 하면 교감신경계가 활성화되어 심장이 뛰고 손에 땀이 나는 등 미세한 긴장 반응을 느끼지만 사이코패스 성향의 사람들은 거짓말을 해도 심리적으로 거의 동요하지 않는다고 합니다. 실제로 일부 사이코패스 범죄자는 폴리그래프(거짓말 탐지기) 검사마저도 속였다는 보고가 있습니다. 거짓말할 때 '투쟁-도피 반응(fight-or-flight response)'이 거의 일어나지 않기 때문입니다. 한 연구자는 "폴리그래프를 완벽히 속일 수 있는 유일한 사람이 있다면 그것은 사이코패스나 병적 거짓말쟁이일 것"이라고까지 말합니다. 실제 거짓말 상황에서 이들은 교감신경계를 거의 활성화시키지 않아 혈압, 맥박, 땀 분비 등이 평상시와 다름없이 유지되므로 기계마저 속아넘어갈 수 있습니다. 나아가 뇌과학자들의 연구에서 상습적 거짓말쟁이들의 뇌 구조는 일반인과 뚜렷한 차이가 있다고 밝혀졌습니다. 예컨대 한 연구에서는 상습적 거짓말쟁이들은 정상인에 비해 전전두엽 백질(prefrontal white matter)의 양이 약 22~26% 많았다는 흥미로운 결과가 보고되었습니다. 뇌의 백질 증가는 뉴런 간 연결망의 발달을 의미하는데 이는 거짓말이라는 복잡한 인지 작업을 더 빠르고 능숙하게 처리하는 능력과 관련이 있을 수 있습니다. 이런 신경학적 특성 덕분에 사기꾼들은 거짓말을 거듭할수록 점점 능숙해지고 죄책감에도 둔감해지는 것으로 보입니다.

도덕관의 왜곡과 자기합리화 : 사기꾼들의 머릿속을 들여다보면 그들은 자기 행동을 자신만의 논리로 그럴듯하게 정당화하면서 왜곡된 도덕관을 형성하고 있다는 공통점을 발견할 수 있습니다. 죄책감을 느끼지 않기 위해 자신들 나름의 이유와 변명을 만들어 냅니다. 주요한 자기합리화 기제로는 도덕적 정당화, 책임 회피, 피해자 비하 등이 있습니다.

첫째, 도덕적 정당화는 자신의 범죄 행위를 도덕적으로 그럴듯하게 꾸며 죄책감을 무디게 만듭니다. 예컨대 어떤 사기범은 "나는 사회의 피해자이니 남을 좀 속여 돈 버는 건 정당한 보상이다"라거나 "세상은 원래 불공평하니 내가 남들보다 더 빼앗는다고 문제 될 것 없다"는 식으로 스스로를 합리화합니다. 실제 검거된 사기범들 중 상당수가 자신을 오히려 피해자로 여기며 사회에 대한 복수심을 드러내곤 합니다. 또 일부 다단계나 사이비 종교 사기에 가담한 이들은 "우리는 사람들을 잘 살게 해 주려 한 것"이라며 자신들을 마치 선의의 사도인 양 포장하기도 했습니다. 이는 "대의를 위해서라면 거짓도 괜찮다"는 마키아벨리즘적 사고와 일맥상통합니다. 목적이 선하면 과정의 부정은 용서된다는 그릇된 믿음이 사기범들의 양심을 마비시킵니다.

둘째, 책임 회피와 전가입니다. 사기꾼들은 범행이 드러나도 좀처럼 자기 책임을 인정하지 않습니다. 대신 "나도 어쩔 수 없었다.", "윗선의 지시를 따랐을 뿐" 등으로 잘못을 떠넘깁니다. 심지어 피해자에게 책임을 돌리기도 합니다. "저 사람들이 욕심을 부려서 당한 거지, 내가 강요한 건 없다"는 식입니다. 실제 한 투자 사기 재판에서 피고인은 "투자자들이 고수익을 바라고 적극 참여한 것이지 내 잘못이 아니다"라고 주장한 사례도 있었습니다. 이렇듯 남 탓 일변도의 태도는 사기꾼이 죄책감을 회피하기 위해 흔히 사용하는 심리적 방어기제입니다. 스스로는 그저 사건의 하수인에 불과하고 실질적 책임은 사회나 구조에 있다며 합리화하는 것이지요.

셋째, 피해자 비하입니다. 이는 가장 파렴치한 자기합리화 방식인데, 사기꾼들은 정작 자신이 피해자를 속여 놓고도 도리어 피해자를 멸시하고 조롱합니다. "당하는 놈이 바보지, 나는 잘못이 없다"는 식의 발상입니다. 실제 일부 문화권에는 "사기를 당한 사람이 어리석은 것"이라는 왜곡된 속담까지 있다고 합니다. 사기범들의 심리가 딱 그렇습니다. 피해자의 고통을 하찮게 여기며 피해자를 어리석은 존재로 깎아내립니다. 이는 그들이 피해자의 고통에 전혀 공감하지 못함을 드러낼 뿐 아니라 동시에 자신의 우월감을 확인하는 방식이기도 합니다. "봐라, 저 멍청한 놈은 나한테 돈을 빼앗겼지" 하며 도리어 남을 속인 행위를 일종의 승리로 여깁니다. 앞서 언급한 조희팔 일당의 피해자 조롱 사례가 바로 그 전형입니다. 수천 명의 삶을 파탄 내놓고도 "돈 잃은 사람만 불쌍하지, 우리는 잘 먹고 잘 살면 그만"이라는 망언을 서슴지 않았습니다. 또한 사이비 종교 사기에서 한 교주는 법정에서 "나는 신의 일을 했을 뿐이다. 오히려 신도들이 감사해야 한다"는 파렴치한 발언을 하기도 했습니다. 자신이 피해자들을 돕기라도 한 양 떠벌리는 이러한 태도는 끝까지 자기 행동의 부도덕성을 부인하는 전형이라 하겠습니다.

결국 사기꾼들의 머릿속에는 일반 사회의 도덕과 양심 대신 자기만의 비뚤어진 논리가 자리 잡고 있습니다. 그들은 이런 논리로 자기 행동을 합리화하고 양심의 가책을 효과적으로 무마합니다. 그래서 붙잡힌 후에도 좀처럼 뉘우치지 않고 출소 후에도 재범을 이어가는 경우가 많습니다. 양심의 브레이크가 없으니 한 번 발을 잘못 들이면 또다시 범죄의 내리막길로 굴러떨어집니다. 피해자 입장에서는 사기꾼의 이러한 뻔뻔하고 냉담한 태도가 더욱 분노스러울 수밖에 없습니다. 그런데 아이러니하게도 정작 가해자들은 그 순간에도 계속 자기합리화를 하고 있을 가능성이 높습니다. "난 잘못이 없다. 저들이 바보라서 당한 거다" 하면서 말입니다.

우리가 이런 사기꾼들의 심리 기제를 알아 두어야 하는 이유는 그래야 그들과의 심리전에서 밀리지 않고 피해를 줄일 수 있기 때문입니다. 우선 설령 사기를 당했다 해도 자신을 불필요하게 자책하거나 과도한 수치심을 느낄 필요가 없다는 점을 명심해야 합니다. 사기꾼은 오히려 피해자에게 죄를 뒤집어씌우려 하지만 속은 사람이 바보라서 당한 것이 아니라 그만큼 사기 수법이 정교하고 교묘했기 때문에 당한 것이 진실입니다. 따라서 피해자는 부당한 죄책감에 빠지지 말고 신속히 법적 대응을 하며 피해 회복에 힘써야 합니다. 또한 사회적으로도 "사기 피해자는 어리석다"는 낙인을 없애야 피해자들이 숨지 않고 적극 나서서 도움을 청할 수 있습니다. 한편 개인적으로는 평소 양심의 회색 지대에 발을 들이지 않는 것이 중요합니다. 사기꾼들은 때때로 피해자마저 범행에 일부 가담시키거나 공범처럼 만들어 죄책감을 분산시키려 합니다. 불법 피라미드 사기에서 피해자들이 다른 사람을 끌어들이게 만들거나 투자 사기에서 "투자자 자신들도 욕심 때문에 당한 것"이라고 몰아가는 식입니다. 그렇기에 우리는 일상에서 작은 부정이나 비윤리적 행동도 멀리하며 사기범들이 파놓은 함정에 걸려들 빈틈을 주지 말아야 합니다.

> ☕ **독자에게 드리는 조언**
>
> 사기 피해를 당했다 해서 자신을 지나치게 책망하거나 부끄러워할 필요는 없습니다. "당하는 사람이 바보"라는 말은 사실이 아니며 그만큼 사기 수법이 교묘했다는 뜻일 뿐입니다. 그러니 피해를 입었다면 자존감을 잃지 말고 최대한 빨리 법적 대응에 나서 피해 회복을 위해 움직이세요. 또 평소 일상생활에서 작은 거짓이나 부정행위도 멀리하며 원칙을 지키는 태도가

> 필요합니다. 사기꾼들은 때로 피해자까지 범죄에 끌어들여 죄책감을 나누려 하기 때문에 개인이 윤리적 기준을 확고히 하고 있으면 그들의 함정에 말려들 여지를 줄일 수 있습니다.

현장에서 드러난 사기꾼의 실체 : 수사관과 피해자의 증언

지금까지 살펴본 책임 회피와 자기합리화로 점철된 사기꾼의 내면 세계는 실제 수사 현장과 재판 과정에서도 여실히 드러납니다. 현장에서 사기범들을 마주한 수사관들은 "사기꾼은 입만 열면 거짓말"이라고 입을 모읍니다. 범죄 사실을 추궁하면 끊임없이 부인하거나 그때그때 새로운 스토리를 지어내 수사를 혼란스럽게 만드는 경우가 많다는 것입니다. 한 경찰 수사관은 "이들은 거짓말이 들통나면 그 즉시 새로운 거짓 시나리오를 만들어 낸다. 마치 머릿속에 준비된 대본이 여러 개 있는 것 같다"고 혀를 내둘렀습니다. 그러다 보니 수사관 입장에서도 일반적인 심문 전술이 잘 통하지 않을 때가 있습니다. 범인이 거짓과 일부 진실을 섞어 가며 일관되게 주장하면 그 말의 진위를 가려내는 데 애를 먹게 되기 때문입니다. 따라서 숙련된 수사관들은 사기범을 조사할 때 물증과 데이터에 기반한 추궁을 특히 중시합니다. '말발로 우리를 이기려 한다면 증거로 말문을 막아 버린다'는 식으로 대응하는 것이지요.

  수사관들의 증언에 따르면 악질 사기범들은 상식적 판단을 뛰어넘는 거짓 연기와 치밀함을 지녔다고 합니다. 표창원 전 경찰대 교수(범죄심리 프로파일러)는 한 방송에서 최근 남현희 씨가 연루된 사기사건에 대해 다음과 같이 분석했습니다. "그 경우는 남현희 씨가 가스라이팅을 당했다기보다 그저 철저하게 속아 준 것입니다. 가해자가 너무나 자연스럽게 사람을 속여서 옆에서 지켜보는 사람은 '어떻게 저런 황당한 거짓을 믿지?' 싶지만 정작 당사자는 눈치채지 못했을 겁니다." 이는 사기꾼들이 일반인의 상상을 뛰어넘는 수준의 거짓말과 연기력을 갖추고 있음을 보여주는 방증입니다.

  피해자들의 증언은 사기꾼의 실체를 더욱 생생하게 전해 줍니다. 많은 피해자들이 하나같이 맨 먼저 하는 말은 "설마 내가 당할 줄은 몰랐다"는 것입니다. 그만큼 "나는 괜찮겠지" 하는 방심 속에 누구나 사기의 표적이 될 수 있다는 의미이기도 합니다. 실제로 사기꾼은 늘 한 발 앞서 새로운 방법으로 다가오고 속이는 대상의 사회적 지위나 지능을 가리지 않습니다. 누구라도 적절한 심리적 약점을 공략당하면 속아 넘어갈 수 있다는 냉혹한 사실을 보여 줍니다.

  사기범이 검거된 이후의 모습도 흥미로운 점을 남깁니다. 몇몇 사기꾼들은 법정에서 눈물을 흘리며 마치 깊이 반성하는 듯한 태도를 보이지만 실상은 형량을 낮추려는 눈물 쇼인 경우가 많다고 수사 관계자들은 전합니다. 실제로 한 사례에서는 선고 공판에서 징역형을 선고받은 사기범이 호송차로 돌아가는 길에 함께 타고 있던 수사관 앞에서 싱긋 웃음을 지으며 "생각보다 형이 낮네"라고 말한 일이 있었다고 합니다. 또 교도관들의 증언에 따르면 사기죄로 복역하는 수형자들 가운데 일부는 출소를 앞둔 시점에 "나가서 무슨 일을 할 거냐"는 질문에 여전히 "사업 아이템이 있다"며 편법에 가까운 새로운 돈벌이 수단을 이야기했다고 합니다. 교화 프로그램에서도 다른 유형의 범죄자들에 비해 참여도가 낮고, 공감 훈련의 진전이 더딘 경향을 보인다는 보고도 있습니다. 이는 사기범들이 그만큼 뿌리 깊은 인격적 문제를 가지고 있으며 범죄 교정에도 특별한 노력이 필요함을 시사합니다.

☕ 독자에게 드리는 조언

사기 범죄는 결코 '남의 일'이 아니라는 점을 항상 명심하십시오. 사회적 지위나 학식, 지능에 상관없이 누구나 한순간 방심하면 사기의 피해자가 될 수 있습니다. '난 절대 안 속아'라는 자신감이야말로 가장 위험한 함정입니다. 낯선 상황에서 조금이라도 미심쩍은 느낌이 든다면 불편함을 감수하고서라도 끝까지 확인해 보는 집요함이 필요합니다. 사기범들이 법정에서 흘리는 눈물이나 회개의 말 또한 쉽게 믿지 마십시오. 그들은 속으로는 형량 계산과 다음 범행을 계획하며 겉모습으로 상대를 연민하게 만들어 또 다른 기만을 시도할 수도 있습니다. 결국 우리에게 필요한 것은 누구도 예외일 수 없다는 경각심과 매사에 한 번 더 의심하고 검증해 보는 현명함입니다.

결론적으로 사기꾼은 단순히 거짓말을 조금 잘하는 사람이 아닙니다. 그들은 특정한 성격적 프로파일, 복합적인 성장 배경, 정교한 심리 기술, 비뚤어진 신념 체계, 독특한 뇌의 특성까지 지닌 다층적 존재입니다. 다시 처음의 질문으로 돌아가 본다면 "사기꾼은 어떤 사람인가?" 한마디로 정의 내리기는 어렵습니다. 그러나 이 장에서 퍼즐 조각들을 하나하나 맞춰 그려본 그림을 종합해 보면 사기꾼은 겉으로는 우리와 별반 다르지 않은 척하면서 속으로는 냉혹한 계산기를 굴리는 사람이라 할 수 있습니다. 이들은 타인의 믿음과 감정을 철저히 악용하고 죄책감 없이 자신의 목표를 달성하려는 어두운 성향을 지니고 있습니다. 동시에 보통 사람이라면 꾸며내기 어려운 정도의 정교한 거짓말과 연기력을 발휘하며 자기합리화로 양심의 소리를 잠재우는 특유의 기술도 갖추고 있습니다. 이러한 이들을 단번에 알아챈다는 것은 쉽지 않지만 다행히도 그들의 행동 패턴과 심리는 연구와 다양한 사례를 통해 상당 부분 밝혀져 왔습니다. 우리가 그 퍼즐 조각들을 맞춰 보고 경계심을 늦추지 않을 때 비로소 사기꾼의 실체가 분명히 드러날 것입니다.

4장
속는 사람들의 심리와 취약점

사기는 결코 남의 이야기가 아닙니다. 누구나 한순간 방심하면 사기의 피해자가 될 수 있습니다. 이 장에서는 사기 피해자가 되는 사람들의 심리적 특징과 취약점을 일곱 가지 주제로 살펴봅니다. 각 부분마다 심리학 이론과 실제 사례를 엮어 선량한 사람들이 어떻게 교묘한 사기에 넘어가는지 분석합니다. 나아가 동일한 실수를 반복하지 않도록 마지막에는 깨달음과 조언도 함께 담았습니다.

쉽게 믿는 좋은 마음

김 모 씨(50대, 회사원)는 평소 사람을 잘 믿는 성격이었습니다. 어려운 처지를 외면하지 못해 "세상에 악한 사람보다 선한 사람이 더 많지"라는 말을 입버릇처럼 하곤 했습니다. 그러던 어느 날 길에서 우연히 만난 한 청년이 다급한 목소리로 말을 걸어왔습니다. "지갑을 잃어 버려서 집에 못 가고 있어요." 선한 김 씨는 망설임 없이 그 청년에게 교통비를 건네주었습니다. 그러나 알고 보니 그 청년은 매일 다른 곳에서 똑같은 하소연으로 돈을 뜯어내던 상습 사기꾼이었습니다. 김 씨는 이 사실을 나중에 알고 큰 충격을 받았습니다. 믿는 순간 사기가 시작된 것입니다. 도대체 어떻게 그렇게 쉽게 속을 수 있었을까요?

심리학자들에 따르면 선의의 사람들이 쉽게 속는 데에는 몇 가지 인지편향(cognitive bias)이 작용합니다. 대표적인 것이 진실편향(truth bias)과 낙관편향(optimism bias)입니다. 진실편향이란 우리가 일상에서 접하는 정보에 대해 특별한 의심이 없으면 일단 그것을 사실로 받아들이는 경향을 말합니다. 실제로 사회가 유지되려면 서로 신뢰해야 하므로 우리는 누군가의 말을 들으면 즉각 믿어 버리고 나중에야 가끔씩만 확인하는 습관이 있다는 지적이 있습니다. 이러한 경향은 특히 상대가 권위자이거나 유명인일 때 더욱 강하게 작동합니다. "설마 거짓말이겠어?" 하고 믿어 버리는 것이 인간 심리의 기본값인 셈입니다. 한편 낙관편향이란 나쁜 일은 자신에게는 일어나지 않을 것이라고 믿는 심리를 가리킵니다. 많은 사람들은 자신의 부정적 사건 발생 가능성을 실제보다 낮게 평가하는 낙관적 착각을 가지고 있습니다. 이러한 비현실적인 낙관 때문에 위험 신호를 간과하고 사기 위험에 충분히 대비하지 못하는 문제가 생기곤 합니다. 실제로 전자금융사기 피해자를 대상으로 한 한 연구에서는 피해자들 대부분에게서 "나는 괜찮을 거야"라는 근거 없는 자신감이 공통적으로 발견되었다고 합니다. 다시 말해 누구나 사기를 당할 수 있는데도 '나는 다를 거야'라는 생각 때문에 경계심을 풀어버렸다는 것입니다.

물론 진실편향과 낙관편향은 누구에게나 어느 정도 존재합니다. 다만 특히 마음씨가 착하고 동정심 많은 사람일수록 이러한 함정에 더 취약하다는 연구 결과가 있습니다. 선의의 사람들은 남들도 정직하고 선의로 행동할 것이라고 기대하기 쉽습니다. 그래서 거짓말쟁이나 사기꾼의 존재 자체를 잘 상상하지 못하지요. 심리학에서는 이를 투사(projection)라는 개념으로 설명합니다. 자신의 선량함을 타인에게 투영하여 상대도 그럴 것이라고 믿어 버리는 것입니다. 예를 들어 길에서 만난 누군가의 눈물 어린 부탁에 쉽게 연민을 느껴 선뜻 지갑을 여는 사람이 그렇습니다. 실제 사기꾼들은 바로 이러한 착한 마음을 적극적으로 노립니다. 한 범죄심리 보고에 따르면 "사기꾼은 동정심을 유발해 피해자의 판단 능력을 흐리게 만든다"고 합니다. "고아로 힘들게 컸어요.", "가족이 큰 사고를 당해 급히 돈이 필요합니다" 같은 거짓 신세 한탄으로 피해자의 측은지심을 자극하는 식입니다. 선의의 피해자는 이성적 판단보다 감정에 이끌려 상황을 그대로 믿어 버리고, 결국 쉽게 지갑을 열거나 개인정보를 넘겨주는 잘못된 선택을 하게 됩니다.

우리나라에서도 선량한 사람들의 동정심을 악용한 사례가 적지 않습니다. 몇 년 전 큰 충격을 준 '어금니 아빠' 사건이 한 예입니다. 희소병을 앓는 딸을 둔 한 아버지가 거리 캠페인과 방송에 나와 치료비 도움을 호소하자 수많은 국민이 수십억 원을 모아 주었습니다. 그러나 그 중 상당액을 개인 용도로 탕진했을 뿐만 아니라 그는 결국 살인 범죄까지 저지른 파렴치범으로 드러났습니다. 또 다른 사례로 한 사기 일당은 사회 소외계층 아동을 돕는다며 선량한 기부자 5만 명으로부터 모은 성금 126억 원을 가로채기도 했습니다. 이런 사건을 겪고 난 뒤 많은 기부자들이 "세상에 이제 누구를 믿어야 하나" 하며 크게 상심했고, 사회 전반의 기부 문화에 대한 불신도 커졌습니다. 이처럼 착한 사람들의 선의가 배신당할 때 그 충격은 더욱 큽니다.

그렇다고 우리가 애초에 남을 믿는 마음 자체를 버릴 수는 없습니다. 사회는 기본적인 신뢰로 유지되는 법이기에 모든 이를 의심하며 살 수는 없기 때문입니다. 사실 진실편향 자체는 정상적인 인간 심리의 일부입니다. "모든 사람이 거짓말쟁이라고 가정하면 사회생활이 불가능하다"는 말처럼 매 순간 모두를 의심하면 일상이 성립되지 않을 것입니다. 하지만 과도한 낙관과 맹목적인 신뢰는 반드시 경계해야 합니다. 특히 '권위자가 하는 말이니 틀림없다'는 생각은 매우 위험합니다. 실제 많은 투자 사기 피해자들도 "유명한 전문가라고 해서 믿었다"고 털어놓습니다. 한때 미국 증권위원장까지 지낸 버나드 메이도프조차 30년에 걸쳐 거대한 폰지 사기를 저질렀습니다. 조사관마저 그의 자신만만한 거짓말에 압도되어 제대로 추궁하지 못했을 정도라는 유명한 일화도 있습니다. 이렇듯 지위가 높고 겉보기 그럴듯한 사람일수록 오히려 더 의심하지 못하는 게 인간 심리입니다.

> **☕ 독자에게 드리는 조언**
>
> 진실을 신뢰하는 마음은 인간관계의 미덕이지만 낯선 상황에서는 한 번쯤 의심해 볼 필요가 있습니다. 앞서 저는 "덜 받아들이고, 더 확인하라"는 격언을 평소 되새긴다고 말씀드렸습니다. 특히 금전이 걸린 중요한 상황이라면 상대의 말을 그대로 받아들이지 말고 확인 절차를 거치는 습관을 들이십시오. 친한 지인이 급하게 돈을 요구하거나 경찰·검찰 등 공공기관 직원이라는 사람이 전화를 걸어 무언가를 요구할 때도 예외는 아닙니다. 일단 의심하고 반드시 확인하는 자세가 필요합니다. 선한 마음을 지키되 그 선의가 자신의 약점으로 악용되지 않도록 한 걸음 물러서서 생각해 보는 지혜를 가지시기 바랍니다.

거절을 못하는 호의

누구도 이른바 '호구'라는 말을 듣고 싶어하지 않습니다. 그런데 아이러니하게도 상냥하고 착한 사람일수록 부탁을 거절하지 못해 오히려 호구 취급을 당하는 일이 생깁니다. 대학원에 다니는 박 모 씨(여성, 28세)는 평소 대인관계가 원만하고 남에게 싫은 소리를 못 하는 성격이었습니다. 어느 날 고교 동창으로부터 오랜만에 연락이 와서 "우리 오래 못 봤는데 한잔 하자"라는 제안에 반가운 마음으로 나갔더니 알고 보니 투자 권유 자리였습니다. 친구는 다단계 투자 상품을 집요하게 권했고, 박 씨는 거절하고 싶었지만 차마 단호하게 거절하지 못했습니다. "미안한데… 좀 생각해 볼게"라고 우물쭈물 넘어가자 친구는 이후 며칠 동안 문자와 전화로 집요하게 설득했습니다. 결국 박 씨는 마지못해 통장 잔고 대부분을 그 투자에 넣고 말았습니다. 예상대로 그것은 사기였고 그녀는 큰돈을 잃었습니다. 박 씨는 나중에 "차라리 모르는 사람이었으면 딱 잘랐을 텐데 친구라서 거절을 못했다"며 눈물을 흘렸습니다. 이처럼 거절하지 못하는 호의도 사기꾼들의 좋은 먹잇감이 됩니다.

정도 차이는 있지만 많은 사람들이 타인의 부탁이나 제안을 정면으로 거절하기를 어려워합니다. 사회심리학에서는 이를 순응 경향성 또는 동조 성향으로 설명하기도 합니다. 인간은 집단 내 조화를 이루고 갈등을 피하려는 욕구가 있어서 반대 의견이 있어도 일단 꾹 참고 주변 분위기에 맞추는 일이 흔합니다. 특히 동양 문화권에서는 어릴 때부터 "예의 바르게 행동해야 한다.", "정면으로 '아니오'라고 하지 말라"는 식으로 예의와 배려를 강조하며 가르칩니다. 그 영향으로 '부탁을 거절하면 상대를 실망시키거나 관계가 나빠질 것'이라는 두려움이 마음속에 자리잡게 됩니다. 이렇게 '좋은 게 좋은 거다'라는 식의 회피 성향이 몸에 배면 사기범들이 그 심리를 교묘히 파고들게 됩니다. 그들은 작은 부탁을 가장한 요구를 슬쩍 던져 놓고 착한 피해자가 차마 거절하지 못하고 걸려들기를 노립니다.

실제 사례를 보겠습니다. 방송인 정준하 씨는 과거 20년 만에 연락이 닿은 동창의 부탁을 받고 돈을 빌려줬다가 사기를 당한 적이 있다고 털어놓았습니다. 오랜만의 연락에 반가웠던 정준하 씨에게 그 친구는 "여행 중인데 지갑을 잃어 버렸다. 급히 200만 원만 빌려줘"라고 전화로 요청했습니다. 평소 자신이 거절을 잘 못한다는 것을 알기에 정준하 씨는 고민이 되었지만 끝내 거절하지 못했고, 돈을 보내 준 뒤 곧바로 연락이 끊겼다고 합니다. 이처럼 평소 호의를 중시하는 사람일수록 상대의 부탁이나 요구를 뿌리치지 못해 사기 수법에 더욱 취약해집니다. 의외로 사회적으로 똑똑하고 성공한 사람도 이런 함정에 빠지는 경우가 종종 있습니다. 말도 안 되는 요구라는 것을 머리로는 알면서도 막상 현실에서는 순순히 응하는 것입니다. 이는 사회적 압력과 자기합리화가 함께 작용한 결과입니다.

　미국 금융산업규제국(FINRA) 산하 투자자교육재단의 한 연구에 따르면 사기 피해를 당하기 쉬운 사람들의 특징 중 하나가 "권위 있는 사람에게 의심이나 질문을 하면 안 된다"고 믿는 것, 그리고 "질문을 너무 많이 하면 무식해 보일까 봐 두려워하는 것"이었다고 합니다. 다시 말해 상대방이 전문가이거나 연장자 또는 지위 있는 사람일 경우 의문이 들어도 '예의가 아니니까…' 하며 그냥 참고 넘기는 경향이 있습니다. 그래서 사기범들이 자신을 'ㅇㅇ협회 투자 전문가'라거나 '해외 사업가' 등으로 그럴듯하게 포장하며 접근하면 그 권위에 눌려 제대로 따져 묻지 못하고 이끌려 가는 심리가 나타납니다. "질문했다가 내가 멍청해 보이면 어쩌지" 하는 생각도 매우 위험합니다. 정작 똑똑한 사람일수록 이러한 함정에 빠집니다. 자신의 지적 이미지에 흠이 갈까 봐 모르는 부분이 있어도 괜히 아는 척하며 고개를 끄덕이기 마련입니다. 이러한 질문 기피 심리는 사기꾼에게 날개를 달아 줍니다. 상대방 설명이나 요구에 허점이 있어도 피해자가 이해하지 못한 부분을 재확인하거나 이의를 제기하지 않으면 사기범은 그 틈을 그대로 파고들 수 있기 때문입니다. 이렇듯 피해자의 호의와 순응이 악용되면 결과적으로 피해 규모는 더 커지게 됩니다.

잘 알려진 사회공학 기법 중 하나로 '문간에 발 들여놓기(foot-in-the-door)' 전략이 있습니다. 처음에는 아주 작은 부탁을 해서 승낙을 받아 낸 뒤 점차 더 큰 요구로 이끄는 수법입니다. 일단 한 번 "예"라고 대답하면 사람은 자신의 행동에 일관성을 유지하려는 심리 때문에 다음 요청도 거절하기 어려워집니다. 사기꾼들은 이 심리를 다양하게 응용합니다. 예를 들어 길거리 모금 사기의 경우 처음에는 "간단한 설문조사만 해주세요" 같은 사소한 호의를 요청합니다. 그렇게 작은 부탁을 들어주고 나면 곧바로 "소액이라도 정기 후원하시겠어요?"라는 다음 단계 요구로 넘어갑니다. 이미 앞서 도와준 마음이 있기 때문에 피해자는 차마 거절하지 못하고 지갑을 여는 경우가 많습니다. 또 무료 투자 상담을 빙자해 접근하는 금융사기도 마찬가지입니다. "공짜로 투자 진단해 드립니다"라는 말에 일단 상담을 받아 보면 다음에는 거액의 투자 권유로 이어집니다. 이때 사람들은 이미 시간과 노력을 들여 상담을 받은 터라 쉽게 관계를 끊지 못합니다. 이렇듯 작게 시작된 "네(Yes)"가 눈덩이처럼 불어나 나중에는 걷잡을 수 없는 피해로 이어질 수 있습니다.

☕ 독자에게 드리는 조언

"No"라고 말해도 괜찮습니다. 정당한 이유를 들어 부탁을 거절하는 것은 전혀 미안한 일도 무례한 일도 아닙니다. 정말 가까운 사이라면 합리적으로 거절했을 때 오히려 서로 이해하고 존중할 수 있습니다. 만약 누군가가 "우리 친군데 이 정도도 못 들어줘?"라거나 "넌 착한 사람이잖아" 같은 말로 압박하면서 선을 넘는 부탁을 계속한다면 그 관계를 다시 생각해 봐야 합니다. 진정한 친구는 호의를 강요하지 않는 법입니다. 무엇보다 사기범에게는 애초에 미안해할 필요조차 없다는 것을 명심하십시오. 때로는 조금 불편하고 마음이 쓰일 수 있지만 결국 큰 피해를 당하는 것보다는 단호하게 거절하는 편이 낫습니다. "정 어렵다면 거절해도 괜찮다"는 심리적 허용을 스스로에게 주세요. 평소 상대방을 불쾌하게 하지 않으면서 거절하는 요령을 연습해 두는 것도 도움이 됩니다. 예를 들어 "다른 중요한 일이 있어서 어렵겠습니다.", "저도 여유가 없어서 힘들 것 같습니다"처럼 완곡하면서도 단호한 표현을 미리 준비해 두는 것입니다. 이렇게 작은 거절을 해내는 경험을 차곡차곡 쌓다 보면 대부분 큰 문제 없이 상황이 지나간다는 것을 깨닫게 됩니다. 착한 마음으로 베푸는 호의는 소중하지만 자기 보호 또한 잊지 말아야 합니다.

의존성과 외로움

많은 사기범들은 외로운 이들의 감정적 빈틈을 노립니다. 사기범은 친밀감을 얻기 위해 "당신과 사랑에 빠져서 가족을 꾸리고 싶어요.", "당신만이 내 희망이에요" 같은 달콤한 말을 늘어놓다가 틈을 보이면 "급히 300만 원만 보내 줄래요?" 하고 금전을 요구합니다. 피해자가 망설이며 "그만한 돈은 없는데…", "정말 날 사랑하는 거야, 아니면 내 돈이 필요한 거야?" 하고 의심하기 시작하면 사기범은 곧바로 태도를 바꿉니다. "당신 때문에 내가 여기서 죽어가고 있어. 넌 나를 버렸어"라는 식으로 피해자에게 죄책감과 불안을 심어 주며 정서적으로 압박합니다. 이렇게 전개되는 로맨스 스캠(연애 사기)은 외로운 사람들의 애정 결핍과 심리적 의존 욕구를 파고들어 돈을 뜯어내는 대표적인 신종 사기 수법입니다.

고립감이 키우는 취약성

현대 사회에서 외로운 사람들은 각종 사기에 더욱 노출되기 쉽습니다. 가족과 떨어져 혼자 지내는 독거노인, 사회생활에 지친 1인 가구의 청년, 혹은 속마음을 터놓을 친구 하나 없는 사람들이 여기에 해당합니다. 이들은 심리적으로 '누군가와 연결되고 싶다'는 욕구가 크기 때문에 그 틈을 노리고 다가오는 타인을 쉽게 받아들이는 경향이 있습니다. 실제 전문가들은 "사기범들은 외로움을 많이 느끼는 사람을 적절한 타깃으로 판단해 감정을 건드린다"고 분석합니다. 주변의 관심과 지지가 부족하여 사회적으로 고립된 사람일수록 "이거 혹시 사기 아닐까?" 하는 위험 신호를 주위에 알아채고 알려 줄 보호망도 없기 때문입니다. 즉 함께 걱정해 줄 가족도, 조언해 줄 친구도 없는 외로운 상황 자체가 일종의 심리적 취약점이 되는 셈입니다.

로맨스 스캠의 달콤한 덫

2010년대 후반부터 전 세계적으로 기승을 부리는 로맨스 스캠은 바로 이러한 외로운 마음을 노리는 전형적인 사기입니다. 온라인 데이팅 앱이나 SNS를 통해 누군가와 친밀해진 다음 그 믿음과 사랑을 미끼로 금전을 요구하는 수법이지요. 가해자는 보통 자신을 '파병 군인', '해외 거주 한국계 전문직' 등으로 그럴듯하게 소개하며 피해자의 신뢰를 얻습니다. 그리고 충분한 정서적 유대감이 형성되었다 싶으면 작전을 개시합니다. "업무차 그리스에 나와 있는데 지갑과 비행기 표를 도둑맞았다.", "갑작스런 사고로 목돈이 필요하다" 등 온갖 거짓말로 돈을 보내 달라고 하는 것입니다. 피해자가 조금이라도 망설이면 가해자는 애정 공세와 동정심 유발을 교묘히 섞어 압박 수위를 높입니다. "한국 돌아가면 평생 함께할 거야. 그런데 지금 네 도움이 없으면 나는 여기서 죽게 생겼어"라는 식으로 상대의 마음을 흔듭니다. 이때 사랑에 빠져 있던 외로운 피해자는 이성적 판단력을 잃고 가진 돈, 없던 돈까지 긁어 보내 주기 일쑤입니다. 그리고 돈을 받아낸 순간 로맨스 스캠 범은 언제 그랬냐는 듯이 연락을 끊고 사라져 버립니다. 남겨진 피해자는 사랑도 돈도 모두 잃었다는 사실에 큰 충격을 받게 됩니다.

한국에서도 이러한 로맨스 스캠 피해가 최근 급증하고 있습니다. 경찰청 통계에 따르면 2023년 상반기에 접수된 로맨스 스캠 신고 건수는 628건으로 전년 같은 기간보다 약 5.6배 폭증했습니다. 피해액은 454억 원으로 전년 대비 9.2배나 증가했다고 합니다. 불과 몇 년 사이에 피해 규모가 기하급수적으로 늘어난 것입니다. 코로나19로 비대면 온라인 소통이 활발해진 영향도 있겠지만 그 이면에는 현대인 사이에 만연한 외로움의 심리가 자리 잡고 있습니다. 인터넷으로는 언제든 누군가와 연결될 수 있는 시대이지만 현실에서는 오히려 고립되는 역설적인 상황이 정서적 빈곤을 키웠고 이를 파고드는 사기 수법이 창궐하고 있습니다.

국외 사례 중에는 믿기 어려울 정도로 극단적인 사연도 있습니다. 2023년 프랑스에서는 50대 여성 앤(Anne)이 무려 1년 반 동안 할리우드 배우 브래드 피트와 온라인 연애를 하고 있다고 믿었다가 알고 보니 사기를 당해 전 재산을 잃은 일이 있었습니다. 사기꾼들은 그 여성에게 "브래드 피트가 신장암에 걸렸다"며 거액의 치료비를 요구했습니다. 심지어 AI로 합성한 '브래드 피트 입원 사진'까지 보내 주어서 그녀는 완전히 믿고 말았습니다. 그 사진을 인터넷에 검색해도 나오지 않자 그녀는 "나만을 위해 찍어 보내 준 셀카인가 보다"라고까지 생각했다고 합니다. 결국 그녀는 약 12억 원에 달하는 돈을 송금했고 그제서야 철저히 속았음을 깨달았습니다. "너무 외로워서 기댈 대상이 필요했는데 한순간 눈이 멀었다"고 털어놓은 그녀의 고백은 전 세계에 안타까움을 안겼습니다.

☕ 독자에게 드리는 조언

외로운 심리 상태일수록 사기범의 거짓 친밀감에 취약할 수 있습니다. 직접 만나 본 적 없는 온라인 지인이 금전이나 개인정보를 요구한다면 설령 마음이 외롭고 허전하더라도 반드시 의심하고 확인해야 합니다. 아무리 급박한 사정이라 해도 메신저로 돈부터 요구하는 것은 100% 사기라는 인식을 가져야 합니다. 현실적으로 진정한 연인이나 친구라면 그런 식으로 금전 지원을 요청할 리 없다는 점을 기억하십시오. 또한 부모님 세대의 경우 외로움 때문에 수상한 연락에 더욱 쉽게 현혹될 수 있습니다. 가족 간에 암호 질문을 미리 정해 두는 등 안전장치를 마련하고 전화나 문자로 돈을 요구하는 연락이 오면 반드시 본인 확인을 거치도록 안내해 드리기 바랍니다. 무엇보다 외로움을 해소할 건강한 방법을 찾는 일이 중요합니다. 낯선 사람에게 감정적으로 기대기보다 오프라인에서 취미 모임이나 봉사 활동 등을 통해 직접 교류할 수 있는 사람들을 만나십시오. 가까운 가족이나 친구들과도 자주 연락하며 정서적 지지망을 튼튼히 구축해야 합니다. 주변에 따뜻한 관심과 조언을 보내 주는 이들이 있다면 설령 수상한 유혹이 오

> 더라도 피해자가 사기임을 깨닫고 빠져나올 가능성이 훨씬 높아집니다. 반대로 누구도 곁에 없는 고립 상태에서는 위험 신호를 느끼고도 도움을 청하기 어렵습니다. 외로움은 누구나 느낄 수 있는 감정이지만 그 약점을 노리는 이들이 있다는 사실을 항상 염두에 두고 스스로의 빈틈을 지켜야 합니다.

긴급 상황에 약한 심리

이 모 씨(47세, 여성)는 어느 날 회사에서 일하던 중 휴대전화로 끔찍한 전화를 받았습니다. "엄마, 나야… 나 지금 납치됐어!" 전화 속 목소리는 다급하고 겁에 질려 있었습니다. 순간 딸의 목소리 같다는 생각이 든 이 씨는 머리가 하얘졌습니다. 곧바로 다른 남자가 전화를 바꿔 받더니 험악한 목소리로 으름장을 놓았습니다. "지금 네 딸을 우리 조직이 붙잡고 있다. 당장 1시간 안에 5천만 원을 준비해. 경찰에 알리면 딸부터 죽인다." 이 씨는 공포에 질려 "제발 아이 다치게 하지 말아 주세요!"라고 애원했고, 상대는 지시에 따르지 않으면 큰일 난다고 협박했습니다. 거의 패닉 상태에 빠진 그녀는 정신을 차릴 겨를도 없이 통장에 있던 돈을 인출해 지시된 계좌로 송금했습니다. 이후 알고 보니 이 모든 전화 내용은 새빨간 거짓말이었습니다. 그녀에게 전화를 건 사람은 자녀 납치를 빙자한 보이스피싱 범죄자였습니다. 이 씨는 한동안 분을 참지 못하며 "평소에는 나름 침착한 편인데, 그 순간에는 너무 무서워서 아무 생각도 안 났어요"라고 토로했습니다.

이 사례에서 보듯 급박한 상황을 연출하는 사기 수법은 매우 치명적입니다. '지금 당장', '큰일 난다' 등으로 몰아붙이면 사람은 제대로 판단하기 어려워집니다. 이는 인간 두뇌의 생존 메커니즘과도 관련이 있습니다. 극심한 스트레스를 받으면 뇌에서 편도체 등의 기능이 활성화되어 공포와 충동 반응이 우선시되고, 논리적 사고를 담당하는 전두엽 등 자기조절 기능은 현저히 떨어지는 것으로 알려져 있습니다. 실제 실험에서도 강한 스트레스를 받은 집단의 참가자들이 그렇지 않은 집단보다 즉각적인 만족을 주는 선택을 하고 신중한 결정을 내리지 못하는 경향이 확인되었습니다. 일상적인 수준의 스트레스조차 우리의 의사 결정 능력을 눈에 띄게 떨어뜨릴 수 있다는 연구 결과가 있을 정도입니다. 하물며 사랑하는 가족의 생명이 걸렸다거나 자신의 인생이 한순간에 끝장날지 모른다는 극한의 공포 상황에서는 냉정한 판단을 기대하기 어렵습니다. 사기범들은 바로 그 공포에 질린 두뇌의 허점을 노립니다.

대표적인 수법으로는 자녀 납치 협박 전화와 기관 사칭 전화를 들 수 있습니다. 앞서 이모 씨가 당한 사례가 자녀 납치 협박형 보이스피싱에 해당하는데, 이는 부모의 자식에 대한 사랑과 그에 수반되는 두려움을 악랄하게 악용하는 범죄입니다. 갑작스러운 전화에서 "내 아이가 위험하다"는 말을 들으면 누구든 이성을 잃고 공황 상태에 빠지기 마련입니다. 사기범들은 피해자의 바로 그 순간만을 노립니다. 잠시라도 "이게 사실일까?" 하고 생각할 겨를을 주지 않기 위해 일부러 통화를 끊지 않은 채 계속 지시를 내립니다. "지금 당장 은행 가서 송금하고, 전화 끊지 마" 식으로 협박하는 것이지요. 피해자는 그 순간 다른 누구의 도움도 받지 못한 채, 사기범의 목소리에 이끌려 마리오네트 인형처럼 끌려다니게 됩니다. 많은 사례에서 피해자가 가진 돈을 모두 송금하고 나서야 전화를 끊는데, 그제야 사기를 직감하지만 이미 늦은 경우가 허다합니다.

공공기관을 사칭하는 범죄 역시 긴급 상황을 가장하여 이루어집니다. 예를 들어 "검찰청 ○○검사입니다.", "경찰청 사이버수사대입니다" 하고 권위 있는 말투로 전화를 걸어 와서는 굳은 목소리로 이렇게 말합니다. "당신 명의 계좌가 범죄에 연루되었습니다. 지금 당장 본인 명의의 모든 돈을 안전계좌로 옮겨 두어야 합니다." 일반인 입장에서는 청천벽력 같은 이야기입니다. 게다가 말하는 이는 권위 있는 수사기관 소속을 사칭하고 있으니 선뜻 의심하기도 어렵습니다. 사기범들은 이어서 그 '결백을 입증'하기 위해 당장 돈을 안전한 계좌로 옮겨 두라거나 스마트폰에 특정 앱을 설치하라고 요구합니다. 실제로 한 피해자 B씨는 서울중앙지검 검사를 사칭한 전화를 받고 "결백을 증명하려면 지금 당장 당신 계좌의 돈을 다른 계좌로 옮겨 놓으라"는 말에 속아 130만 원을 이체했습니다. 또 사기범이 시키는 대로 편의점에서 상품권 200만 원어치를 사서 핀 번호를 넘겨주기까지 했습니다. 그는 이

황당한 지시들이 실제 검찰 수사의 절차라고 철석같이 믿었던 것입니다. 결국 B씨는 총 330만 원의 피해를 본 뒤에서야 사기를 당했음을 알아차렸습니다. 이렇듯 "당신 큰일났다"는 말로 시작하는 기관 사칭형 보이스피싱 역시 공포와 당황에 빠진 사람의 심리를 교묘히 이용해 돈을 뜯어냅니다.

이렇게 긴박한 사기 상황에서는 피해자가 자기모순적인 행동을 보이기도 합니다. 평소라면 말도 안 되는 요구사항을 그 순간에는 별 의심 없이 받아들이는 것입니다. 예를 들어 침착하게 생각해 보면 검사가 개인 휴대폰으로 직접 전화해 돈 이체를 요구하는 일은 상식적으로 있을 수 없습니다. 하지만 막상 전화를 받은 사람은 "이게 말이 되나?" 하는 의문과 "혹시 정말 검사라면 어쩌지?" 하는 불안 사이에서 극심한 긴장감을 느끼게 됩니다. 심리학 용어로 이것은 인지부조화(cognitive dissonance) 상태입니다. 이 불편한 느낌을 해소하려고 사람들은 무의식중에 자신에게 유리한 방향으로 상황을 해석하는 경향을 보입니다. 즉 "검찰이 이럴 리 없어"보다는 "내가 모르는 어떤 절차가 있나 보지" 하고 합리화하는 쪽으로 마음이 기우는 것입니다. 특히 스스로 '나는 평소에 현명한 편이야'라고 여겨 온 피해자일수록 '내가 지금 사기에 걸려들었다'는 생각을 인정하기 싫어서 자신의 선택을 정당화하는 쪽으로 사고를 돌리게 됩니다. 그래서 확실히 속았다는 증거가 나오기 전까지는 점점 사기범의 요구를 들어주며 상황에 휩쓸리게 됩니다. 결국 사기범의 의도대로 일종의 심리적 인질 상태가 되어버리는 것입니다.

사기범들은 피해자를 공포에 몰아넣음과 동시에 결정을 재촉하는 심리전도 펼칩니다. 숨 돌릴 틈을 주지 않고 "빨리 하지 않으면 큰일난다"고 다그치는 것입니다. 실제 사기범들은 이런 시간 압박을 매우 효과적으로 활용합니다. "지금 이 순간이 마지막 기회입니다.", "10분 내에 결정하세요" 같은 말은 투자 사기이건 피싱 사기이건 빠지지 않고 등장합니다. 이러한 압박을 받으면 사람은 시야가 극도로 좁아지는 '터널 시야' 상태에 빠져 다른 대안이나 주변을 살필 겨를을 잃습니다. 결국 사기범이 제시한 단 하나의 해결책(실은 함정)에 집착하게 되지요. 범죄심리 분야에서는 이를 "병 주고 약 주기" 전략이라고도 부릅니다. 먼저 피해자를 문제 상황에 빠뜨려 극심한 불안을 조성한 뒤 그 고통에서 벗어날 유일한 출구인 양 돈 요구나 개인정보 입력 등을 제시하는 것입니다. 심리적으로 극한 상황에 몰린 피해자는 그 유일한 출구로 뛰어들 수밖에 없다고 느끼게 됩니다. 사실상 사고 정지 상태에 빠지는 것이지요.

이런 이유로 긴급 상황을 빙자한 사기는 한 번 걸려들면 빠져나오기 특히 어렵습니다.

> ☕ **독자에게 드리는 조언**
>
> 사기범에게 조종당하지 않으려면 '위험 신호가 올 때 잠시 멈추는' 습관을 길러야 합니다. 전화든 문자든 나를 깜짝 놀라게 하여 당황하게 만드는 연락을 받는다면 바로 그때가 한 번 심호흡하고 일단 멈춰 볼 타이밍입니다.

어렵겠지만 순간 깊게 숨을 고르고, 곧장 대응하지 말고 하나, 둘, 셋 세면서 심호흡을 한 후 주변에 도움을 요청하거나 사실 확인을 해야 합니다. 최근 한 고령의 피해자는 은행 창구 직원의 기지 덕분에 사기 이체 직전에 피해를 면한 일이 있었습니다. 직원이 불안해 보이는 고객을 수상히 여겨 말을 붙이고 상황을 알아차린 덕분이었지요. 이처럼 본인이 침착함을 잃었다고 느껴지면 주변의 제3자를 끌어들이는 것이 좋습니다. "잠깐 전화를 끊고 확인해 보겠습니다"라고 말하는 것만으로도 사기범의 기세는 한풀 꺾입니다. 사기범들은 절대로 피해자에게 생각할 틈을 주지 않으려 하기 때문에 그런 요구 자체가 이미 수상한 신호인 셈입니다. 또한 경찰이나 검찰 등 공식 기관은 어떤 경우에도 개인에게 돈 이체를 요구하지 않는다는 상식을 기억해 두십시오. 비슷한 전화를 받더라도 '이건 사기다'라는 판단을 훨씬 더 수월하게 내릴 수 있을 것입니다. 만약 순간적으로 속아 넘어가 돈을 송금했다 하더라도 포기하지 말고 즉시 112나 해당 금융회사에 연락하여 지급정지를 요청해야 합니다. 극도의 공포와 스트레스 상황에서 개인이 적절히 대응하기란 매우 어려울 수 있습니다. 그렇기 때문에 이러한 범죄에 대비해서는 가족과 미리 암호 질문을 정해 두거나 위치 확인 앱 등을 활용해 진위를 가리는 방법을 마련해 두는 것도 좋겠습니다. 전문가들은 "긴급한 상황을 연출하더라도 확인 전에는 절대 송금하지 말라.", "전화로 돈을 요구받으면 반드시 가족이나 경찰과 상의하라" 등 여러 예방 수칙을 강조하고 있습니다. 순간의 침착함과 용기가 사기를 피하는 최선의 방패임을 잊지 마십시오.

과도한 이익에 혹하는 마음

누구나 돈을 좋아합니다. 좀 더 정확히 말하면 대가 없이 얻는 이익에 사람은 강하게 끌리게 마련입니다. 심리학적으로도 '공짜'나 '횡재'라는 말은 우리의 쾌감 중추를 자극하여 판단력을 흐리게 만듭니다. 그래서 눈앞에 지나치게 매력적인 제안이 나타나면 평소 침착한 사람도 일단 마음이 들뜨고 경계심이 풀어지기 쉽습니다. 이러한 심리를 노린 것이 각종 투자 사기와 "뜻밖의 행운"을 빙자한 사기 수법입니다. "확실한 정보로 원금의 몇 배 수익 보장!", "당신만 특별히 이 가격에 드립니다" 같은 말에 평소 신중한 사람들조차 혹하게 됩니다. 대한민국을 떠들썩하게 했던 수조 원대 사기극 조희팔 사건만 봐도 알 수 있습니다. 조희팔 일당은 "의료기기 렌탈 사업에 투자하면 매달 40% 이자를 주겠다"는 터무니없는 조건으로 무려 7만 명에게서 4조 원 넘는 돈을 끌어모았습니다. "말도 안 되는 수익률인데 누가 속아 넘어가겠어?" 싶지만 막상 자기 차례가 되면 누구나 속기 마련입니다. 인간이라면 누구나 가진 탐욕(greed)과 자기과신(overconfidence)의 심리가 그 순간 발동하기 때문입니다.

투자 사기의 전형적인 수법은 '남들은 모르는 황금 같은 기회'를 제시하는 것입니다. 이는 우리 마음속 행운에 대한 기대 심리를 공략합니다. 사기꾼의 이야기를 듣고 있으면 마치 선택받은 소수만 누릴 수 있는 엄청난 기회가 눈앞에 펼쳐진 듯한 기분이 듭니다. 그러면 신중함은 사라지고 '이번 한 번만 잘되면 나도 금방

대박 부자가 된다!'는 흥분 상태에 빠지게 되지요. 실제로 한 전문가는 "사기범들은 피해자의 욕망을 부추겨 허황된 소망을 품게 만들고 조작된 제안에 더 쉽게 빠져들게 한다"고 분석합니다. 쉽게 말해 내 안의 욕심을 건드려 피해자가 스스로 덫에 걸리게 만든다는 뜻입니다. 사람들은 횡재 심리에 취하면 그 제안이 현실과 맞지 않는 거짓 정보여도 의심하는 마음을 무시하고 '이번만큼은 진짜일지도 몰라'라는 근거 없는 기대를 버리지 못합니다. 이러한 심리적 맹점은 사기범에게 훌륭한 먹잇감이 됩니다.

또 흔히 '난 돈 욕심 별로 없어'라고 말하는 사람도 막상 남들 다 돈 버는데 자기만 기회를 놓치는 상황은 견디기 어렵습니다. 즉 자신만 소외될지 모른다는 두려움은 투기 열풍을 부추기는 강력한 요인입니다. 사기범들은 이를 활용해 "지금 안 하면 영영 못합니다.", "이번이 마지막 찬스예요" 같은 말로 피해자를 다급하게 몰아붙여 빠른 결정을 내리도록 압박합니다. 피해자는 조급한 마음에 냉정을 잃고 덥석 계약서에 사인해 버리기 쉽지요. 또한 지나친 자신감과 과신도 문제입니다. 스스로 '나는 남들보다 투자에 밝아'라고 믿거나, 내부 정보를 아는 '선수'라고 착각하는 순간 함정에 빠질 수 있습니다. 많은 투자 사기 피해자들이 사전 경고에도 불구하고 무리하게 투자한 이유는 하나같이 '나는 다를 줄 알았다', '내 운은 따라줄 거라 생각했다'는 식의 자기과신 때문이었다고 입을 모읍니다. 실제 연구에서도, "권위는 의심 말고 따라야 한다.", "착한 사람은 결국 복을 받는다.", "질문 많이 하면 무식해 보인다" 같은 잘못된 믿음을 가진 사람들이 투자 사기에 더 잘 속아 돈을 잃는 경향이 있다는 결과가 나왔습니다. 이는 곧 세상 이치에 대한 근거 없는 낙관과 자신의 판단에 대한 과도한 자신감이 매우 위험하다는 뜻입니다. 그런 믿음을 가진 사람일수록 "저 사람이 저렇게 자신 있게 말하는 걸 보니 틀림없겠지" 하고 방심하거나, "내가 꽤 똑똑한 편인데 그렇게 멍청한 사기를 당하겠어?" 하고 안일하게 생각하다가 결국 크게 당하는 사례가 많습니다.

역사상 가장 거대한 투자 사기인 폰지(Ponzi) 사기들 역시 예외 없이 탐욕과 과신이 만들어 낸 산물이었습니다. 2008년 미국에서는 금융인 버나드 메이도프가 수십조 원대의 초대형 폰지 사기를 벌여 전 세계를 충격에 빠뜨렸습니다. 그는 고정 고객들에게 연 10% 이상의 안정적인 수익을 수십 년간 제공하는 척하면서 실제로는 뒤에 들어온 신규 투자금으로 기존 투자자들에게 이자를 지급하는 돌려막기를 했습니다. 많은 글로벌 부호들과 기관 투자자들까지 그의 고객이었는데 다들 "메이도프가 워낙 전설적인 투자자라고 하길래 믿었다"고 말했습니다. 사실 너무 오랫동안 일관되게 좋은 성과를 내는 투자처는 오히려 의심해야 마땅하지만 탐욕에 눈이 먼 투자자들은 '역시 우리는 선발된 행운아야'라는 자기만족에 빠져 경고 신호를 무시했습니다. 한국에서도 2004~2008년 활동한 조희팔은 사상 최대 규모의 다단계 투자 사기를 벌였습니다. 피해자가 7만 명에 달했지만 조희팔 일당은 범행 이후 종적을 감춰버렸고 많은 사람들이 피눈물을 흘렸습니다. 피해자 중에는 교장, 교수, 판사, 경찰관 등 사회 지도층도 상당수 포함되어 있었습니다. 사람들은 "어떻게 그리 다들 속았을까" 하며 개탄했지만 결국 "누구든 탐욕 앞에서는 눈이 멀 수 있다"는 냉혹한 진실만 확인되었을 뿐입니다.

　21세기에 들어서는 암호화폐와 신기술 투자를 미끼로 한 각종 사기들도 횡행했습니다. "○○코인 초기 투자로 수백 배 수익 가능", "정부 승인 임박 기술에 투자하라"는 식의 말들이 대표적입니다. 이런 신종 수법들은 일반인이 해당 분야에 대해 잘 모르지만 막연히 큰돈을 벌고 싶어한다는 점을 노렸습니다. 특히 20~30대 청년층은 암호화폐 투자 광풍 속에 심리적 FOMO에 휩싸여 빚까지 내어 뛰어들었다가 사기 거래소나 가짜 코인 발행자에게 당하는 피해도 컸습니다. 최근 뉴스에 따르면 유명 아이돌 출신 연예인도 코인 사기에 연루되어 구설수에 올랐다고 합니다. 또한 "○○ 리딩방"이라 불리는 유료 투자 상담방 사기도 기승을 부리고 있습니다. 페이스북이나 유튜브 등에서 유명 투자자를 사칭하며 사람들을 단체 채팅방으로 유인한 뒤 '특정 종목에 투자하라'며 군중을 몰아가고 정작 자신들은 고점에서 팔고 잠적하는 수법입니다. 심지어 외국 명문대 교수나 연예인을 사칭해 투자방을 운영한 일당까지 경찰에 검거된 사례도 있습니다. 피해자들은 단기간에 수백만, 수천만 원씩 잃고 나서야 사기의 덫을 알아차리곤 합니다. 한편 사기범들이 그럴듯한 권위와 확신에 차서 투자자를 현혹할수록 피해 규모는 더욱 커지는 경향이 있습니다.

☕ 독자에게 드리는 조언

"낮은 위험으로 높은 수익을 보장한다"는 제안은 99% 사기라고 봐야 합니다. 투자 세계의 기본 원리는 고위험일수록 고수익이라는 점을 명심하십시오. 누군가 "절대 손해 볼 리 없다"고 장담한다면 그 말 자체가 이미 거짓입니다. 세상에 위험 없이 고수익을 얻을 수 있는 방법은 존재하지 않습니다. 그러므로 주변에 "남들은 모르는 확실한 기회"라는 말이 들리면 우선 의심부터 해야 합니다. 잠깐 체면이 구겨지더라도 금융 전문가나 공신력 있는 기관에 문의하여 그 투자가 정당한지 따져 보십시오. 선뜻 남을 믿고 거액을 맡겨 버리는 것은 자신의 소중한 재산을 지킬 책임을 소홀히 한 행동일 수 있습니다. 또한 이미 어떤 대상에 투자했는데 뭔가 잘못되었다는 느낌이 든다면 미련 없이 발을 빼는 용기가 필요합니다. 손실이 발생했음을 일찍 인정하면 작은 피해로 끝날 일을 욕심과 집착 때문에 질질 끌다가 걷잡을 수 없는 손실을 보는 경우가 많습니다. 앞서 언급된 희망적 사고의 지속이나 매몰비용 오류 등이 바로 그런 심리를 설명하지요. 그러나 한 번 잃은 돈은 잃은 것일 뿐 더 베팅한다고 돌아오지 않습니다. 오히려 손실을 빨리 인정하고 발을 빼야 추가 피해를 막을 수 있습니다. 눈앞의 유혹을 이겨 내고 자신의 탐욕을 직시해야만 사기의 굴레에서 벗어날 수 있습니다. "공짜 치즈는 쥐덫에만 놓여 있다"는 서양 속담이 있듯 너무 달콤한 제안에는 처음부터 경계심을 가지는 것이 상책임을 항상 명심하십시오.

개인정보 노출 부주의

직장인 최 모 씨(남성, 35세)는 어느 바쁜 출근 아침, 스마트폰으로 날아든 카카오톡 메시지 한 통을 보고 깜짝 놀랐습니다. "아빠, 나 휴대폰 액정이 깨져서 임시로 친구 폰을 쓰고 있어. 급히 처리해야 할 일이 있어서 그런데, 혹시 내 통장 잔액이 얼마인지 알려 줄 수 있어?" 보낸 이는 분명 딸아이의 이름으로 된 계정이었습니다. 최 씨는 평소 딸과 카카오톡으로 자주 대화해 왔고 메시지의 프로필 사진과 말투도 익숙했습니다. 의심할 틈도 없이 "왜, 무슨 일이야?"라고 묻자 곧바로 답장이 왔습니다. "학교 프로그램 결제를 해야 하는데 앱 접속이 안 돼서 그래요. 아빠, 인증서랑 계좌 비밀번호 좀 알려 줘." 순간 찜찜한 불안감이 스쳤지만, '우리 딸이니까 괜찮겠지' 하는 생각에 상대가 묻는 대로 정보를 알려 주고 말았습니다. 그 후 상황은 눈 깜짝할 사이에 벌어졌습니다. 휴대폰으로 은행 계좌에서 거액이 빠져나갔다는 문자 알림이 오더니 이내 연락이 두절되었습니다. 그제서야 딸에게 직접 전화를 걸어 확인한 최 씨는 메신저 피싱을 당했음을 알아차렸습니다. 딸아이의 이름과 말투까지 그대로였기에 최 씨는 전혀 의심 없이 메시지 발신자를 실제 딸로 믿은 것입니다. 이 사례에서 보듯 메신저 피싱은 가족이나 지인을 사칭해 접근하는 신종 사기입니다. 여기에는 두 가지 심리가 교묘히 얽혀 있습니다. 하나는 앞서 다룬 거절하지 못하는 심리이고, 다른 하나는 개인정보 유출에 대한 경각심 부족입니다.

최 씨 사례에서 사기범은 우선 '딸'의 이름, "아빠"라는 호칭, "학교 프로그램 결제"라는 구체적 상황 설정 등 최 씨 가족에 대한 여러 정보를 꿰뚫고 있었습니다. 대체 이런 정보를 어떻게 알았을까요? 이는 흔히 SNS나 인터넷상에 노출된 개인정보를 통해 가능합니다. 예를 들어 딸이 평소 카카오톡 프로필에 학교나 일상 정보를 올렸다거나, 가족들이 공개 게시물에서 서로를 태그하며 대화했다면 사기범은 손쉽게 그 관계와 말투까지 파악할 수 있습니다. 특히 전화번호, 가족 호칭, 금융 앱 사용 여부 등은 메신저 피싱에 악용되는 핵심 정보인데 이런 정보들이 유출되는 경로는 다양합니다. 데이터가 유출된 웹사이트나 해킹된 이메일 등에서 털린 개인정보가 암암리에 거래되기도 합니다. 사기 조직들은 이렇게 입수한 데이터를 활용해 표적 피싱(targeted phishing)을 시도합니다.

오늘날 사이버 사기의 절반 이상은 인간의 부주의를 파고드는 사회공학적 기법으로 이루어집니다. 한국인터넷진흥원(KISA)은 일찍이 "사람의 취약점을 공략해 인간 상호 간 신뢰를 무력화하는 사회공학적 기법이 개인정보 탈취의 주요 원인"이라고 지적한 바 있습니다. 아무리 보안 시스템을 잘 구축해 놓아도 정작 사용자 본인이 정보를 술술 내어 주면 속수무책이라는 뜻입니다. 실제 메신저 피싱 피해 사례들을 보면 피해자가 본인이나 가족의 신분증 사진, 계좌번호, 비밀번호 등을 고스란히 넘겨주는 경우가 많습니다. 사기범은 심지어 시키는 대로 원격 제어 앱(예: 팀뷰어 등)을 설치하게 하여 휴대폰을 완전히 장악하기도 합니다. 이런 경우 피해자가 스스로 금고 열쇠와 현관 키를 도둑에게 내준 것이나 다름 없습니다.

이는 한편으로 디지털 기기 사용과 보안에 대한 지식 부족 탓이라고도 볼 수 있습니다. 스마트폰에 낯선 앱을 설치하라는 요구를 받을 때 그것이 얼마나 위험한지 잘 모른다면 쉽게 응하고 맙니다. 특히 중장년층은 "공식 앱스토어 외부 출처의 앱 설치 금지"나 "절대로 원격제어 허용 금지" 같은 기본 수칙을 들어 보지 못했을 수도 있습니다. 그 결과 아버지 최 씨처럼 경계심 없이 중요한 정보를 넘겨주게 되는 것입니다.

과거의 사기꾼들은 주로 대면 접촉을 통해 정보를 얻었지만 요즘 범죄자들은 인터넷에 흩어진 데이터 조각들을 수집하여 표적을 정합니다. 이를테면 SNS 계정을 샅샅이 살펴 경제적·정서적으로 취약한 사람을 골라내는 식입니다. 실제로 특정 연령층(주로 노년층이나 20대 초반만 노린다든지)만 표적 삼아 문자 사기를 벌인 경우도 있었습니다. 자신들을 "국민연금공단", "건강보험공단"이라고 사칭해 "지원금 드립니다" 같은 메시지를 보내는 식인데, 노년층은 그런 문자에 속아 신용카드 번호나 OTP 번호까지 순진하게 넘겨주는 일이 많았습니다. 이는 사기범들이 노인의 심리를 악용한 것입니다. 정부 지원금에는 민감하지만 스마트폰 보안에는 익숙지 않다는 점을 파고든 것이지요. 또 취업준비생들만 노려 "채용공고 확인"이라는 스미싱 문자 메시지를 보내 악성 앱 설치를 유도한 경우도 있었습니다. 심리적으로 간절한 상황에 처한 사람일수록 의심보다 희망이 앞서기 마련이어서, 사기범들은 바로 그 허점을 찔러 공격하는 것입니다. 사실 많은 이들이 '설마 내 정보가 새나가겠어' 하고 안일하게 생각합니다. 하지만 사이버 공간에서의 개인정보 노출은 눈에 보이지 않게 일어나며 한 번 유출되면 어디서 어떻게 악용될지 알 수 없습니다. 예를 들어 이름, 연락처, 주소 같은 기본 정보가 유출되면 보이스피싱 조직이 전화번호부처럼 활용할 수 있습니다. 또 가족관계나 학교, 직장 정보가 유출되면 앞서 본 메신저 사칭 시나리오를 꾸미는 데 쓰일 수 있습니다. 그리고 우리가 흔히 사용하는 비밀번호도 문제입니다. 아직도 많은 사람이 전화번호 뒷자리나 생일 등 추측하기 쉬운 번호를 비밀번호로 씁니다. 심지어 여러 인터넷 서비스에 같은 비밀번호를 반복 사용하기도 합니다. 그렇게 해 두면 하나만 뚫려도 연쇄적으로 털릴 위험이 큽니다. 실제로 한 해커는 공개 석상에서 "사람들은 은행 비밀번호조차 본인 생일이나 1234 같은 쉬운 조합으로 사용하는 경우가 많다"고 지적했습니다. 사이버 사기범들은 전문 해커가 아니더라도 이러한 인간적 약점을 잘 알고 있고 비밀번호 추측 공격 등을 시도해 옵니다.

결국 메신저 피싱 피해는 예방이 최선입니다. 관계 당국에서는 "가족이나 지인이 급하다는 명목으로 개인정보나 금전을 요구하면 반드시 의심하고 확인하라"는 경고를 거듭하고 있습니다. 이를 위해 몇 가지 실천 수칙을 기억해 둬야 합니다.

- 첫째, 가족이나 지인이 보낸 메시지라면 반드시 직접 전화 통화로 사실을 확인하십시오 : 메시지만 주고받지 말고 반드시 전화

를 걸어 목소리로 본인 여부를 확인해야 합니다. 상대방이 전화 통화를 꺼리거나 회피한다면 일단 의심해야 합니다.

- 둘째, 아무리 급한 사연이어도 확인 전에 절대 송금하지 마십시오 : 정말로 긴급한 상황이라면 가까운 사람이든 112든, 우선 다른 누군가에게 상황을 알리고 도움을 요청하는 것이 좋습니다. 확인이 될 때까지는 돈부터 보내지 마세요.
- 셋째, 돈을 보내라고 할 때 상대방 본인 명의가 아닌 다른 사람 명의 계좌를 알려 준다면 무조건 사기로 의심해야 합니다 : 가족이라면 자기 명의 계좌로 받지 굳이 타인 명의의 계좌번호를 줄 리 없습니다. 이런 요구를 받았다면 바로 의심하십시오.
- 넷째, 원격제어 앱 설치 요구는 무조건 거부하십시오 : 그런 앱을 깔라는 것은 당신의 기기를 통째로 해킹하겠다는 말과 같습니다. 공공기관이나 금융회사 직원은 어떠한 경우에도 원격제어 앱 설치를 요구하지 않습니다.
- 다섯째, 평소 내 정보를 지키는 습관을 생활화하십시오 : SNS에 가족이나 금융 관련 내용을 함부로 공개하지 말고 각종 사이트에 가입할 때도 개인정보 제공 동의는 최소화하는 것이 좋습니다. 주소나 전화번호 등은 꼭 필요한 경우가 아니면 입력하지 마세요. 그리고 비밀번호 관리도 철저히 합시다. 이름이나 생일처럼 추측 가능한 비밀번호는 피하고 서비스마다 서로 다른 비밀번호를 사용하는 것이 기본입니다. 스마트폰에도 화면 잠금, 개별 앱 비밀번호 설정, 2단계 인증 등 다중 보안장치를 걸어 두는 것이 좋습니다.

이렇듯 문이 잠겨 있지 않으면 도둑이 들어오듯 작은 부주의 한 번으로 돌이킬 수 없는 피해를 볼 수도 있다는 점을 항상 명심해야 합니다. 디지털 시대에는 전문 보안 시스템만큼이나 개인의 보안 의식과 습관이 중요합니다.

> ☕ **독자에게 드리는 조언**
>
> 가족이나 지인을 사칭해 금전이나 정보를 요구하는 메시지를 받으면 우선 당황하지 말고 반드시 본인에게 직접 전화해 사실 여부를 확인하십시오. 확인되기 전에는 절대로 송금하지 말아야 하며 특히 요구하는 계좌 명의가 다르거나 원격제어 앱 설치를 요구한다면 100% 사기이므로 즉시 의심해야 합니다. 평소에도 SNS 등에 가족 관계나 금융 관련 정보를 함부로 올리지 말고 여러 인터넷 서비스에서 비밀번호를 중복 사용하지 않는 등 보안 수칙을 생활화하십시오. 작은 개인정보 하나의 유출이 눈덩이처럼 커져 돌이킬 수 없는 피해를 부를 수 있다는 사실을 기억하시기 바랍니다.

심리적 함정 인지하기

사람들은 사기를 당하고 나서야 비로소 자신의 심리적 약점을 절감하곤 합니다. "내가 도대체 왜 그때 그랬을까?", "내가 바보였지…" 하는 뼈아픈 후회와 자책이 밀려옵니다. 심리적으로도 큰 상처를 입어 우울과 불안, 수치심에 시달리게 됩니다. 믿었던 타인에게 배신당했다는 충격도 크지만 스스로에 대한 믿음마저 무너지는 것이 사기 피해의 후유증입니다. 실제로 한 투자 사기 피해자는 "다시는 사람을 믿을 수 없게 됐다. 한때 대인기피증까지 왔었다"고 털어놓았습니다. 그는 세상이 무너진 듯한 충격 속에서 자신의 판단력에 대한 극심한 회의감에 빠졌었다고 합니다.

그렇다면 피해자들은 언제 자신이 어떤 함정에 빠졌음을 깨닫게 될까요? 그리고 그 상처는 어떻게 극복할 수 있을까요? 흔히 사기 피해 후에는 다음과 같은 몇 가지 심리 단계가 나타난다고 합니다.

"설마 내가 속았을 리 없어" - 부정 단계

많은 피해자들이 처음에는 현실을 부정하는 상태에 머뭅니다. "에이, 시스템 오류겠지.", "저 사람이 잠시 연락이 안 될 뿐이야" 하면서 눈앞의 이상 신호를 인정하지 않으려 합니다. 이것은 인지 부조화의 전형적인 양상입니다. "나는 똑똑한 사람인데, 내가 사기를 당했을 리 없어"라는 자기 믿음과 실제 상황이 충돌하자 후자를 부정함으로써 심리적 안정을 찾으려는 것입니다. 피해자 A씨 사례를 떠올려 봅시다. 그는 온라인에서 애인 행세를 하던 이에게 돈을 보내 주고 연락이 끊겼지만 '범죄를 당한 게 아니라 비대면 연애를 한 사이일 뿐'이라고 믿었습니다. 사기를 당했다는 사실을 인정하는 순간 자신의 어리석음이 확정되기에 차라리 '아직 끝난 게 아니다'라며 스스로에게 희망고문을 하는 것이지요. 하지만 이 부정 단계가 길어질수록 대처는 늦어지고 피해는 커집니다. 투자 사기의 경우 이미 큰 손실이 났는데도 '시간이 지나면 다시 오르겠지' 하고 버티다가 나중에는 돌이킬 수 없는 지경에 이르기도 합니다. 결국 고통스럽더라도 사기당했음을 있는 그대로 인정하는 것이 회복의 첫걸음입니다.

"내가 이렇게 어리석었다니" - 수치심과 자기비난

피해 사실을 어느 정도 받아들이기 시작하면 곧바로 강렬한 수치심이 몰려옵니다. 평소 똑똑하고 자부심 있던 사람도 이 순간만큼은 스스로를 한없이 바보처럼 느끼게 됩니다. "사람들이 알면 날 어떻게 볼까…" 하는 사회적 낙인에 대한 두려움도 생겨납니다. 그래서 피해자들은 혼자 속앓이를 합니다. 너무 창피해서 가족이나 친구에게조차 털어놓지 못하고 끙끙 앓는 것이지요. 특히 우리 사회는 사기 피해자에게 곱지 않은 시선을 보내는 경우가 많습니다. "본인이 욕심 부리다가 당한 거지.", "어떻게 그렇게 멍청하게 속아?" 하는 식의 2차 가해를 우려해 피해자들은 입을 닫아 버립니다. 그러나 이러한 침묵은 회복을 지연시킬 뿐입니다. 감정은 혼자 삭이면 삭일수록 오히려 곪기 마련입니다. 전문가들은 부끄러움을 이겨내고 주변에 알리는 것이 매우 중요하다고 조언합니다. 가까운 가족, 친구, 혹은 전문 상담가라도 좋으니 누구에게라도 털어놓는 순간 심리적 무게가 한결 가벼워지고 적절한 도움을 받을 가능성도 높아집니다.

    수치심과 함께 거의 모든 피해자가 겪는 것이 자기비난입니다. "다 내 잘못이야.", "그때 왜 그랬을까…" 하며 자신을 끊임없이 책망하지요. 이런 자책은 어느 정도 자연스러운 반응입니다. 사람은 이유를 알아야 마음이 그나마 편해지기 때문에 일이 벌어진 원인을 일단 자기 탓으로 돌려서라도 설명을 찾으려 합니다. 하지만 도를 넘은 자기비하에 빠지면 회복이 멈춰 버립니다. 자존감이 바닥을 치고 우울증에 빠질 위험도 커집니다. 이때 필요한 것은 "왜 내가 그렇게 바보같이 굴었지?" 하는 비난의 시선이 아니라 "그럴 수밖에 없었어. 누구든 당할 수 있는 일이야" 하는 따뜻한 자기 이해입니다. 실제로 전문가들은 "사기 피해는 피해자의 잘못이 아니라 사기꾼이 감정을 교묘히 이용해 속인 것"이라고 강조합니다. 당신만 당한 게 아닙니다. 누구라도 그 상황에 놓이면 당할 수 있었을 것입니다. 그러니 자신을 용서하고 다독이는 과정이 반드시 필요합니다.

"두고 봐, 가만 안 둬!" – 분노와 복수심

    수치와 자책의 어두운 터널을 지나면 피해자 내면에서 분노가 치밀어 오릅니다. "왜 하필 내가 이런 일을 당해야 하지?" 하며 세상을 향해 분노하게 되고 동시에 "그놈을 잡아서 가만두지 않겠다"는 복수심도 일어납니다. 이 분노는 때로 피해자의 회복 동력이 되기도 합니다. 절망에 빠져 주저앉기만 하는 대신 분노를 에너지 삼아 '두 번 다시 당하지 않고 살아가겠다'고 다짐하는 순간 더 이상 무력한 피해자가 아닌 삶의 주체로 돌아올 수 있다는 말도 있습니다. 물론 분노가 지나쳐 자신이나 남을 해치는 것은 위험하지만, 분노를 건강한 방식으로 표출하는 것은 심리적으로 도움이 됩니다. 욕을 하든, 글로 쓰든, 눈물을 흘리든 마음속 응어리를 터뜨려야 곪지 않습니다. 때로는 법적 대응을 통해 정의를 실현하는 과정 자체가 치유로 이어지기도 합니다. 최근에는 범죄피해자지원센터(일명 스마일센터) 등에서 피해자들의 법률 지원과 심리 상담을 도와주고 있으니 적극적으로 도움을 청하는 것도 좋습니다. 만약 사기범들이 법망을 피해 도망쳤다면 피해자들끼리 모여 단체 소송을 진행하거나 온라인 커뮤니티를 만들어 정보와 위로를 나누기도 합니다. 그렇게 연대하고 싸워 나가는 과정에서 분노가 한곳으로 모이고 트라우마가 극복 단계로 접어드는 사례도 많습니다.

"언젠가 다시 나를 믿을 수 있을까" – 회복과 성장

결국 사기의 후유증을 극복한다는 것은 잃어버린 돈을 되찾는 문제가 아니라 잃어버린 자신을 되찾는 과정입니다. 다시 사람을 믿고 세상에 나아갈 용기를 얻는 일, 그리고 무엇보다 스스로에 대한 신뢰를 회복하는 일이 핵심입니다. 많은 피해자들이 처음에는 "두 번 다시는 안 속을 거야" 하며 세상과 담을 쌓지만 진정한 회복은 단순히 의심 많은 사람이 되는 것에 그치지 않습니다. 오히려 이 아픈 경험을 값진 교훈으로 삼아 더 단단해진 자신으로 거듭나는 것이 이상적인 마무리입니다. 실제로 사기를 딛고 일어선 사람들은 이 일을 '부끄러운 실패'로 남겨두지 않고 인생의 리셋 버튼으로 삼는다고 합니다. 자신이 가진 심리적 약점과 감정적 취약점을 이번 기회에 알게 되었으니 앞으로는 이를 경계하며 더 성숙한 삶을 살겠다는 것입니다. 그리고 동시에 깨닫습니다. "어떤 일을 겪든 나는 여전히 괜찮은 사람이야." 잃은 돈 때문에 내 가치까지 떨어지는 것은 아니라는 사실을 회복한 이들은 몸소 증명해 냅니다.

물론 이러한 경지에 이르기까지는 시간과 노력이 필요합니다. 전문가의 심리치료 지원이 더해지면 더욱 효과적일 것입니다. 가까운 사람들의 한결같은 지지도 큰 힘이 됩니다. 그러나 무엇보다 중요한 것은 피해자 스스로 자신의 감정을 직면하고 다독이는 일입니다. "나는 바보가 아니야. 그저 운이 없었을 뿐이야." 이렇게 스스로에게 말해 주어야 합니다. 그리고 다시 일어서야 합니다. 사기 피해로 인한 트라우마는 충분히 극복 가능합니다. 범죄 피해자를 돕기 위한 국가적 제도도 점차 확대되고 있으니 주저하지 말고 적극적으로 도움을 받으십시오. 언젠가 이 경험을 발판 삼아 더욱 지혜롭고 강인해진 새로운 자신을 발견할 수 있을 것입니다.

☕ 독자에게 드리는 조언

혹시 사기 피해를 당하셨더라도 자신을 지나치게 책망하거나 부끄러워할 필요는 없습니다. "당하는 사람이 바보"라는 말은 사실이 아니며 그만큼 사기 수법이 교묘했다는 뜻일 뿐입니다. 누구나 속을 수 있다는 점을 기억하고 자신을 탓하는 일을 멈추십시오. 중요한 것은 용기를 내어 피해 사실을 인정하고 주변에 알리는 것입니다. 가까운 가족이나 친구, 전문가의 도움을 받으면 심리적 회복이 훨씬 수월해집니다. 그리고 이 쓰라린 경험을 값진 교훈으로 삼아 자신을 더욱 단단하게 성장시키겠다고 마음먹으십시오. 다시 일어서겠다고 결심하는 순간 여러분은 더 이상 무력한 피해자가 아니라 인생의 주인공으로 돌아오게 됩니다. 사기의 상처는 충분히 극복 가능하며 이 과정에서 여러분은 결코 혼자가 아니라는 사실을 잊지 마시기 바랍니다. 이제 이러한 심리적 함정들을 충분히 인지한 만큼 앞으로는 그 어떤 사기범도 여러분의 소중한 마음과 재산을 함부로 빼앗지 못할 것입니다.

5장
진화하는 사기 수법의 세계

전통적 수법 vs 신종 수법

사기 범죄는 인류 역사와 함께 시작되었다고 해도 과언이 아닙니다. 옛날에도 사람들은 남의 재산을 노리고 교묘한 거짓말과 속임수를 동원했습니다. 고전적인 사기 수법의 예로 1920년대 미국에서 유행했던 폰지 사기를 들 수 있습니다. 폰지 사기는 새로운 투자자의 돈으로 기존 투자자에게 이자를 지급하는 방식으로 운영되는 다단계 금융사기로, 이탈리아 이민자 출신 사기꾼 찰스 폰지가 고수익을 미끼로 수많은 사람을 속여 막대한 돈을 챙긴 사건입니다. 이러한 전통적 수법은 겉으로는 그럴듯한 투자 기회를 가장하지만 실제로는 나중에 들어온 사람의 돈으로 먼저 투자한 사람에게 수익을 준 뒤 종적을 감추는 형태였습니다. 폰지 사기는 역사상 수많은 변주를 낳았고, 오늘날에도 여전히 투자 사기의 대표 격으로 회자됩니다. 현재 유행하는 가상화폐 관련 유사수신 사기나 불법 다단계도 알고 보면 폰지 사기의 신종 버전에 불과합니다. 기술과 분야만 다를 뿐 '고수익 보장'과 '안전한 투자'를 내세워 피해자의 욕망과 탐욕을 자극한다는 본질은 같습니다.

옛 사기꾼들의 대담한 범행은 오늘날 전설처럼 전해지는 경우도 있습니다. 예컨대 1925년 프랑스에서는 한 사기꾼이 에펠탑이 폐기될 것이라는 소문을 퍼뜨린 뒤 고철로 팔릴 에펠탑을 사들일 기회를 주겠다고 꾀어내어 철강업자에게서 거액의 돈을 받아 챙긴 사건이 있었습니다. 심지어 그는 같은 수법으로 에펠탑을 두 번이나 '판매'하는 데 성공했지요. 당대에는 통했던 이런 기상천외한 수법도 현대인의 눈에는 황당무계하게 보입니다. 그러나 그 이면에 깔린 인간 심리의 취약점은 예나 지금이나 다르지 않습니다. 당시 그 철강업자는 '이 기회를 놓치면 큰일난다'는 조바심, 일확천금의 욕심, 그리고 정부 관계자로 위장한 사기꾼의 권위에 속아 넘어갔습니다. 이는 희소성 효과(지금 아니면 못 산다는 압박)와 권위에 대한 맹신이 결합된 전형적인 사기 심리입니다. 오늘날 사기범들도 '선착순 한정 할인'이나 '정부 공인' 같은 문구를 동원해 똑같이 사람들의 판단력을 마비시킵니다.

결국 시대가 바뀌어도 사람을 현혹하는 방법의 근본은 그대로입니다. 다만 사기 수법이 활용하는 도구와 매체만 새로워졌을 뿐입니다. 과거에는 대면 접촉이나 편지, 신문 광고 등을 통해 사기가 이뤄졌다면 현대에는 전화와 인터넷, SNS가 그 자리를 대신하고 있습니다. 19세기부터 알려진 고전 사기인 "스페인 왕자/죄수 편지"는 편지로 "갇혀 있는 부자를 구출하는 데 돈이 필요하다"고 거짓말하던 수법이었는데, 이것이 20세기 후반 "나이지리아 왕자 이메일" 사기로 부활했습니다. 편지가 이메일로 바뀌었을 뿐 '상상 속의 부호가 당신에게 큰돈을 줄 테니 우선 작은 돈을 보내 달라'는 구조는 똑같았습니다. 이처럼 전통적인 사기 수법은 새로운 시대에 모양만 달리한 신종 수법으로 진화하여 반복되고 있습니다.

그러나 신종 사기라고 해서 완전히 새롭거나 특별한 것은 결코 아닙니다. 보이스피싱을 처음 접했을 때 사람들은 "설마 그런 전화에 속나" 하고 여겼지만 사실 보이스피싱은 예전부터 있던 전화 사기가 기술의 발달로 대규모화된 사례일 뿐입니다. 20세기 후반에도 경찰이나 은행원을 사칭한 전화 사기가 없었던 것이 아니나 휴대전화 보급과 저렴한 인터넷 전화 기술이 등장하면서 보이스피싱이 폭발적으로 증가했습니다. 마찬가지로 로맨스 스캠(연애 사기)도 '국제 결혼 중매' 등 옛날에도 존재하던 사기가 인터넷 데이트 시대로 넘어오면서 전 세계적으로 범람하게 된 것입니다. 결혼을 미끼로 금전을 요구하는 수법 자체는 전통적이지만 이제는 소셜미디어를 통해 불특정 다수에게 접근하고 번역기까지 써가며 언어 장벽도 넘는 글로벌 신종 사기가 된 것입니다.

심리학적으로 볼 때 사람이 쉽게 속는 심리 메커니즘은 시대를 막론하고 비슷합니다. 인간은 기본적으로 상대를 믿고자 하는 진실편향을 갖고 있어 낯선 이의 말도 특별히 의심할 근거가 없으면 그대로 수용하는 경향이 있습니다. 이것이 고전적인 대면 사기든 현대의 온라인 사기든 모두 통하는 전제 조건입니다. 또한 '나만은 아니겠지' 하고 낙관하는 마음도 옛날이나 지금이나 피해자를 방심하게 만드는 요인입니다. 예부터 사기꾼들은 "당신 정도 똑똑한 사람이 속을 리 없다"라고 피해자를 치켜세우며 경계심을 허물었는데 현대의 사기범들도 마찬가지로 피해자의 자존심과 자부심을 자극해 의심을 무마합니다. 예를 들어 최근 유행하는 투자 리딩방(주식·코인 리딩방) 사기에서는 범인이 "선택받은 소수에게만 기밀 정보를 준다"고 하여 피해자가 특별 대우를 받고 있다고 믿게 만듭니다. 이러한 우월감 착각에 빠진 피해자는 오히려 주변의 만류를 무시하고 더 깊이 빠져드는 일이 많습니다.

요컨대 전통적 수법 vs 신종 수법의 대결은 겉보기만 다를 뿐 속내는 같습니다. 사기범들은 늘 인간 심리를 연구하여 새로운 환경에 맞게 포장지를 바꿀 뿐 안에 든 내용물은 우리의 욕망, 신뢰, 두려움을 교묘히 이용하는 동일한 공식입니다. 따라서 "옛날 사기는 촌스럽고, 요즘 사기는 첨단이라도 난 안 속아"라고 생각하면 매우 위험합니다. 과거부터 내려온 사기의 교훈을 새겨서 뻔해 보이는 수법이라도 새 형태로 나타났을 때 알아챌 수 있도록 경각심을 가져야 합니다.

> ☕ **독자에게 드리는 조언**
>
> 제가 형사로 근무하며 만난 피해자들 중에는 "신문에서만 보던 사기를 나도 당할 줄은 몰랐다"며 넋을 잃은 분들이 많았습니다. 전통적 수법이든 신종 수법이든 자신이 알지 못했던 방식으로 당하고 나면 모두들 같은 충격을 받습니다. 특히 나이가 지긋하거나 사회경험이 많은 분일수록 "내가 어

떻게 이런 속임수에…" 하고 자책하시는데 저는 그때마다 이렇게 말씀드립니다. "사기범들은 늘 새로운 각본을 준비하고 있습니다. 우리가 이미 아는 수법은 그들도 압니다. 그래서 방심한 틈을 타 예상 못한 방식으로 파고드는 거죠." 실제로 몇 해 전에는 전통적인 토지 투자 사기가 SNS를 통해 부활한 적이 있었습니다. 20~30대 젊은층이 "조상 땅 찾아 준다"는 미끼에 낚여 돈을 떼인 사건이었는데, 예전 신문에서나 보던 수법이라 젊은 피해자들은 그런 사기가 존재하는지도 몰랐던 겁니다. 자녀납치빙자 보이스피싱은 보이스피싱의 초창기 유형으로 제가 한창 보이스피싱 수사를 하던 2006년도에 최초 발생하였는데 20년이 지난 지금도 발생하고 있습니다. 이렇듯 사기 수법은 돌고 돈다는 사실을 명심하세요. 새로운 기술과 유행 속에서도 오래된 사기 기법이 재탕되곤 합니다. 결국 과신하지 말고 모르는 제안이나 상황은 일단 의심해 보는 태도가 필요합니다. 나와 상관없어 보이는 옛날 사기 사례라도 눈여겨보면서 '나였어도 속았을지 모른다'는 겸허한 마음으로 교훈을 얻으시기 바랍니다. 그런 지혜가 있다면 아무리 신종 수법이 나타나도 충분히 간파할 수 있을 것입니다.

통계로 보는 사기 범죄

사기 범죄의 심각성과 양상을 가장 객관적으로 보여 주는 것이 바로 통계 데이터입니다. 숫자는 거짓말을 하지 않기에 우리는 통계를 통해 사기가 얼마나 급증하고 있는지, 어떤 유형이 두드러지는지, 피해자들은 어떤 사람들인지 파악할 수 있습니다. 우선 전체 범죄 대비 사기 범죄의 비중부터 살펴보겠습니다. 최근 경찰청 자료에 따르면 지난해 국내 범죄 피해자 3명 중 1명은 사기 피해자였습니다. 범죄 피해자 수 약 175만 명 가운데 38%가 사기 피해자로 불과 5년 전만 해도 19%이던 수준이 두 배로 뛰어올랐습니다. 그만큼 전체 범죄에서 사기가 차지하는 비중이 커지고 있다는 뜻입니다. 다른 범죄(폭력, 절도 등)는 줄어드는 추세인데 사기는 홀로 급증하여 이제는 범죄 피해의 중심축이 사기로 이동했다고 해도 과언이 아닙니다. 피해액 규모를 보면 이 현상은 더욱 두드러집니다. 2024년 한 해 사기로 인한 재산 피해액은 약 27조7천602억 원으로 전년보다 50%나 급증했습니다. 전체 범죄로 인한 피해액 중 77%가 사기 피해액일 정도로 경제범죄 피해의 대부분이 사기와 직결되어 있습니다. 이제 사기 범죄는 개인의 불운을 넘어 사회 전체의 신뢰 기반을 위협하는 수준이 되었다는 지적이 나옵니다.

　이토록 사기 범죄가 폭발적으로 증가한 데에는 여러 배경이 있습니다. 디지털화와 조직화를 통해 사기범들이 더 넓은 표적을 상대로 더 치밀하게 범행을 벌일 수 있게 된 것이 큰 요인입니다. 실제로 검거된 사기사건들을 분석해 보면 공범이 10명 이상 연계된 대규모 조직형 사기가 급증하고 있습니다. 한 예로 공범 11명 이상이 적발된 사기사건이 5년 새 3배 가까이 늘어나 작년에는 2,383건에 달했습니다. 보이스피싱, 투자 사기 같은 각본 있는 조직사기가 과거보다 훨씬 흔해졌다는 의미입니다. 또한 범죄 수법이 디지털화·익명화되면서 범인을 특정하기 어려운 사건도 급증했습니다. 해외 서버를 이용한 이메일 사기나 암호화폐를 통한 자금 세탁처럼 첨단 기술로 자신의 흔적을 숨기는 사례가 많아졌습니다. 그 결과 "피해 신고는 접수되었지만 범인을 잡지 못한다"는 이야기가 흔해지고 있습니다.

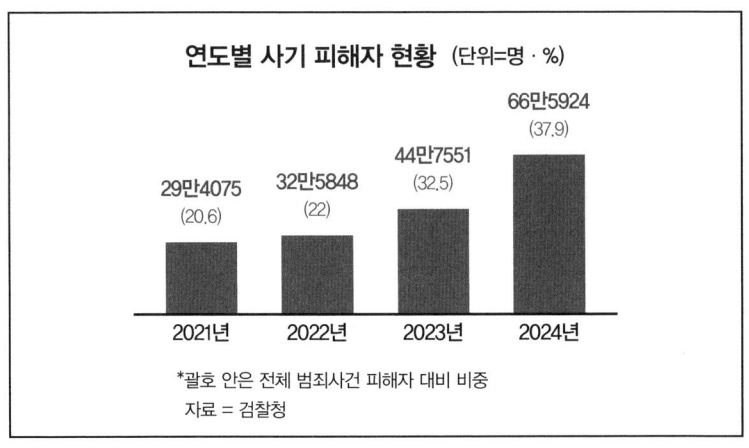

한편 사기 피해자의 특징을 살펴보면 우리의 선입견과 다른 점도 드러납니다. 많은 사람이 '사기는 주로 나이 많은 노인들이 당하는 것'이라고 생각하지만 연령대별 피해 통계는 꼭 그렇지만은 않습니다. 물론 전체적으로 피해액 규모는 4050대 중장년층이 크고, 노년층의 1인당 피해액도 큰 편입니다. 하지만 피해자 수 면에서는 젊은층이 적지 않습니다. 특히 전화금융사기(보이스피싱)의 경우 놀랍게도 20대 이하 청년층 피해자가 가장 많다는 분석도 있습니다. 최근 한 통계에 따르면 검찰·경찰 등 수사기관을 사칭한 보이스피싱 피해자의 74%가 20대인 것으로 나타났습니다. 20대의 사회 경험 부족과 공권력 앞에서 느끼는 압박감 때문에 '수사기관에서 걸려온 전화'라는 말 한마디에 쉽게 겁을 먹고 속는 경우가 많은 것으로 파악되고 있지요. 반면 대출을 미끼로 한 사기에서는 5060대 피해자가 절반 이상을 차지했습니다. 이처럼 사기의 종류에 따라 피해자 풀도 다양하며 젊은층이라고 결코 안전지대가 아님을 통계가 보여 줍니다. 또한 연령뿐 아니라 학력이나 지능도 사기 피해와 큰 상관이 없습니다. 경찰 수사 사례를 보면 박사 학위자, 전문직 종사자들도 사기 피해자가 되곤 합니다. 심지어 경제·금융 분야 종사자나 전문 변호사조차 투자 사기에 속아넘어가는 경우도 있습니다. 이는 누구도 예외가 될 수 없다는 사실을 방증하며, 앞서 언급했듯 "사기 당하는 사람이 정해져 있는 게 아니라 처한 상황이 중요하다"는 심리학자의 지적과 일맥상통합니다.

그렇다면 어떤 유형의 사기가 특히 기승을 부리고 있을까요? 통계에 나타난 주요 사기 범죄의 유형으로는 보이스피싱(전화금융사기), 투자 사기, 인터넷 거래 사기, 로맨스 스캠 등이 있습니다. 그중 보이스피싱은 여전히 큰 비중을 차지하며 진화를 거듭해 여러 하위 유형으로 갈라지고 있습니다. 금융감독원 통계에 따르면 보이스피싱 피해액은 한때 2019년 6천억 원대까지 치솟았다가 정부의 단속 강화로 2020~2022년 잠시 주춤했으나 2023년에 다시 1,965억 원으로 전년 대비 35.4% 급증했습니다. 이는 사기범들이 새로운 수법(메신저 피싱 등)으로 재차 공격을 강화한 결과로 해석됩니다. 투자 사기의 경우 암호화폐 열풍과 맞물려 유사 암호화폐 투자나 가상자산 관련 다단계 사기가 눈에 띄게 증가했습니다. 또한 전세 사기처럼 사회적 이슈가 된 범죄도 통계에 드러나고 있습니다. 2022~2023년 사이 부동산 경기 침체 속에서 세입자들의 보증금을 노린 전세 사기 피해 건수가 급증하여 사회 문제가 되었고, 실제로 수만 명이 피해를 입기도 했습니다. 한편 로맨스 스캠이나 메신저 피싱(지인 사칭 사기)도 꾸준히 증가하는 추세입니다. 전자는 주로 국제적인 사기 조직에 의해 운영되며, 후자는 가족이나 친구 행세를 하며 금전을 요구하는 형태로 발전하고 있습니다.

통계를 볼 때마다 느끼는 것은 사기범들이 노리지 않는 곳이 없다는 것입니다. 노년층이면 노후자금을 청년층이면 취업 걱정이나 학자금 대출 문제를, 주부라면 재택부업이나 쇼핑 사기를, 기업이면 이메일을 통한 거래 대금 사기를 노립니다. 실제로 '한 주에 최소 한 번 이상 사기 시도를 당한다'는 전 세계 소비자가 절반에 가깝다는 조사도 있습니다. 이처럼 사기 시도는 일상화되어가고 피해 통계는 해마다 갱신되고 있습니다. 이를 막기 위해서는 통계에서 얻은 시사점을 적극 활용해야 합니다. 어떤 연령대가 어떤 수법에 취약한지 파악하여 맞춤형 예방 교육을 실시하고 큰 피해가 자주 발생하는 분야에 법적 대응과 감시를 집중해야 합니다.

☕ 독자에게 드리는 조언

통계 수치를 접하다 보면 "이렇게까지 많다고?" 하고 놀랄 때가 한두 번이 아닙니다. 제가 지능수사팀에 근무할 때 처음 전국 사기 피해액 총계를 보고 경악했던 기억이 납니다. 몇 년 전만 해도 연간 수조 원 규모라더니 이제는 수십조 원대라는 겁니다. 그 어마어마한 숫자 뒤에는 하나하나 개인들의 피눈물이 서려 있지요. 한 피해자는 제게 이런 말을 한 적이 있습니다. "형사님, 뉴스에서만 보던 27조 원 피해라는 숫자가, 막상 제가 그중 한 사람이 되고 나니 완전히 다르게 느껴져요. 나는 안 속을 줄 알았는데…." 이 말씀을 들으면서 절감했습니다.

피해 통계 속 숫자는 남의 이야기가 아니라 바로 우리의 이야기일 수 있습니다. 어느 66만 명 중 한 사람이 내 가족이 될 수 있고, 27조 원 중 몇 억 원이 내 재산일 수 있습니다. 그러니 '나는 아닐 것'이라는 방심을 버리고, 내 문제로 인식하라는 것이 제가 드리고 싶은 조언입니다.

또 통계는 취약 지점을 알려 주는 지도와 같습니다. 만약 우리 부모님 세대에 전화 사기가 많다면 가족끼리 미리 대비하고, 내 또래에 투자 사기 피해가 많다면 나 역시 예외가 아님을 명심해야 합니다. 사기 예방 교육을 하러 다니다 보면 가끔 "다 아는 얘기 아니냐"고 반문하는 분들도 계십니다. 하지만 제가 본 바로는 모두 안다고 생각해도 막상 동일한 수법에 당하는 경우가 허다합니다. 숫자가 보여 주는 냉혹한 현실을 외면하지 말고 거기서 교훈을 찾아 미리 조심하는 지혜를 갖추시길 바랍니다.

기술 발전이 가져온 변화

현대의 사기 수법을 논할 때 빼놓을 수 없는 것이 바로 기술의 발전이 가져온 영향입니다. 인터넷, 모바일 기기, 디지털 커뮤니케이션 수단의 발달은 우리 삶을 편리하게 만들었지만 동시에 사기범들에게는 새로운 무기와도 같았습니다. 온라인 시대가 열리면서 사기범들은 더 이상 직접 얼굴을 보지 않고도 타인의 돈을 빼앗을 수 있게 되었습니다. 이메일 한 통이면 전 세계 누구에게든 접근할 수 있고, 피싱 사이트 하나면 수천 명의 개인정보를 훔쳐낼 수 있습니다. 예전에는 한 장소에서 한 명씩 상대로 해야 했던 사기가 이제는 동시에 수만 명에게 시도될 수 있게 된 것입니다. 특히 익명성과 원격성은 사기범의 안전장치 역할을 했습니다. 얼굴을 마주보지 않는 온라인 거래에서는 상대의 표정이나 말투만으로 진위를 파악하기 어렵고 설령 사기당해도 범인이 해외에 숨어 버리면 잡아내기 힘듭니다. 기술 발전은 이렇게 사기의 스케일과 은닉성을 비약적으로 높여 놓았습니다.

구체적으로 살펴보면 정보통신기술(ICT)의 각 단계 발전마다 새로운 유형의 사기가 등장했습니다. 인터넷 보급기였던 1990년대 후반에는 이메일을 활용한 피싱 사기가 본격화했습니다. "당신이 복권에 당첨됐다"거나 "해외 부자가 유산 상속 대행인을 찾는다"는 이메일 스팸은 한때 누구나 받은 적이 있을 정도로 흔했습니다. 이어서 2000년대에 휴대전화와 문자 메시지가 대중화되자 스미싱(SMS 피싱) 수법이 나타났습니다. 이는 문자에 악성 앱 링크를 보내 클릭하면 개인정보를 탈취하거나 소액결제를 유도하는 방식으로 이동통신 기술의 사기 악용 사례였습니다. 같은 시기 등장한 보이스피싱은 인터넷 전화(VoIP) 기술로 발신번호를 조작하고 국내 전화인 것처럼 가장하여 피해자를 속이는 수법이었습니다. 초기에 보이스피싱은 주로 검찰, 경찰 등 권위기관을 사칭하거나 '대출 가능'을 미끼로 전화하는 단순 수법이었지만 점차 메신저 피싱, 대출 빙자형 등으로 다양해졌습니다. 기술이 발전할수록 시나리오도 정교해져 이제는 가족이나 지인의 실제 카카오톡 계정을 해킹한 뒤 그 사람인 척 돈을 요구하는 단계에 이르렀습니다. 메신저 사기의 경우 상대방 프로필 사진과 말투까지 흡사하게 흉내내기 때문에 잠깐 방심하면 정말 내 아버지나 자녀가 급전이 필요한 줄 알고 송금하게 됩니다.

소셜미디어(SNS)의 확산도 사기범들에게 절호의 기회를 주었습니다. SNS에는 사람들의 개인정보와 일상이 적나라하게 드러나 있기 때문에 사기범들은 이를 사전 정보 수집에 활용합니다. 예를 들어 로맨스 스캠을 벌일 때도 상대 프로필을 훑어보고 관심사나 직업을 파악한 뒤 맞춤형 접근을 합니다. 또한 SNS상에는 신분을 속이기가 상대적으로 쉬워서 사기범들이 가짜 프로필로 활동하기에 안성맞춤입니다. 잘생긴 외모의 사진과 그럴듯한 직업 이력을 도용하여 몇 개월간 신뢰를 쌓으면 상대방은 화면 너머 사람이 진짜 그런 줄로 믿게 됩니다. 한 중년 여성은 페이스북에서 알게 된 외국인 남성과 연인 사이로 발전했는데 그 남성이 사실은 국제 사기조직이 만들어 낸 허구의 인물이었다는 것을 뒤늦게 알았습니다. 그 남성은 자신을 미군 장교라 소개하며 외로움을 달래 준다고 꾸준히 연락해 심리적으로 의존하게 만든 뒤 어느 날 갑자기 "작전지역을 떠나려면 수수료가 필요하다"는 등 핑계를 대며 돈을 요구했습니다. 그녀는 수차례에 걸쳐 노후자금 수천만 원을 송금했고 그제야 수상함을 느꼈지만 이미 늦은 뒤였습니다. 이렇듯 SNS와 국제 송금 수단의 발달은 국내외를 넘나드는 로맨스 스캠을 폭증시켰습니다.

최근 가장 큰 화두는 단연 인공지능(AI)과 딥페이크 기술입니다. 몇 년 전만 해도 사기범들이 전화로 울음 섞인 목소리를 흉내 내 "엄마 나야" 하고 속이는 수준이었는데 이제는 AI로 실제 가족의 목소리를 정교하게 모방하는 단계가 되었습니다. 2023년 해외에서 보도된 한 사례를 보면 사기범이 어린 딸의 목소리를 딥페이크로 생성하여 "엄마, 납치당했어. 살려 줘"라고 전화를 걸어 부모에게서 거금을 뜯어냈습니다. 불과 30초 정도 SNS에 올린 영상에서 음성 데이터를 뽑아 가짜 목소리를 만들었다고 하니 피해자 부모로서는 그 목소리가 가짜라고 상상하기 어려웠을 것입니다. 또 다른 신종 수법으로는 딥페이크 영상 통화 사기도 있습니다. 얼굴 합성 기술을 이용해 영상 통화에서 마치 본인인 것처럼 얼굴을 보여 주며 돈을 요구하는 식입니다. 예컨대 해외에 있는 자녀가 영상통화로 "피곤해서 그러니 돈 좀 보내 달라"고 하는 모습까지 진짜처럼 연출한다면 부모 입장에서는 거의 속을 수밖에 없습니다. 이러한 AI 기반 사기는 아직 초기 단계지만 기술 발전 속도를 보면 머지않아 대량으로 범행에 악용될 가능성이 높습니다.

다행히도 이에 대응하기 위한 기술적·제도적 노력도 시작되고 있습니다. 딥페이크를 잡아내기 위해 눈 깜빡임 패턴이나 영상 프레임 이상을 분석하는 연구가 이루어지고 있고 금융권에서도 AI 사기 탐지 시스템을 도입하려 하고 있습니다. 여러 나라에서 딥페이크 범죄를 처벌하는 법규를 마련했고, 국제 공조를 통해 관련 범죄자를 추적하는 작업도 논의되고 있습니다. 그러나 무엇보다 중요한 것은 대중의 경각심과 교육입니다. 새로운 사기 수법이 나타날 때마다 언론과 공공기관을 통해 '속지 않기 위한 교육'을 강화해야 합니다. '영상통화라고 해서 다 믿지 말 것', '전화로 돈 요구하면 바로 끊고 확인할 것', '유명인이 돈 버는 비법을 알려 준다는 광고는 무조건 의심할 것' 등 구체적인 예방 수칙을 널리 전파할 필요가 있습니다. 특히 기술에 익숙지 않은 노년층에는 이러한 디지털 사기 대처법을 반복적으로 교육해야 합니다.

기술이 발전해도 사기의 본질은 변하지 않는다는 점을 우리는 기억해야 합니다. 결국 사기란 '신뢰를 가장한 거짓으로 이득을 취하는 행위'일 뿐입니다. 아무리 새로운 기법이 나오더라도 사기범은 여전히 우리의 신뢰를 파고듭니다. 이메일이든 문자든 영상이든 내용을 곧이곧대로 믿지 않고 교차 검증하는 습관이 중요합니다. 그리고 "너무 좋은 제안일수록 의심하라"는 오래된 격언은 AI 시대에도 유효합니다. "원금 보장 고수익"이나 "한번에 빚 탕감" 같은 달콤한 말을 듣는다면 첨단 기술을 운운하더라도 일단 경계해야 합니다.

그래서 늘 강조합니다. "의심스러우면 직접 확인하라." 아무리 그럴듯해 보여도 돈 거래를 하려 한다면 한 번 더 본인 확인을 하는 수고를 아끼지 마세요. 예를 들어 전화로 경찰이라 하면 전화를 끊고 직접 112에 문의하고 지인이 돈을 요구하면 다른 연락 수단으로 사실을 확인하는 것입니다. 또한 가족 간에도 합의를 해

> ### ☕ 독자에게 드리는 조언
>
> 2025년, AI 시대를 살다 보니 어제의 상상이 오늘의 현실이 되는 것을 자주 경험합니다. 10년 전만 해도 "설마 영상통화 얼굴까지 속일 줄이야" 했는데 이제는 그런 사건이 벌어지고 있으니까요. 저도 최근에 딥페이크 음성 사기 제보를 받으며 피해자와 통화를 하면서 등골이 서늘했습니다. 피해자의 목소리가 흥분되어 있어서 무슨 일이냐 했더니 "분명 우리 딸아이 목소리가 맞아서 의심을 못했다"며 오열하시더군요. 결국 AI가 부모의 보호 본능을 교묘히 파고들지요. 기술 발전을 범죄에 악용하는 사기범들의 악랄함에 분노를 느끼면서도 한편으로는 우리가 대비하지 않으면 언제든 당할 수 있다는 두려움도 들었습니다. 그래서 늘 강조합니다. "의심스러우면 직접 확인하라." 아무리 그럴듯해 보여도 돈 거래를 하려 한다면 한 번 더 본인 확인을 하는 수고를 아끼지 마세요. 예를 들어 전화로 경찰이라 하면 전화를 끊고 직접 112에 문의하고 지인이 돈을 요구하면 다른 연락 수단으로 사실을 확인하는 것입니다. 또한 가족 간에도 합의를 해두는 게 좋습니다. "전화나 메시지로 돈 부탁하는 일은 없을 것이다. 그런 연락이 오면 바로 의심하자"고 약속해 둡시다. 기술이 발달할수록 원초적인 인간적 소통과 신뢰 확인 방법이 마지막 보루가 될 수 있습니다. 저는 피해자에게 "따님이

> 직접 영상통화를 걸어왔어도, 이상한 요구를 하면 반드시 본인이 맞는지 다른 질문을 해보라"고 조언해 드렸습니다. 여러분께도 같은 말씀을 드리고 싶습니다. 기계가 꾸며낸 거짓에 속지 않도록 사람이 직접 확인하고 의심하는 지혜를 가지세요.

사기꾼들의 글로벌 네트워크

오늘날 사기 범죄의 또 다른 특징은 국경을 넘나드는 글로벌 네트워크화입니다. 인터넷으로 전 세계가 연결된 만큼 사기범들도 특정 국가에 한정되지 않고 국제적으로 활동합니다. 예를 들어 한국에서 발신되는 보이스피싱 전화라고 해도 실제로는 중국이나 동남아 국가에서 걸려 오는 경우가 대다수입니다. 통계에 따르면 국내에서 신고되는 전화 금융사기의 94%는 중국발 전화로 조사되었고, 나머지도 태국, 베트남, 캄보디아 등이 주요 발신지로 지목됩니다. 실제로 2020년대 들어 한국 경찰에 붙잡힌 보이스피싱 조직원들의 상당수는 해외 현지에서 콜센터를 운영하거나 총책 지시에 따라 움직이던 이들이었습니다. 이런 조직은 국적도 구성도 국제적입니다. 최근 검거된 한 조직은 외국인 총책을 정점으로 한국인 관리자와 현지인 상담원들이 역할을 분담하여 기업처럼 체계적으로 움직였습니다. 하부 조직원들은 합숙교육까지 받으며 성과급 제도까지 갖춘 '범죄기업' 형태였지요.

　사기범들의 글로벌 네트워크는 로맨스 스캠 사례에서도 찾아볼 수 있습니다. 흔히 아프리카나 동유럽 등에 거점을 둔 연애 사기 조직들은 가상의 인물을 내세워 전 세계 피해자들을 노립니다. 이들은 수십 명의 조직원이 대형 콜센터처럼 컴퓨터 앞에 앉아 여러 피해자와 동시다발로 연애 편지를 주고받습니다. 인터폴 보고서에 따르면 이러한 국제 로맨스 스캠 조직의 피해 신고는 전 세계적으로 수십만 건에 이르고 피해액은 수억 달러 규모로 추산됩니다. 한국에서도 SNS를 통해 접근해 오는 연애 사기의 배후에는 주로 해외 조직이 있으며 피해금 역시 해외로 송금되는 경우가 많습니다. 또한 메신저 피싱에서도 국내에서 온 메시지로 보여도 알고 보면 해외 해커 조직이 연관된 일이 있습니다. 가령 북한 해커들이 국내 이메일 계정을 해킹해 그 정보를 제3국의 보이스피싱 조직과 거래하고 그 조직이 다시 한국인인 척 접근하는 식입니다. 이러한 검은 커넥션은 일반 피해자 입장에서는 알아채기 어렵지만 실제 사건을 수사해 보면 실타래처럼 여러 나라가 뒤엉켜 있는 경우가 많습니다.

　글로벌 사기 네트워크의 가장 큰 문제는 법의 손길이 미치기 어렵다는 점입니다. 사기범들은 수사망을 피하기 위해 국가 간 경계를 악용합니다. 국내 공범들은 붙잡혀도 해외에 도피한 총책은 끝까지 추적하기 힘든 게 현실입니다. 일례로 한국 경찰이 5년 넘게 추적한 끝에 해외 도피 중이던 보이스피싱 총책을 검거한 사례가 최근 보도되기도 했습니다. 그러나 이런 경우는 드뭅니다. 경찰청 통계에 따르면 보이스피싱 수사에서 조직의 윗선(총책 등)까지 검거되는 비율은 2.2%에 불과합니다. 나머지 97% 넘는 경우는 돈을 인출한 말단 가담자나 현장에서 붙잡힌 조직원만 처벌받고 정작 주범은 해외에 숨어 버립니다. 이는 해당 국가의 협조 없이는 잡을 방법이 없기 때문입니다. 인터폴 적색수배를 내려도 상대국이 적극적으로 나서 주지 않으면 그만입니다. 실제로 중국, 동남아 일부 국가는 "자국민 피해가 아니라면 우선순위가 낮다"는 이유로 우리 측 공조 요청에 소극적인 경우가 많다고 합니다. 그러니 사기범들이 굳이 위험을 무릅쓰고 국내에 머물 이유가 없겠지요. 이처럼 국제 공조의 한계는 사기범들에게 '범죄의 천국'을 제공하고 있습니다.

더불어 글로벌 네트워크는 자금세탁과 은닉을 용이하게 합니다. 피해자로부터 탈취한 돈은 곧장 해외로 송금되거나 암호화폐로 바뀌어 흔적을 감춥니다. 한 번 국외로 빠져나간 돈을 다시 추적해 환수하는 일은 지극히 어려운 일입니다. 각국의 금융 시스템 차이를 악용하여 자금을 쪼개고 옮기면 설령 범인을 잡아도 돈은 이미 증발한 뒤이기 일쑤입니다. 그래서 경찰에서도 "사기 피해 금액은 회복이 거의 불가능하므로 예방이 최선"이라고 누누이 강조합니다.

이런 이유로 국제 공조의 필요성에 대한 목소리가 높아지고 점차 협력도 강화되는 추세입니다. 동남아에서 한국인 사기 조직원들이 많이 활동하자 우리 경찰은 태국, 필리핀 등에 코리안 데스크를 파견해 현지 경찰과 합동 단속을 벌이고 있습니다. 최근 몇 년 사이 캄보디아, 베트남 등지에서 우리 국민 대상 보이스피싱 조직원들이 대거 검거되어 송환된 사례도 나오고 있습니다. 또한 국제 공조 수사를 통해 유럽에 거점을 둔 해킹·피싱 조직이 적발되기도 했습니다. 이러한 노력이 성과를 거두려면 무엇보다 각국 정부의 인식 전환이 필요합니다. '남의 나라 사람 돈 훔치는 범죄도 결국 세계 전체의 신뢰를 무너뜨린다'는 인식 하에 공조해야 사기범들이 숨을 곳을 잃게 될 것입니다.

> ### ☕ 독자에게 드리는 조언
>
> 국제 사기를 수사할 때마다 한 사람을 속이는 데 이렇게 많은 국경과 인력이 동원되는구나 하고 놀랍니다. 예전에 보이스피싱 조직을 추적하면서 알게 된 사실인데 한국인 20대 청년이 중국에 건너가서 콜센터 상담원 노릇을 하고, 그 지시를 내린 총책은 중국인이며, 돈을 세탁하는 건 또 다른 나라의 공범들이 맡고 있었습니다. 이쯤 되면 "사기 공화국"이라는 말이 현실로 존재하는 듯했습니다. 너무 조직적이고 분업화되어 있어 마치 국제 기업을 상대하는 기분이 들 정도였습니다. 그래서 피해자들에게 설명을 드릴 때면 저도 답답합니다. "범인이 해외에 있어서 잡기 어렵습니다"라고 말씀드릴 수밖에 없을 때가 많죠. 어떤 분은 "형사님이 경찰인데 왜 못 잡아요!" 하고 울분을 터뜨리기도 합니다. 그런 심정을 이해하고도 남습니다만, 현실의 수사 권한에는 한계가 있습니다. 제가 해외까지 가서 수사권을 행사할 수는 없으니까요. 이러한 한계를 절감할 때마다 제 머릿속에는 한 가지 확신이 떠오릅니다. "역시 예방이 답이다." 잡아서 처벌하는 데 물리

적 제약이 이렇게 크니 애초에 당하지 않도록 경계를 하는 게 최선이라는 뜻입니다. 글로벌 사기 조직은 갈수록 진화하고 거대해지고 있습니다. 개인이 그 거미줄에 걸려들면 국가의 힘으로도 구해 내기 어려운 게 지금 현실입니다. 그러니 자신을 지킬 수 있는 건 결국 자신뿐입니다.

평소 해외로 돈 보내라는 요구나 국제 전화로 걸려 오는 긴급한 부탁에는 무조건 한 번 더 생각하세요. 저 같은 경찰관이 나중에 "죄송합니다" 하지 않도록 여러분 스스로 "내 돈은 내가 지킨다"는 각오로 글로벌 사기의 덫을 피해 가시기 바랍니다. 오늘도 전 세계 어딘가에 있는 사기범들은 인터넷 너머로 새로운 희생양을 물색하고 있습니다. 그 목표가 내가 되지 않도록 부디 경계를 늦추지 말아 주십시오.

Part 2

사기, 현실의 얼굴 :
다양한 사기 유형과 실제 사례

6장
[에피소드]
전화 한 통의 함정 – 보이스피싱의 진화

대한민국에서 가장 흔하게 벌어지는 사기 중 하나는 보이스피싱입니다. 전화 한 통으로 사람의 판단력을 마비시키고 순식간에 거액을 가로채는 수법이죠. 그러면 경험담과 실제 사례를 통해 보이스피싱 범죄자들이 어떻게 한 통의 전화만으로 사람을 현혹하여 금전을 빼앗는지 살펴보겠습니다. 또한 이러한 범죄에 피해자가 빠져드는 심리와 그 배후의 조작 기법을 분석하고, 나아가 진화하는 보이스피싱 수법에 대응하기 위한 지혜를 찾아보겠습니다.

에피소드 1 :
70대 노신사 – 검찰 사칭 전화 사건

하루는 70대의 노신사 김모 씨가 시내 은행 창구를 찾았습니다. 잔뜩 긴장한 표정의 김 씨는 통장에 든 전 재산을 현금으로 인출해 달라고 요청했습니다. 창구 직원은 깜짝 놀랐지만 차분히 용도를 여쭈었습니다. 김 씨는 횡설수설하며 "집 수리비가 필요하다"고 둘러댔지만 목소리는 불안으로 떨렸습니다. 거액의 예금을 갑자기 찾는데다 노신사의 태도가 심상치 않다고 느낀 은행원은 보이스피싱을 직감했습니다.

은행원이 조심스럽게 추가 질문을 드리자 김 씨는 마지못해 "검찰청에서 전화를 받았다"고 털어놓았습니다. 며칠 전 집 전화로 검찰 수사관을 자칭하는 사람이 연락해 왔다는 것입니다. "김○○님 계좌가 범죄에 연루되었습니다. 지금 당장 돈을 인출해 안전계좌로 옮기지 않으면 모두 몰수당합니다." 상대방은 이렇게 김 씨를 다그쳤습니다. 처음엔 의아한 마음도 들었지만 전화를 건 남성은 친절하면서도 단호한 말투로 신분증 번호와 가짜 사건번호까지 대며 자신의 신뢰성을 강조했습니다. 깜짝 놀란 김 씨가 "어떻게 하면 되느냐"고 묻자, 그는 김 씨의 모든 예금을 찾아서 지정된 계좌로 보내라고 지시했습니다. 김 씨가 망설이자 전화 속 남성은 목소리를 낮춰 이렇게 말했습니다. "김 선생님, 지금 저희가 도와드리는 겁니다. 이걸 이행하지 않으시면 김 선생님도 공범으로 체포될 수 있습니다." 김 씨는 두려운 마음에 결국 지시에 따르기로 결정했습니다. 이틀 내로 돈을 옮기지 않으면 큰일난다는 협박에 극도의 불안을 느꼈고, 자신의 평생 모은 재산을 지키려면 시키는 대로 해야 한다고 믿었습니다.

그렇게 김 씨는 전화를 끊자마자 은행으로 달려온 것이었습니다. 사기범은 "은행 직원에게는 말하지 말라, 이 건은 극비 수사"라고 당부했기 때문에 김 씨는 주변 누구의 도움도 구하지 못하고 혼자 속수무책으로 행동할 수밖에 없었습니다. 다행히 은행원의 기지 덕분에 김 씨의 돈은 간발의 차로 지켜졌습니다. 은행원은 김 씨를 진정시키며 시간을 끄는 동시에 몰래 경찰에 신고했습니다. 잠시 후 지구대 경찰관들이 은행에 도착했고, 통화 내용을 들은 뒤 사기가 분명함을 확인했습니다. 경찰관은 "검찰에서 절대 이런 방식으로 돈을 직접 요구하지 않는다"며 김 씨를 안심시켰습니다. 비로소 자신이 속을 뻔했다는 사실을 깨달은 김 씨는 그 자리에 주저앉으며 안도의 한숨을 내쉬었습니다. "아차 했으면 큰일 날 뻔했구나…" 노신사의 얼굴에는 안도와 함께 깊은 허탈감이 교차했습니다.

피해자의 심리

김 씨는 평생 사기를 당해 본 적 없고, 본인은 그런 일과 거리가 멀다고 믿어온 분이었습니다. 그러나 '검찰'이라는 말 한마디에 그 믿음은 여지없이 흔들리고 말았습니다. 국가 기관을 사칭한 전화를 받자 김 씨는 순식간에 죄책감과 두려움에 사로잡혔습니다. "내 통장이 범죄에 연루되었다"는 통보를 들었을 때 혹시 자신이 알지 못하는 사이에 큰 잘못에 휘말린 건 아닌지 혼란스러웠던 겁니다. 평소 법을 잘 지켜온 선량한 시민일수록 이런 상황에서는

"나는 결백하다, 빨리 오해를 풀어야 한다"는 생각에 조급해지기 마련입니다. 김 씨 역시 바로 그 심정이었습니다. 자신이 억울하게 범법자가 될지도 모른다는 공포에 냉정한 판단력을 잃고 전화를 건 상대가 제시하는 '해결책'에 매달릴 수밖에 없었습니다.

또한 김 씨 세대에게 검찰, 경찰 같은 권위는 절대적으로 신뢰해야 하는 대상이었습니다. 전화 속 사람이 비록 한 번도 만나 보지 못한 낯선 이였지만, 스스로 "검찰청 ○○과장"이라고 밝힌 순간 김 씨의 마음 한켠에는 "설마 검찰이 거짓말을 하겠어?"라는 막연한 신뢰가 생겨버렸습니다. 사기범은 바로 그 심리를 파고들었습니다. 김 씨가 완전히 믿지 않을까 봐 사기범은 전화 통화 내내 김 씨를 친절하게 "김 선생님"이라고 부르며 예우를 갖췄습니다. 그러다 김 씨가 조금이라도 망설이는 기색을 보이면 갑자기 목소리를 굳게 바꾸어 "지금 협조하지 않으시면 체포됩니다"라고 압박했습니다. 이렇게 친절과 위압 사이를 교묘히 오가며 김 씨가 순종적인 태도를 유지하도록 유도하였습니다.

한편으로 김 씨는 자신의 노후 자금을 지켜야 한다는 절박감에 시달리고 있었습니다. "범죄 조직에 내 돈이 넘어갈 수도 있다"는 말에 크게 동요한 그는 어떻게든 전 재산을 보호해야 한다는 생각뿐이었습니다. 사기범은 "안전계좌로 옮기면 지켜드리겠다"고 거듭 강조하며 김 씨를 안심시키는 척했습니다. 김 씨 입장에서는 그 말에 마지막 희망을 걸었던 셈입니다. 지금 돌아보면 터무니없는 지시였지만 공포와 불안에 압도된 순간에는 합리적 의심을 하기 어려웠던 것입니다.

심리학적 해설

이 사례는 보이스피싱 범죄자들이 피해자의 심리를 어떻게 조종하는지를 잘 보여 줍니다. 첫째, 권위 남용 효과입니다. 사기범은 '검찰청'이라는 권위를 내세워 피해자의 복종 심리를 끌어냈습니다. 사람은 권위 있는 대상의 말에는 평소보다 이성을 잃고 따르기 쉽습니다. 특히 김 씨처럼 법을 준수해 온 분일수록 "정부 기관에서 시키는 대로 해야지"라는 생각에 맹목적으로 협조하게 될 수 있습니다. 둘째, 공포 유발과 긴급성입니다. "범죄 연루", "몰수당한다", "체포된다" 등 자극적인 단어를 사용해 극도의 공포심을 불러일으키고 '지금 당장' 행동하라고 몰아붙였습니다. 이러한 심리적 압박 아래에서는 누구라도 순간적으로 판단력이 흐려질 수밖에 없습니다. 실제 심리 연구에 따르면 갑작스런 위기 상황에서는 인간의 뇌가 이성적 사고보다 감정적 대응에 치우치기 쉽다고 합니다. 사기범들은 바로 그 순간의 허점을 노리는 것입니다.

또한 이 사기범은 김 씨에게 주변에 알리지 말라고 당부했습니다. 이러한 고립 전략 역시 전형적인 수법입니다. 피해자가 가족이나 은행 직원 등 객관적인 조언을 받을 기회를 원천 차단함으로써 오로지 사기범의 지시만 따르게 만듭니다. 김 씨가 끝까지 속았더라면 결국 홀로 돈을 인출해 사기범이 알려준 계좌로 송금했을 가능성이 큽니다. 다행히 은행원이 눈치를 채는 바람에 이 고립 전략이 깨졌지만 그렇지 않았다면 김 씨는 자신의 전 재산을 잃고 말았을 것입니다.

"설마 내가 속겠어?" 하는 생각은 누구나 하지만 막상 이런 상황에 놓이면 속기 쉽습니다. 사기범들은 피해자의 '진실편향'도 교묘히 이용합니다. 진실편향이란 특별한 의심거리가 없으면 상대방을 믿는 인간의 경향을 말합니다. 김 씨도 전화를 건 사람이 조목조목 설명을 늘어놓자 그 말을 사실로 받아들이는 편이 훨씬 자연스러웠던 것입니다. 게다가 "당신을 도와주려 한다"는 말에 그나마 안도하며 상대를 믿고 싶은 마음이 들었겠지요. 결국 믿음이 생기는 순간 사기의 덫이 덥석 채워진 것입니다.

> ### ☕ 독자에게 드리는 조언
>
> 이 경우는 은행원의 기지로 피해를 막은 사례입니다. 아무리 권위 있는 사람의 말처럼 들려도 전화로 금전을 요구하면 일단 의심부터 하십시오. 수사기관이나 공공기관은 어떠한 경우에도 직접 전화를 걸어 자금 이체를 요구하지 않는다는 것을 명심하시기 바랍니다. 순간의 두려움에 넘어가 판단을 상대에게 맡기지 말고, 반드시 전화를 끊은 후에 해당 기관의 공식 번호로 다시 연락해 사실 여부를 확인하시는 것이 최선입니다. 가족이나 지인, 혹은 은행 직원에게 상황을 알리고 도움을 청하는 용기도 필요합니다. 불안감을 조성하는 낯선 전화는 그 자체로 의심해야 마땅하며, "설마 검찰이 거짓말하랴" 하는 선입견을 경계해야 합니다. 어떠한 상황에서도 여러분 자신의 재산은 여러분 스스로 지켜야 한다는 점을 기억해 두세요.

에피소드 2 :
딥보이스 납치 - AI 음성 변조 협박 사례

평범한 주부 박모 씨(55세)는 어느 날 저녁 집에서 휴식을 취하던 중 뜻밖의 전화를 받았습니다. 발신 번호는 낯선 휴대전화 번호였지만 마침 멀리 떨어져 지내는 딸을 생각하고 있던 참이라 혹시 딸일지도 모른다는 생각에 서둘러 전화를 받았습니다. "여보세요?" 박 씨가 인사했을 때 수화기 너머에서는 다급하고 떨리는 딸의 목소리가 들려왔습니다. "엄마! 나… 나 지금…" 이어지는 흐느끼는 음성은 분명 박 씨의 딸과 똑같았습니다. 순간 박 씨의 심장이 철렁 내려앉았습니다. 무슨 큰일이 벌어진 게 틀림없었습니다. 곧바로 전화 속 목소리가 바뀌더니 이번에는 거친 남성의 음성이 들렸습니다. "지금 너희 딸을 붙잡고 있다. 돈을 준비해라." 박 씨는 숨이 멎을 듯한 공포를 느끼며 소리쳤습니다. "우리 애한테 무슨 짓을 한 거예요! 제발 다치게 하지 말아 주세요." 남성은 차갑게 웃으며 협박을 이어갔습니다. "지금 당장 1억 원을 마련해. 경찰에 알리면 너희 딸부터…" 끔찍한 말이 이어지자 박 씨의 손에서 전화기가 떨어질 뻔했습니다.

박 씨는 머리가 하얘졌지만 어떻게든 딸을 구해야 한다는 일념밖에 없었습니다. 가해자는 전화를 끊지 말라고 지시하며 박 씨에게 돈을 이체할 계좌번호를 불러 주었습니다. "지금 당장 보내. 늦으면 네 딸 목숨 장담 못해." 박 씨는 두려움에 떨며 허둥지둥 스마트폰 뱅킹 앱을 열었습니다. 손가락이 떨려서 비밀번호 입력조차 쉽지 않았습니다. 머릿속에서는 딸의 울먹이는 목소리가 계속 맴돌았습니다. '엄마, 나 지금…' 가해자는 통화 내내 전화기를 끊지 않은 채 "빨리!"를 외쳐 댔습니다. 박 씨는 눈물까지 흘리며 간신히 이체 정보를 입력하기 시작했습니다.

그때 문득 박 씨의 머리를 스치는 생각이 있었습니다. '딸아이는 오늘 친구들과 여행을 갔는데…' 딸의 일정이 어렴풋이 기억났습니다. 설마 하는 마음에 박 씨는 용기를 내어 가해자에게 말했습니다. "우리 딸 바꿔주세요, 제대로 목소리를 듣게." 그러나 상대는 "말이 많으면 진짜 죽여 버린다"며 욕설을 퍼부을 뿐이었습니다. 이 순간 박 씨는 왠지 모르게 통화 내용이 어색하다는 느낌을 받았습니다. 처음 들었던 딸의 음성은 너무 짧았고 울먹이는 탓에 확실히 알아듣기도 어려웠습니다. 반면 협박범의 목소리는 처음부터 지나치게 침착하고 기계적인 느낌마저 들었습니다. 박 씨는 혹시나 하는 마음에 딸의 휴대전화 번호로 재빨리 전화를 걸어 보았습니다. 물론 가해자는 "전화를 끊으면 딸을 가만두지 않겠다"고 경고했지만 박 씨는 거의 반사적으로 통화를 종료하고 딸에게 다시 전화를 걸었습니다.

신호음이 몇 차례 울리고 마침내 딸이 전화를 받았습니다. "엄마, 왜?" 상기된 목소리였지만 다행히 딸은 아무 일 없이 안전했습니다. 사실 딸은 친구들과 함께 여행지에 있었고, 아까 잠시 휴대폰 신호가 안 터져 연락이 닿지 않았을 뿐이었습니다. 박 씨는 그제야 자신이 당할 뻔한 일이 사기였음을 깨달았습니다. 다리가 풀린 그는 그 자리에 주저앉아 한동안 통곡하고 말았습니다. 만약 아까 가해자의 말을 그대로 따랐다면 큰돈을 송금하고도 평생 후회할 뻔한 상황이었습니다. 이윽고 정신을 차린 박 씨는 남편의 도움으로 경찰에 이 사실을 신고했습니다. 경찰은 박 씨에게 "최근 AI 음성 변조 기술을 악용한 신종 사기"라며 다행히 송금을 완료하기 전에 전화를 끊어 피해를 막은 것은 매우 현명한 판단이었다고 설명했습니다. 박 씨는 "분명 딸 아이 목소리였는데, 세상에 이런 일도 있군요"라고 믿기지 않는다는 듯 중얼거렸습니다.

피해자의 심리

박 씨가 전화를 받았을 때 들은 울먹이는 딸의 목소리는 그 어떤 증거보다도 강력한 "믿음의 근거"가 되어 버렸습니다. 눈에 보이지 않아도, 직접 목격하지 않아도, 사랑하는 가족의 목소리를 들었다는 사실 하나만으로 박 씨는 모든 것을 믿어 버릴 수밖에 없었던 것입니다. 청각은 우리 인간에게 매우 강력한 신뢰 자극이 됩니다. 특히 가까운 이의 목소리는 작은 음색만 비슷해도 즉각적으로 알아챌 만큼 익숙하기에 박 씨는 전화 속 음성이 딸이라고 확신했습니다. 가슴을 에는 듯한 딸의 울음소리를 듣는 순간 평소 침착하던 박 씨도 완전히 이성적 판단력을 상실하고 말았습니다. "어떻게든 딸을 살려야 한다"는 본능적인 모성애 외에는 어떤 생각도 할 수 없었습니다.

또한 박 씨는 가해자의 협박에 극심한 공포를 느꼈습니다. 일생 처음으로 누군가의 목숨을 담보로 협박당하는 상황에 처하자 심장이 얼어붙고 정신이 혼미해질 정도의 충격을 받았습니다. 인간은 이렇듯 가까운 사람의 위험을 목격하거나 상상할 때 자신의 일보다 더 크게 두려움을 느끼게 마련입니다. 이처럼 강렬한 정서적 자극 앞에서는 합리적인 의심이나 판단이 뒷전으로 밀리게 됩니다. 박 씨 역시 딸의 안전을 걱정하는 마음에만 사로잡혀 "혹시 사기일지도 모른다"는 의심을 거의 하지 못했습니다. 더구나 가해자는 경찰에 알리거나 전화를 끊지 말라고 엄포를 놓아 박 씨로 하여금 다른 대안적 행동을 생각조차 못하게 만들었습니다. 이는 피해자가 오직 가해자의 요구만 따르도록 몰아가는 전형적인 심리 조작 기법입니다.

심리학적 해설

이 사례는 첨단 기술을 활용한 보이스피싱 수법이지만 그 본질은 예전부터 있어온 가족 납치 협박 사기와 크게 다르지 않습니다. 사기범들은 피해자의 가족 사랑과 보호 본능을 악용한다는 공통점이 있습니다. 다만 과거에는 전혀 다른 목소리로 "네 아들을 붙잡고 있다"는 식의 전화를 걸어왔기에 비교적 의심을 사기 쉬웠습니다. 피해자가 그 전화를 받고도 "우리 애 목소리를 들려 달라"고 요구하면 사기범이 버벅대거나 억지로 아이 목소리를 흉내 내다 들통나는 경우도 종종 있었습니다. 그러나 이제는 AI 기술로 실제 목소리를 흉내내는 단계에 이르렀습니다. 인터넷에 공개된 동영상이나 음성 파일에서 목소리 샘플을 추출해 학습시키면 불과 몇 초 분량 음성만으로도 특정인의 목소리 톤과 억양을 거의 그대로 재현할 수 있다고 합니다. 이번 사례에서 박 씨가 들은 것도 아마 딸의 실제 음성을 정교하게 합성한 '딥보이스'였을 가능성이 높습니다. 즉 기술 발전으로 사기 수법의 그럴듯함이 이전과는 비교가 되지 않을 만큼 높아졌습니다.

청각 신뢰성에 대한 연구를 보면 사람들은 글로 읽는 정보보다 직접 들은 목소리 정보를 훨씬 더 진실하게 받아들이는 경향이 있다고 합니다. 사기범들이 전화라는 수단을 집요하게 활용하는 이유도 여기에 있습니다. 목소리만 듣고도 우리는 상대에 대한 친밀감과 신뢰를 형성하기 쉽습니다. 전화 사기는 이러한 인간 심리, 즉 "소리는 곧 진실"이라는 착각을 악용합니다. 하물며 이번 사례처럼 그 목소리가 하필 가족의 음성으로 들려 왔다면 피해자가 빠져나오기는 거의 불가능에 가깝습니다. 극도로 동요한 상태에서는 설령 몇 가지 수상한 점이 보이더라도 이를 논리적으로 검토하기 어렵습니다. 박 씨도 뒤늦게나마 딸의 일정이나 가해자의 말투에서 위화감을 느끼고 용감하게 전화를 끊어 확인했기에 망정이지 그렇지 않았다면 생각만 해도 끔찍한 결과로 이어졌을 것입니다.

또 한 가지 이 사례는 보이스피싱 수법의 진화를 단적으로 보여줍니다. 예전에는 어눌한 한국어로 "여보세요, 나 경찰인데…" 하고 070 번호로 걸려 오던 서투른 사기 전화들이 있었습니다. 그러나 그런 단순 수법의 시대는 이미 지났습니다. 오늘날의 보이스피싱 조직들은 국제적으로 움직이며 심지어 한국어 구사에 능통한 인력을 고용하거나 AI 음성 합성 기술을 총동원하고 있습니다. 전화를 받는 피해자로서는 겉으로 드러나는 수상한 단서가 점점 줄어들고 있는 것입니다. 발신 번호도 교묘히 조작되어 해외에서 걸려 온 전화가 지역번호나 휴대전화 번호로 표시되기도 합니다. 그러니 겉으로 '그럴듯함'만 믿고 안심해서는 안 된다는 교훈을 줍니다.

> ### ☕ 독자에게 드리는 조언
>
> 사랑하는 가족의 목소리라 해도 전화로 돈을 요구하는 상황이라면 일단 의심하십시오. 인간의 두려움과 사랑을 자극하는 말일수록 침착하게 한 번 더 생각해야 합니다. 실제로 가족이 위험에 처했더라도 당황해서 보낸 돈이 문제를 해결해 주지는 않습니다. 오히려 먼저 경찰에 신고하고 주변의 도움을 구하는 것이 최선입니다. 이번 사례에서 박 씨가 보여 준 것처럼 통화를 잠시 끊고 사실을 직접 확인하는 용기가 필요합니다. 설령 상대가 "절대 끊지 말라"고 협박하더라도 냉정하게 전화를 끊고 실제 가족에게 확인하는 편이 훨씬 안전합니다. 우리에게는 언제나 확인할 권리가 있습니다. 범죄자는 그 권리를 빼앗으려 들지만 여러분 스스로 침착함을 잃지 않는 한 어떤 협박에도 넘어가지 않을 수 있습니다. 기억하세요. 어떤 전화라도 금전을 요구하면 그 순간 의심하는 것이 가족을 지키는 첫걸음입니다.

에피소드 3 :
메신저 피싱 - 가족 또는 친구 사칭 사례

회사원 이모 씨(32세)는 어느 날 오후 업무 중 휴대폰으로 카카오톡 메시지 한 통을 받았습니다. 보낸 이는 평소 절친하게 지내는 대학 동창 박모 씨였습니다. 메시지 내용은 이러했습니다. "나 지금 휴대폰이 고장 나서 임시폰이야. 급한 일이 있는데 좀 도와줄 수 있어?" 이 씨는 별다른 의심 없이 답장을 보냈습니다. 친구가 갑자기 도움을 청하니 무슨 일인가 싶었습니다. 박 씨는 곧 황급한 사정을 털어놓았습니다. "내가 교통사고가 났는데 보험 처리하려면 당장 300만 원이 필요해. 지금 통장에 문제가 생겨서 그러는데, 네가 좀 대신 보내 주면 내일 바로 갚을게." 이 씨는 순간 가슴이 철렁했지만 다친 친구를 돕는 것이 당연하다고 생각했습니다. 한편으로는 며칠 전 만났을 때 친구가 경제적으로 어렵다는 말을 했던 게 떠올랐습니다. 마음씨 착한 이 씨는 "걱정 마, 내가 보내 줄게"라고 답장을 보내고는 친구가 알려준 은행 계좌로 300만 원을 즉시 이체했습니다. 송금을 마친 뒤 이 씨는 "병원에 있어? 많이 다쳤어?"라며 친구의 안부를 물었습니다. 하지만 이상하게도 그 이후로 메신저 응답이 없었습니다.

몇 시간이 지나도 추가 연락이 없자 이 씨는 불안한 마음에 직접 전화를 걸어 보기로 했습니다. 박 씨의 원래 휴대폰 번호로 전화했더니 다행히 바로 연결되었습니다. "네 전화기 고장 났다고 해서 걱정했는데, 괜찮아?" 이 씨가 묻자 박 씨의 대답은 뜻밖이었습니다. "무슨 소리야? 내 휴대폰 멀쩡한데?" 이 씨는 순간 아찔해졌습니다. 박 씨는 사고가 난 적도, 돈을 부탁한 적도 없었습니다. 두 사람은 서로의 이야기를 듣고서야 사태를 파악했습니다. 박 씨의 카카오톡 계정이 해킹당해 범죄자에게 장악되었던 것입니다. 범죄자는 박 씨인 척 가장하여 친구들에게 무작위로 돈을 요청하는 메시지를 보냈고 그중 이 씨가 선의로 속아넘어가 돈을 보내고 말았습니다.

　이 씨는 경악과 분노, 배신감에 휩싸였습니다. 너무나 친한 친구의 이름과 프로필 사진을 보고 한치의 의심도 하지 않았는데 그것이 덫이었다는 사실에 자신이 바보같이 느껴졌던 것입니다. 곧바로 은행에 지급정지를 요청하고 경찰에 신고했지만 이미 돈은 중간 현금 인출책을 거쳐 해외로 빠져나간 뒤였습니다. 경찰은 "메신저 피싱 조직은 돈을 받는 즉시 인출하여 추적을 피한다"며 안타까워했습니다. 결국 이 씨는 300만 원을 돌려받지 못할 가능성이 높았습니다. 더 충격적인 사실은 따로 있었습니다. 해커들은 박 씨의 계정을 이용해 이 씨 말고도 여러 명에게 같은 메시지를 보냈고, 이 씨를 포함해 5명의 지인이 연달아 돈을 보내 주었다가 피해를 입은 것이 밝혀졌습니다. 알고 보니 박 씨는 며칠 전 피싱 이메일에 속아 카카오톡 로그인 정보를 탈취당했고, 그 순간부터 범죄자에게 친구 목록이 고스란히 노출된 것이었습니다. "믿었던 친구라 그냥 바로 보냈는데… 설마 이런 식으로 당할 줄은 몰랐어요." 이 씨와 다른 피해자들은 큰 충격을 받은 채 서로를 위로할 말을 잃었습니다.

피해자의 심리

이 씨는 친구의 카카오톡 메시지를 받았을 때 전혀 의심하지 않았습니다. 발신자가 분명 평소 알고 지내는 친구였고 이름과 프로필 사진까지 똑같았기 때문입니다. "설마 친한 친구가 나를 속이랴"라는 기본적 신뢰가 이 씨의 마음 밑바탕에 깔려 있었습니다. 친구가 휴대폰이 고장 나서 번호가 바뀌었다고 했지만 그런 일이 실제로 드물지 않기 때문에 특별히 수상하게 여기지 않았습니다. 또한 '교통사고', '보험금' 등의 긴급한 사정은 이 씨의 동정심과 책임감을 강하게 자극했습니다. 가까운 사람이 위기에 처했다니 돕는 것이 당연하다고 여겼습니다. 이러한 호의에 대한 믿음과 도덕적 의무감 때문에 정작 금전 거래라는 중요한 문제 앞에서도 이 씨는 한번 확인해 보지 못했습니다.

또한 당시 이 씨는 회사에서 일하는 중이라 주의를 분산할 틈이 없었습니다. 업무 중간에 온 친구의 메시지에 빠르게 반응하고 서둘러 송금한 뒤 다시 자신의 일로 돌아가야 하는 상황이었습니다. 사기범들은 종종 이렇게 피해자가 바쁜 시간을 노려 허둥지둥 대처하게 만듭니다. 이 씨 역시 상세한 상황을 묻거나 전화 통화를 하는 대신 텍스트로 주고받는 대화만으로 급하게 결론을 내리고 말았습니다. 이는 메신저 피싱에 많은 이들이 속아넘어가는 전형적인 패턴입니다. 짧은 문자 대화로는 미심쩍은 어조나 말투를 알아차리기 어렵고, 상대가 급박함을 호소하면 깊이 생각할 겨를 없이 감정적으로 끌려가기 쉽습니다.

사후에 돌이켜보면 사실 이 씨가 받은 메시지에는 몇 가지 수상한 신호가 있었습니다. 예컨대 친구라면 평소 쓰던 말투와 이모티콘 등이 있을 텐데 사기범의 메시지에는 그런 친근한 요소가 거의 없었습니다. 또 입금하라고 알려 준 계좌번호의 예금주 이름도 친구 본인이 아니었는데 이 씨는 급한 마음에 제대로 확인하지 못했습니다. 사기범들은 이렇게 피해자가 세세한 부분까지 살필 여유가 없도록 시간에 쫓기는 분위기를 조성합니다. 안타깝게도 이 씨도 그 덫에 걸려들었습니다.

심리학적 해설

메신저 피싱은 디지털 시대의 신종 사기 같지만 기본 원리는 예전부터 존재해 온 '지인 사칭 사기'입니다. 예전에는 전화를 걸어 "나 친구 ○○인데 급히 돈 좀 빌려줘" 하던 수법이 이제는 카카오톡 같은 메신저 플랫폼을 무대로 옮겨왔을 뿐입니다. 그러나 메신저 피싱에는 새로운 위험 요소가 있습니다. 바로 대규모 연쇄 피해로 번질 수 있다는 점입니다. 한 사람의 계정만 뚫리면 그 사람이 알고 지내는 수십, 수백 명에게 동시에 접근할 수 있습니다. 실제로 앞서 본 이 씨의 사례에서도 박 씨의 계정 해킹으로 무려 5명이나 되는 지인들이 연쇄적으로 돈을 보내는 피해를 입었습니다. 이렇듯 신뢰의 연결망이 역설적으로 사기범에게는 공격 경로가 되어 버립니다. 현대 사회에서는 SNS나 메신저로 모두 서로 연결되어 있기에 한번 신뢰망을 파고들면 바이러스처럼 순식간에 퍼져 나갈 위험이 있습니다.

메신저 피싱의 또 다른 특징은 피해자가 젊은층까지 확대되었다는 것입니다. 보이스피싱은 주로 노년층이 당한다는 인식이 있었지만 메신저 피싱은 20~30대의 피해 비율이 높아지는 추세입니다. 이는 젊은 사람일수록 온라인 소통에 익숙하고 카카오톡 같은 메신저를 통해 일상적으로 금전 거래나 송금을 주고받는 데 거부감이 덜하기 때문입니다. 한 조사에 따르면 최근 보고된 사기 피해의 25%는 SNS나 메신저를 통해 시작되었다고 합니다. 심지어 대학생이나 사회 초년생들도 친구나 선배의 메시지를 받고 큰 돈을 보내는 사례가 나타나고 있습니다. 디지털 네이티브 세대라 해도 일단 "친구가 부탁한다"는 상황에서는 너무도 쉽게 경계심이 풀린다는 의미입니다.

메신저 피싱 사기범들은 보통 "휴대폰 고장으로 번호가 바뀌었다.", "급하게 돈을 보낼 수 있느냐" 같은 상투적인 멘트를 사용합니다. 또한 직접 전화를 걸어 목소리를 들려주기보다는 텍스트 메시지로만 대화를 유도합니다. 목소리를 들려주면 친구 본인이 아닌 것이 티가 날 우려가 있으니 철저히 문자 대화만 고집하는 것입니다. 피해자 입장에서도 문자로만 대화하면 상대가 친구 본인이 아닐 거라고는 쉽게 상상하지 못합니다. 결국 디지털 환경이 주는 편리함과 익숙함이 허점이 되어 사기범들에게 악용되는 셈입니다.

> ### ☕ 독자에게 드리는 조언
>
> 아무리 친한 사이라도 메신저로 돈을 요청하는 연락이 오면 반드시 확인 절차를 거치십시오. 사기범들은 우리의 우정과 믿음을 교묘히 파고듭니다. 특히 "휴대폰이 고장 났다.", "급히 입금이 필요하다"는 메시지는 일단 의심하는 것이 좋습니다. 가장 확실한 방법은 직접 전화를 걸어 본인 여부를 확인하는 것입니다. 전화 통화가 어렵다면 상대만이 답할 수 있는 개인적인 질문을 던져 보는 것도 하나의 방법입니다. 예를 들어 둘만 아는 추억의 장소나 별명을 물어 보면 사기범은 답하지 못하고 거짓말이 탄로 나기 쉽습니다. 무엇보다 금전 거래는 설령 실제 친구나 가족과의 사이에서도 신중을 기해야 하는 일입니다. 메신저상 대화만으로 송금을 결정하지 말고 꼭 다른 경로로 사실 여부를 검증하는 습관을 들이시기 바랍니다. 작은 의심이 큰 피해를 막는다는 점을 명심하세요.

에피소드 4 :
수사기관 사칭 – 계좌 범죄 연루 협박 사례

자영업을 하는 최모 씨(45세)는 영업이 한창 바쁜 오후 시간에 한 통의 전화를 받았습니다. 전화기 화면에는 낯선 번호 대신 "OO지방경찰청"이라는 발신자 이름이 떠 있었다고 합니다. 갑작스런 경찰의 연락에 놀란 최 씨가 전화를 받자 상대방은 권위적인 목소리로 자신을 "○○경찰서 경제팀 김 경위"라고 소개했습니다. 최 씨가 반신반의하며 "무슨 일이시죠?"라고 묻자 그 남성은 단호한 어조로 이렇게 말했습니다. "최○○ 씨의 주민등록번호로 개설된 은행 계좌가 범죄에 이용되고 있습니다. 혹시 본인 돈이 범죄 조직에 흘러들어 간 거 알고 계십니까?" 청천벽력 같은 말에 최 씨는 깜짝 놀라 "그게 무슨 말이냐"고 되물었습니다. 그러자 상대는 곧장 사건번호와 수사관 코드까지 대며 지금 국제 범죄 조직을 수사 중인데 최 씨의 계좌에서 이상 자금 흐름이 포착되었다고 설명했습니다. 최 씨는 당황하여 "전 그런 적 없는데요, 저는 피해자인가요?"라고 물었습니다. 남성은 한숨을 쉬며 이렇게 답했습니다. "피해자로 확인되면 다행인데 현 단계에선 용의선상에 올라 있습니다. 자칫하면 최 씨께서 자금세탁 공범으로 입건될 수도 있어요."

순간 최 씨의 머리가 하얘졌습니다. 결백함을 증명하지 못하면 범죄자가 될지도 모른다는 두려움이 엄습했습니다. 남성은 최 씨의 동요를 놓치지 않고 재빨리 "걱정 말라"는 투로 덧붙였습니다. "저희가 지금 최 씨를 보호해 드리기 위해 전화를 드린 겁니다. 협조만 잘 해 주시면 혐의를 풀 수 있어요." 안도와 불안이 뒤섞인 심정으로 최 씨가 "제가 뭘 하면 되나요?" 묻자 남성은 기다렸다는 듯 구체적인 지시를 내렸습니다. 우선 최 씨 명의의 모든 은행 계좌 잔액을 확인하라고 했습니다. 최 씨가 휴대폰 뱅킹으로 통장을 조회해 보니 사업 자금 등을 합쳐 약 8천만 원이 들어 있었습니다. 남성은 다 알고 있었다는 듯 "네, 현재 그 정도 금액이죠"라고 말하며 그 돈 중 일부가 범죄 조직에 흘러들어 간 정황이 있다고 강조했습니다. 그러면서 이렇게 덧붙였습니다. "지금 당장 그 돈을 안전조치해야 합니다. 저희 검찰청 특별계정으로 이동시키면 범죄 조직이 손 못 대게 보호할 수 있어요." 남성의 말투는 친절했지만 명령이나 다름없었습니다. 최 씨가 선뜻 이해가 가지 않는다는 듯 망설이자 남성은 갑자기 목소리를 높였습니다. "지금 범죄에 연루됐을지도 모르는 상황인데 한가하게 계실 겁니까? 협조하지 않으시면 체포영장 발부됩니다!"

결국 최 씨는 눈물을 머금고 지시에 따르기로 했습니다. 혹시라도 누명을 써서 체포되면 자신의 가게도, 가족도 끝장이라고 생각하니 공포에 떨 수밖에 없었습니다. 남성은 전화를 계속 유지한 채 최 씨에게 가까운 ATM으로 가서 지시대로 이체하라고 했습니다. 최 씨는 식은땀을 흘리며 은행 ATM 앞에 섰습니다. 이어폰을 귀에 낀 채 떨리는 손으로 1천만 원을 입력한 뒤 남성이 불러준 계좌로 전송하려는 순간이었습니다. 다행히 ATM 화면에 뜬 경고 문구가 최 씨의 눈에 들어왔습니다. "경찰·검찰이 안전계좌 이체를 요구하면 보이스피싱 의심"이라는 안내였습니다. 순간 최 씨 뇌리에 이 상황이 이상하다는 생각이 번개처럼 스쳤습니다. 정신을 차리고 통화 내용을 곱씹어 보니 지금 시키는 대로 돈을 보내면 진짜 범죄 조직에게 송금하는 꼴일지도 모른다는 의심이 들었습니다. 용기를 낸 최 씨는 전화를 끊고 112에 신고했습니다. 곧 실제 경찰로부터 "보이스피싱이 확실하다"는 답을 들을 수 있었습니다.

비록 1천만 원을 보내기 직전 가까스로 멈추었지만 최 씨는 하마터면 거액의 돈을 잃을 뻔했다는 사실에 온몸을 떨었습니다. "어떻게 나 같은 사람이…" 하는 참담한 심정이 들었습니다. 평소 누구보다 성실하게 사업을 해 오며 설마 내가 사기를 당하랴 자신하던 최 씨였기에 충격이 더 컸습니다. 특히 사칭범이 전화로 읊어 댄 자신의 신상 정보와 계좌 내역을 떠올리니 등골이 오싹해졌습니다. 알고 보니 범죄 조직이 최 씨의 개인정보를 어디선가 미리 입수해 모든 것을 계획한 것이었습니다. 최 씨는 나중에서야 알게 되었습니다. 자신이 며칠 전에 받았던 '금융감독원 사칭 스미싱 문자'가 화근이었다는 것을요. 문자 속 가짜 링크를 누르는 순간 휴대폰에 악성 앱이 설치되었고, 그로 인해 최 씨의 연락처, 통화 목록, 은행 잔액 등 각종 정보가 유출된 것이었습니다. 최 씨는 뒤늦게야 "조금이라도 이상하면 바로 의심하고 끊어야 했다"는 사실을 절감하며 고개를 떨구었습니다.

피해자의 심리

　최 씨는 전화가 걸려 온 순간부터 사기의 페이스에 말려들었습니다. 발신자 표시까지 교묘히 '경찰청'으로 위장되어 있었기에 전화를 받기 전부터 이미 어느 정도 신뢰가 형성된 상태였습니다. '경찰'이라는 권위 앞에서 심리적으로 위축된 최 씨는 통화 내내 거의 수동적으로 지시를 따르는 역할에 머물렀습니다. 상대의 말

한마디 한마디가 마치 공식 발표처럼 느껴졌고, 거기에 토를 달 엄두조차 내기 어려웠습니다. 이러한 심리는 마치 '밀실 효과'와도 같습니다. 폐쇄된 밀실에 혼자 앉아 취조를 받으면 누구라도 심리적으로 위축되듯이 최 씨도 전화기 너머의 권위 앞에서 스스로를 궁지에 몰아넣고 만 것입니다.

또한 최 씨는 결백을 증명하고 싶은 절박감에 빠졌습니다. '혹시 내가 누명을 쓰는 건 아닐까?' 하는 불안이 엄습하면서 그는 가해자가 제시하는 "협조만 하면 혐의를 벗겨주겠다"는 달콤한 제안을 붙잡을 수밖에 없었습니다. 이것은 일종의 유혹과 두려움이 뒤섞인 상태였습니다. 당근과 채찍을 동시에 맞으며 그야말로 정신이 혼미해질 지경이었습니다. 사람은 스스로 위기에 처했다고 생각하면 그 상황에서 벗어날 수 있는 작은 희망이라도 간절히 붙드는 법입니다. 최 씨에게는 그 작은 희망이 바로 사기범의 지시였던 것입니다. "이체만 하면 모든 게 해결된다"는 말은 얼핏 허황되지만 지푸라기라도 잡고 싶은 심정의 피해자에게는 그럴듯하게 들립니다.

심리학적 해설

수사기관 사칭 사기, 일명 기관 사칭형 보이스피싱은 국내에서 가장 기승을 부리는 전화사기 수법 중 하나입니다. 검찰, 경찰, 금융감독원 등 권위 있는 기관을 사칭하여 전화를 건 뒤 피해자에게 범죄 연루 혐의를 씌우고 두려움을 조장합니다. "계좌가 범죄에 이용되었다.", "당신이 수사 대상이다" 같은 말로 협박하고 이를 모면하려면 당장 돈을 보내라고 몰아붙이는 식입니다. 최근 통계에 따르면 보이스피싱 피해 사례 중 이러한 기관 사칭형이 약 30%를 차지하며 1인당 피해 금액도 가장 큰 편에 속한다고 합니다. 이는 공포심과 권위에 압도된 피해자가 한 번에 큰 돈을 이체하기 때문입니다. 실제로 2023년 한 해 우리나라에서 발생한 보이스피싱 피해액은 약 1,965억 원으로 전년 대비 35% 이상 급증했는데 피해자 수는 줄었지만 건당 피해 금액이 커지는 추세였습니다. 그 배후에는 이렇듯 정교하고 대담해진 기관 사칭 수법이 자리하고 있습니다.

　기관 사칭범들은 종종 치밀한 사전 준비를 합니다. 최 씨 사례에서 보듯 미리 피해자의 개인정보를 탈취하여 신뢰를 높입니다. 피해자의 주민번호, 주소, 심지어 은행 잔액까지 술술 읊어 주면 누구라도 "어떻게 이런 걸 알지?" 하고 놀라게 됩니다. 이는 앞서 스미싱 문자나 피싱 사이트 등을 통해 미리 정보를 빼낸 덕분입니다. 또한 전화를 걸 때도 기술적 조작을 통해 공식 기관 전화번호인 것처럼 표시가 뜨도록 합니다. 이 때문에 피해자는 자신의 스마트폰 화면에 뜬 번호까지 보고 완전히 방심하게 됩니다. 이러한 복합적인 속임수로 인해 기관 사칭형 보이스피싱은 상당한 지적 능력과 사회 경험이 있는 사람조차 무너뜨리는 사례가 많습니다. 실제로 최근에는 전문직 종사자나 중년층 기업인 등이 검찰 사칭 전화에 속아 수억 원을 송금하는 사건들도 발생했습니다. "나는 이런 황당한 사기에 절대 안 속는다"고 자신하던 사람들도 막상 자신의 이름과 주민번호를 대며 협박하는 전화를 받으면 머릿속이 새하얗게 변해버리는 것입니다.

한편 기관 사칭형 사기의 가장 핵심적인 심리 조작은 바로 두려움의 마취 효과입니다. 인간은 극도의 공포를 느끼면 마치 마취주사를 맞은 것처럼 합리적 사고가 마비됩니다. 사기범들은 바로 그 상태로 피해자를 몰아넣습니다. "당장 체포된다"는 등의 말로 피해자를 얼어붙게 만들고는 오로지 하나의 탈출구만을 제시합니다. 이때 그 탈출구는 사실 가짜임에도 불구하고 공포에 빠진 피해자는 그것이 유일한 희망이라고 믿어 버립니다. 이는 심리적으로 "터널 비전(tunnel vision)"이라 불리는 현상과도 유사합니다. 공포와 압박으로 시야가 좁아져 사기범이 말하는 것 외에는 어떤 대안도 떠올리지 못하게 되는 것이죠. 최 씨의 경우에도 ATM 화면의 경고 문구를 보고 간신히 그 터널에서 벗어날 수 있었지만 많은 피해자들은 끝내 사기범의 시나리오에 따라 움직이게 됩니다.

> ☕ **독자에게 드리는 조언**
>
> 두려움을 느끼는 순간일수록 차분하게 의심하고 확인하는 태도가 필요합니다. 어떠한 공공기관도 전화로 금전을 요구하지 않는다는 원칙을 거듭 강조드립니다. 경찰이나 검찰을 사칭하며 겁을 주는 전화는 받는 즉시 끊어 버리는 용기가 필요합니다. 실제 수사기관이라면 절차에 따라 직접 면

담이나 공문을 통해 연락하지 결코 전화를 통해 계좌이체를 지시하지 않습니다. 따라서 이러한 전화를 받으면 100% 사기라고 여기고 대응하셔야 합니다. 통화를 계속 이어가다 보면 점점 심리적으로 압도되어 판단력을 잃기 쉽기 때문에 일단 끊고 나서 112에 신고하거나 해당 기관에 직접 문의하는 것이 가장 안전합니다. 특히 상대가 "주변에 알리지 말라"고 할수록 꼭 주변에 도움을 요청하십시오. 가족이든 친구든, 또는 가까운 지구대 경찰관이든 알리는 순간 사기범의 마수에서 벗어날 가능성이 커집니다. 사기범들은 두려움에 빠진 개인을 노립니다. 그러나 여러분은 혼자가 아니며 조금만 침착함을 유지하면 그 어떤 협박에도 넘어가지 않을 수 있습니다. 당신의 용기와 판단이 당신의 재산을 지켜 준다는 사실을 잊지 마십시오.

보이스피싱 예방과 대응 가이드

이상 네 가지 에피소드를 통해 보이스피싱 범죄의 다양한 얼굴과 그에 숨은 심리 조작 기법을 살펴보았습니다. 이제 마지막으로 이러한 사기 수법들에 맞서 우리의 재산과 가족을 지키기 위해 어떻게 예방하고 대응해야 하는지 정리해 드리겠습니다. 보이스피싱은 누구나 순간의 방심으로 당할 수 있지만 미리 알고 대비하면 충분히 막을 수 있는 범죄이기도 합니다. 다음의 가이드라인을 마음에 새겨 두십시오.

정부와 기관의 대응 노력

최근 보이스피싱 범죄는 기관 사칭과 악성 앱 설치 유도 등 정교하고 교묘한 수법으로 진화하고 있어 그로 인한 피해 규모가 급속히 확대되고 있습니다. 이에 따라 정부와 수사기관은 증가하는 보이스피싱에 대응하기 위해 다양한 예방 제도를 시행하고 있습니다.

예를 들어 피해금 환급을 위한 사기계좌 지급정지 제도가 2011년 「전기통신금융사기 피해 방지 및 피해금 환급에 관한 특별법」 시행 이후 운영되고 있습니다. 이는 만약 피해자가 돈을 송금한 즉시 112나 해당 은행에 신고하면 사기범의 계좌를 동결시켜 피해금을 인출하지 못하도록 막는 제도입니다. 이러한 조치를 통해 신속하게 지급정지가 되면 시간은 걸릴 수 있지만 보내진 돈을 돌려받을 수도 있습니다. 또한 경찰청과 금융감독원은 보이스피싱 예방을 위해 정기적으로 홍보와 경고 캠페인을 벌이고 있습니다. 은행 창구나 ATM 화면에서도 "전화로 계좌이체를 요구하면 의심하세요" 같은 경고 문구를 볼 수 있습니다. 통신사들도 스팸 차단 서비스를 강화하여 보이스피싱으로 의심되는 전화나 문자를 사전에 식별해 주는 시스템을 제공하고 있습니다.

특히 최근에는 정부가 민간기업과 협력하여 AI(인공지능) 기술로 보이스피싱을 차단하는 시스템을 도입하고 있습니다. 이동통신 3사는 통화 데이터를 AI로 분석하여 보이스피싱에 사용될 가능성이 높은 전화번호를 예측하고, 금융회사와 공유해 의심 거래를 탐지·차단합니다. 예컨대 평소와 다른 패턴으로 한 계좌에 큰 금액이 입금되면 은행의 AI 이상거래 탐지 시스템이 작동해 해당 거래를 일시 보류하고 고객에게 재확인 전화를 하는 식입니다. 또한 국가수사본부는 사기범들의 통화 녹음을 AI가 자동으로 문자 변환 및 키워드 분석하는 "그놈 목소리" 탐지 시스템을 개발하여 범죄 조직 검거에 활용하고 있습니다. 통신사와 보안 업체에서도 보이스피싱 실시간 음성 분석 앱을 출시하여 통화 내용을 AI가 실시간 모니터링하고 의심스런 단어('검찰', '송금' 등)가 나오면 경고를 하는 서비스를 제공하고 있습니다. 나아가 금융기관, 통신사, 수사기관이 정보를 실시간 공유하는 통합 대응 플랫폼이 구축되어 한 곳에 신고된 사기 번호와 계좌 정보가 즉시 전 분야에 전파되고 차단 조치되도록 하고 있습니다. 이처럼 공공과 민간이 함께 노력하여 기술로 범죄에 맞서는 중입니다.

또한 2025년 8월 28일 정부는 국무조정실장 주재로 범정부 보이스피싱 대응 태스크포스(TF) 회의를 열고 '보이스피싱 근절을 위한 종합대책'을 발표하기도 했습니다. 정부는 단순한 사후대응을 넘어 예방 중심의 통합 대응 체계를 마련하여 국민의 재산과 안전을 강력히 보호하고자 종합대책을 수립한다고 밝혔습니다.

일상에서 실천할 수 있는 수칙

그러나 아무리 정부가 종합대책을 발표하고 방어적 기술이 발달해도 가장 중요한 것은 결국 우리의 각성과 노력입니다. 보이스피싱을 예방하는 최선의 방법은 '애초에 속지 않는 것'이며, 이를 위해선 평소에 몇 가지 기본적인 수칙을 철저히 지켜야 합니다. 다음은 보이스피싱으로부터 스스로를 지키기 위해 반드시 명심해야 할 실천 수칙입니다.

- 공공기관은 절대 전화로 돈을 요구하지 않습니다. 경찰, 검찰, 금융감독원 등 정부기관 직원이 전화를 걸어 계좌이체나 현금 전달을 요구하는 일은 없다는 것을 기억하십시오. 이러한 전화를 받으면 무조건 사기라고 판단하세요.
- 낯선 전화에서 금융 이야기나 돈 요구가 나오면 즉시 의심하고 끊으세요. 모르는 번호, 낯선 목소리로 "대출이 가능합니다.", "연루된 사건이 있습니다.", "당장 돈을 보내야 합니다" 등의 말을 들으면 더 들을 것도 없이 전화를 끊는 것이 상책입니다. 통화를 지속할수록 마음이 흔들리니 초기에 차단해야 합니다.
- 가족이나 지인의 목소리로 돈을 요구해도 곧이곧대로 믿지 마세요. 기술 발전으로 목소리 사칭이 가능해졌습니다. 전화를 건 사람이 자녀나 친척을 자처하며 돈을 요구하면 일단 전화를 끊은 뒤 직접 당사자에게 다시 연락하여 확인하세요. '급하다니까 일단 보내자'라는 생각을 버리고 반드시 사실 여부를 검증해야 합니다.
- 메신저로 금전 요청을 받으면 꼭 다른 방법으로 진위 여부를 확인하세요. 카카오톡이나 문자 메시지로 아는 사람에게서 돈을

빌려 달라는 연락이 오면 바로 송금하지 말고 직접 음성 통화를 해보거나 그 사람의 다른 연락처를 통해 확인해 보세요. 계정이 해킹되었을 수 있으니 '현재 그 사람과 통화가 가능한지' 등을 반드시 체크해야 합니다.
- 출처가 불분명한 앱 설치나 링크 클릭은 절대 금물입니다. 보이스피싱의 시작은 스미싱 문자나 피싱 이메일인 경우가 많습니다. 정부 지원금, 택배 조회, 결제 승인 문자 등으로 속여 악성 앱 설치를 유도하는데 이러한 링크를 섣불리 누르면 휴대폰 정보를 고스란히 털리게 됩니다. 공식 경로가 아닌 앱은 설치하지 말고 의심스러운 문자는 열지 말고 바로 삭제하세요.
- 현금 전달이나 계좌이체를 직접 요구하면 100% 의심하세요. 어떤 사기범들은 현금 수거책을 보내 돈을 받아가려고 하거나 편의점 기프트카드로 돈을 보내라고 지시하기도 합니다. 이것은 전형적인 보이스피싱 수법입니다. 어떠한 이유에서도 낯선 사람에게 현금을 직접 건네주지 말고 기프트카드 번호를 알려주지도 마십시오.
- 주변 사람들과 정보를 공유하고 상담하세요. 보이스피싱 상황에 혼자 놓이면 판단을 그르치기 쉽습니다. 평소 가족, 친구들과 이러한 수법에 대해 이야기해 두고 이상한 전화를 받으면 즉시 주변에 알리세요. 함께 고민하면 냉정함을 유지하는 데 큰 도움이 됩니다.
- 의심된다면 주저 말고 당국에 신고하세요. 조금이라도 사기 의심이 들면 경찰(112) 또는 금융감독원(국번 없이 1332)에 연락

해 상담을 받으세요. 괜히 내가 예민한 건가 망설일 필요 없습니다. 신속히 신고할수록 피해를 막을 가능성이 높아집니다.

맺으며 : "내 돈은 내가 지킨다"

보이스피싱은 진화하고 있지만 우리의 경계심과 지식 또한 진화할 수 있습니다. 이 장에서 소개한 사례들은 결코 남의 일이 아닐 수 있다는 점을 보여 주었습니다. 누구나 한 순간 방심하면 속을 수 있고 그 피해는 개인의 재산을 넘어 자존감과 일상까지 무너뜨릴 수 있습니다. 하지만 반대로 누구나 조금만 주의를 기울이면 충분히 예방할 수도 있습니다. 핵심은 의심하는 용기와 알아두는 노력입니다. '혹시나…' 하는 작은 의심이 큰 피해를 막아주고 평소에 관련 지식을 쌓아두면 위기의 순간에 스스로를 지켜주는 무기가 됩니다.

저는 수많은 피해자를 만나 본 경험을 바탕으로 이렇게 말씀드리겠습니다. "결국 내 돈을 지킬 사람은 나 자신밖에 없습니다." 사기범은 오늘도 새로운 수법을 연구하고 있겠지만 우리는 그에 맞서는 지혜를 함께 키워나가야 합니다. 부디 이 글을 읽은 독자 여러분께서 '나는 절대 안 당할 것'이라는 방심 대신 '누구나 당할 수 있다'는 열린 경각심을 가져 주시길 바랍니다. 그리고 막연한 두려움에 떨기보다 여기서 배운 대처법과 수칙들을 일상에서 실천해 보십시오. 끊임없이 의심하고, 항상 검증하며, 주변과 소통하는 것, 이것이 보이스피싱을 비롯한 모든 사기 위협으로부터 자신을 지키는 최고의 방법입니다. 언제나 "내 돈은 내가 지킨다"는 굳은 다짐으로 어떠한 속임수의 덫도 현명하게 피해 가시기를 바랍니다.

7장
[에피소드]
달콤한 거짓말 – 로맨스 스캠과 사랑의 덫

에피소드 1.
외국인 연인의 유혹, 믿음이 배신이 되기까지

실제 피해 사례 : 낯선 장교에게 빠진 중년 여성의 사랑

윤정희(55세, 가명) 씨는 남편과 사별한 후 몇 년째 혼자 지내고 있었습니다. 외로움에 지친 그녀는 SNS에서 우연히 한 외국인 남성의 친구 요청을 받았습니다. 남성의 이름은 마이클로 자신을 "이라크에 파병된 미군 특수부대 장교"라고 소개했습니다. 윤정희 씨는 처음에는 경계했지만 프로필 사진 속 마이클은 듬직한 군복 차림에 친절한 미소를 띠고 있었습니다. 호기심에 수락한 친구 요청을 계기로 두 사람은 매일 같이 메시지를 주고받는 사이로 발전했습니다. 영어에 서툰 윤정희 씨를 위해 마이클은 느린 속도로 쉬운 단어를 써 가며 다정하게 대화를 이어갔습니다. 윤정희 씨는 번역기까지 동원해 답장을 보내며 오랜만에 느껴보는 두근거림에 밤잠을 설칠 정도였습니다. 며칠을 꼬박 써 가며 편지를 주고받듯 한 메시지에는 서로의 일상과 취미, 속마음까지 담겨 갔습니다. 마이클은 "당신과 이야기를 나누는 이 시간이 하루 중 가장 행복하다"고 고백했고, 윤정희 씨 역시 점차 그에게 마음을 열었습니다.

몇 주가 흐르자 마이클은 윤정희 씨에게 자신만의 속마음과 아픔을 털어놓기 시작했습니다. 그는 "사실 나도 아내와 사별하고 외롭게 지내왔다"면서 군 복무를 마치고 은퇴하면 한국에 정착해 윤정희 씨와 새 삶을 시작하고 싶다고 했습니다. 윤정희 씨는 가슴이 벅차 올랐습니다. "나도 당신을 기다릴게요. 제 남은 인생을 함께해요." 그녀는 오랜만에 찾아온 사랑에 빠져들었고, 마이클을 운명처럼 여기기 시작했습니다. 비록 직접 얼굴을 본 적은 없었지만, 매일 주고받는 다정한 말들과 사진 속 자상한 미소만으로도 충분했습니다. 윤정희 씨의 머릿속에는 '이 사람이야말로 하늘이 준 마지막 사랑'이라는 생각이 가득했습니다. 그녀는 마이클이 전역하면 곧바로 자신과 결혼할 거라는 약속을 철석같이 믿었습니다. 주변 친구들이 "한 번도 안 만난 사람을 어떻게 믿느냐"고 걱정했지만 윤정희 씨는 "이 사람만큼은 달라"라며 웃어 넘겼습니다.

그리고 두 달쯤 지났을 때였습니다. 어느 날 평소처럼 안부를 주고받던 마이클의 메시지에 다급함이 묻어 나왔습니다. "지금 큰일이 생겼어요. 이라크를 떠나려면 외교관에게 수수료를 내야 하는데 당장 자금이 묶였어요"라며 도움을 청해 왔습니다. 윤정희 씨가 놀라자 마이클은 곧 "걱정하지 마세요. 곧 은퇴 자금 300만 달러(약 39억 원)를 받는데 그 돈을 모두 당신에게 가져갈 겁니다"라고 약속했습니다. 그는 당장 자신의 미국 계좌에 문제가 생겨 조금만 돈을 빌려주면 곧 몇 배로 갚겠다며 거듭 애원했습니다. 윤정희 씨는 순간 망설였지만 곤경에 처한 연인을 돕고 싶다는 마음이 앞섰습니다. 지금까지 자신에게 한없이 자상했던 마이클이기에 더욱 그랬습니다. 그는 "당신밖에 믿을 사람이 없다"는 말로 윤정희 씨의 마음을 흔들었고, 결국 그녀는 자신의 저축액 5천만 원가량을 세 차례에 걸쳐 송금했습니다.

송금 후에도 마이클의 요구는 계속되었습니다. "한국에 큰돈을 보내려면 추가 수수료가 필요하다.", "군 물자를 반출하는 데 세관 비용이 든다"는 등의 이유로 그는 몇 차례에 걸쳐 돈을 더 부탁했습니다. 윤정희 씨는 이미 많은 돈을 보낸 터라 불안했지만 마이클과 함께할 미래를 생각하며 추가로 돈을 마련하기로 결심했습니다. 그녀는 급기야 언니 명의로 대출까지 얻어 송금을 시도했습니다. 그러나 은행 창구 직원은 연이어 해외로 거액을 보내려는 윤정희 씨를 수상히 여겼습니다. 직원이 "무슨 일로 돈을 보내시려 하냐"고 묻자 윤정희 씨는 그제서야 망설이며 사연을 털어놓았습니다. 다행히 은행원은 즉시 이것이 국제 로맨스 스캠 사기임을 알아차렸습니다. 은행원의 설득과 신고로 송금은 중단되었고, 비로소 윤정희 씨는 자신이 철저하게 속아 왔음을 깨달았습니다.

눈앞이 캄캄했습니다. 윤정희 씨는 그 길로 경찰서를 찾아갔지만 수사 결과 마이클이라는 사람은 애초에 존재하지 않는 신분이었습니다. 그가 보내온 사진 속 인물은 이미 은퇴한 미군 장교의 이미지를 도용한 것이었고, 메시지를 보낸 범죄자는 추적이 어려운 해외 조직원으로 드러났습니다. 윤정희 씨는 수천만 원에 달하는 돈을 잃은 것은 물론 마음 깊이 믿었던 사랑마저 잃었다는 사실에 큰 충격을 받았습니다. "어떻게 내가 이렇게까지 속을 수 있었을까…" 배신감과 자책감에 밤새 울던 그녀는 한동안 식사도 제대로 하지 못할 만큼 심리적으로 무너졌습니다. 무엇보다 자신이 진심으로 사랑했던 사람이 실제로는 악랄한 사기꾼에 불과했다는 현실을 받아들이기가 너무나 힘들었습니다.

심리학적 해설 : 왜 사랑에 눈이 멀어 버렸을까?

윤정희 씨 사례는 전형적인 국제 로맨스 스캠 수법으로, 피해자의 외로움과 신뢰를 악용한 범죄입니다. 그녀가 처음 마이클의 접근을 받았을 때만 해도 경계심이 있었지만 이내 완벽해 보이는 그의 모습에 마음을 빼앗기고 말았습니다. 사실 전문가들에 따르면 로맨스 스캠 범죄자들은 처음부터 사기꾼 티를 내지 않고 오히려 피해자가 꿈꾸는 이상형에 가깝게 행동하는 경우가 많습니다. 마치 동화 속 '백마 탄 왕자'처럼 재력과 매너를 갖추고 다정한 말로 상대를 대하며 상대가 이상화(idealization)하도록 만드는 것이죠. 윤정희 씨에게 마이클은 바로 그런 존재였습니다. 잘생긴 장교에, 마음이 통하고 미래까지 약속해 주는 완벽한 연인이라 여겼던 것입니다. 사랑에 빠진 상태에서 인간의 판단력은 평소보다 현저히 관대해지고 왜곡되기 쉽습니다. 윤정희 씨 역시 사랑의 설렘 속에 빠져들면서 상대에 대한 비현실적인 믿음을 키워 갔습니다.

이러한 사기 수법은 긴 시간에 걸쳐 피해자와 정서적 유대를 형성한다는 점에서 일반적인 금융사기와 구별됩니다. 실제 연구에서도 로맨스 스캠 가해자들은 범행을 준비 단계−실행 단계−사후 단계로 나누어 단계별로 다른 심리 조작 전술을 펼친다고 지적합니다. 첫 번째 준비 단계에서는 윤정희 씨 사례처럼 달콤한 말과 관심으로 신뢰와 친밀감을 쌓습니다. 피해자가 가해자를 운명적인 연인으로 받아들이게 될 때까지 지속적으로 애정 공세를 퍼붓죠. 윤정희 씨도 두 달간 매일같이 이어진 애정 어린 대화에 마음 깊이 의지하게 되었고 마이클에 대한 감정적 의존(emotional dependence)을 형성했습니다. 그녀의 일상은 마이클의 연락으로 시작해 그의 말 한마디에 울고 웃을 정도가 되었으니 이미 일종의 심리적 '조종' 상태에 들어간 셈입니다.

두 번째 실행 단계에서 사기범은 본색을 드러내기 시작합니다. 다만 노골적으로 금전을 요구하지 않고 교묘하게 '빌리는' 방식을 사용합니다. 윤정희 씨의 경우 마이클은 "은퇴 수수료가 필요하다"는 급박한 상황을 연출하며 도움을 청했습니다. 이렇게 가짜 위기 상황과 시간 압박을 만들어 내면 이미 정서적으로 얽혀 있는 피해자는 이성적으로 판단하기 어려워집니다. 특히 사랑하는 사람이 곤경에 처했다고 느끼면 누구나 돕고 싶은 마음이 들기 마련입니다. 윤정희 씨도 바로 그런 심정이었습니다. '내가 이 사람을 돕지 않으면 큰일나겠구나'라는 책임감과 연민이 들었을 것입니다. 더군다나 마이클은 "곧 큰돈을 받아서 갚겠다"는 당근까지 제시했기에 윤정희 씨는 의심을 거두고 그의 요구를 받아들였습니다. 이는 일반적인 금전 사기의 전형적인 패턴과도 유사합니다. 사기범들이 처음에는 소액을 빌려 이자까지 갚으며 신용을 쌓다가 어느 순간 큰돈을 빌리고 사라지는 수법과 맥을 같이하지요. 로맨스 스캠에서는 이러한 '급전이 필요하다'는 거짓말이 사랑이라는 포장지에 싸여 나오기 때문에 피해자는 더욱 속기 쉬웠습니다.

마지막으로 사후 단계에 이르면 가해자는 피해자가 보내 줄 수 있는 돈을 모두 받아 낸 뒤 돌연 잠적합니다. 윤정희 씨도 결국 마이클과 연락이 끊기고 나서야 자신이 당했다는 사실을 깨달았습니다. 문제는 이 지점에서도 피해자의 감정적 의존이 쉽게 끊어지지 않는다는 것입니다. 앞서 윤정희 씨가 마이클에게 품었던 사랑과 믿음은 하루아침에 증오로 바뀌지 않습니다. 배신감을 느끼면서도 한편으로는 그 관계를 잃어 버린 상실감과 허탈감에 빠지게 됩니다. 실제로 어떤 피해자들은 사기임을 알고도 "여전히 그를 사랑한다"고 말할 만큼 깊은 심리적 굴레에 묶이기도 합니다. 미국에서 로맨스 스캠에 7년간 속아 6억 원을 보내준 한 중년 여성은 사기임을 안 뒤에도 "내 남편을 잃었다"며 식음을 전폐하고 사기범을 그리워했다고 합니다. 이처럼 가해자는 애초에 피해자의 고립감과 상실감을 파고들어 허구의 사랑을 채워 넣고 결국에는 그 사랑마저 앗아감으로써 정신적인 타격까지 주는 것입니다.

윤정희 씨는 현재 경제적인 피해보다도 정신적인 충격을 더 크게 겪고 있습니다. 돈을 잃은 것도 억울하지만 자신의 순수한 감정이 농락당했다는 수치심과 자괴감이 그녀를 짓누르고 있습니다. 많은 로맨스 스캠 피해자들이 공통적으로 느끼는 감정입니다. 주변에서는 "어떻게 그런 걸 믿느냐.", "속은 사람이 어리석다"는 비난을 하기도 하지만 이는 피해자에게 또 다른 상처가 됩니다. 사실 라포(rapport), 즉 깊은 감정 교류로 공감대가 형성된 상태가 되면 누구나 로맨스 스캠의 피해자가 될 수 있다고 전문가들은 지적합니다. 사람의 마음은 외로움과 사랑에 대한 소속 욕구가 크기 때문에 일단 정서적 유대가 형성되면 논리적 판단보다 감정에 이끌리게 되는 것입니다. 윤정희 씨 역시 그런 인간 본연의 심리를 교묘히 이용당한 피해자입니다. 그녀가 "내가 왜 이렇게 당했을까" 자책하고 있지만 실은 그만큼 사람의 마음을 악용한 사기 수법이 교묘하고 강력했다는 반증입니다.

로맨스 스캠 범죄는 최근 급증하는 추세입니다. 코로나19로 인한 사회적 거리두기 이후 온라인 데이팅의 폭증과 함께 이러한 범죄도 폭발적으로 늘어났습니다. 국내에서도 2023년 상반기에만 로맨스 스캠 신고 건수 628건에 피해액이 454억 원에 달했는데 이는 이전 5년간 신고된 피해 총액의 3배에 이를 정도로 심각한 수준입니다. 피해 연령층도 다양해져서 윤정희 씨 같은 중장년 여성뿐 아니라 20~30대의 젊은 남녀, 심지어 남성 피해자들도 흔해졌습니다. 범죄 수법 또한 진화를 거듭하여 단순히 연인 행세를 하며 돈을 빌리는 것에서 나아가 투자 권유, 가상화폐 사기, 스팸메일 해킹, 나체 사진을 미끼로 한 협박 등 형태가 점점 다양해지고 있습니다. 뒤에서 살펴볼 다른 에피소드들이 바로 이렇게 진화된 로맨스 스캠 수법에 당한 사례들입니다.

> ### ☕ 독자에게 드리는 조언
>
> **"사랑을 미끼로 한 금전 요청, 100% 의심하세요."**
>
> (1) 낯설고 '친절한' 외국인에게서 연락이 오면 경계심을 가지십시오. 형사로서 여러 국제 로맨스 스캠 사건을 다뤄보면 피해자들은 하나같이 처음엔 "설마 내가 속을까" 했다가 나중에 크게 당했다는 공통점을 보입니다. 특히 SNS나 이메일로 갑자기 호감을 표하며 접근하는 외국인은 무조건 의심 대상입니다. 실제 정부 기관에서도 "SNS에서 모르는 외국인이 호감을 보이며 다가와 결혼 등 미래를 약속하면 100% 사기"라고 경고할 정도입니다. 윤정희 씨의 경우도 처음에는 멋진 미군과 영어로 챗팅을 하며 영어나 배워 볼까? 하는 단순한 생각에서 시작되었습니다. 아무리 상대 프로필 사진이 멋지고 인품이 훌륭해 보여도 온라인으로만 접촉하는 이성이 호의를 보일 때에는 "이유 없는 친절은 없다"는 점을 기억하세요.
>
> (2) 개인 정보 요구나 금전 이야기가 나오면 즉시 의심하십시오. 로맨스 스캠범들은 일정기간 공들이며 상대의 신뢰를 얻은 후 언젠가부터 슬쩍 돈 이야기를 꺼내기 시작합니다. 애초에 그들이 노리는 것은 사랑이 아니라 돈입니다. 그러니 온라인으로 알게 된 사람이 "급하게 돈이 필요

하다"거나 "이 투자 기회를 놓치면 안 된다"는 식으로 금전을 요구하면 설령 그 사람이 연인이라 해도 그 즉시 사기로 판단하고 연락을 끊는 것이 상책입니다. 또한 상대가 개인정보나 사진, 금융 정보를 요청해도 절대 응하지 마십시오. 간혹 "소리가 안 들리니 이 파일을 깔아 봐라" 하는 식으로 정체 불명의 앱 설치를 유도하는 경우도 있는데 이는 해킹 수법이니 주의해야 합니다. 로맨스 스캠은 다양한 방법으로 피해자를 유혹합니다. 제가 취급한 사건 중에는 취미가 요가라고 하면서 자신의 요가 모습을 상대 남성에게 보여 주고 싶다며 카톡으로 동영상을 보내 준 후 동영상을 플레이할 수 있는 프로그램을 다운받게 하여 동영상이 재생되는 동안 악성 프로그램이 휴대폰에 설치되고 협박을 당하는 일도 있었습니다. 계좌 비밀번호 정도는 알려 줘도 된다고요? 절대 그렇지 않습니다. 진짜 사랑하는 사이라면 금전적 요구로 곤란하게 만드는 일은 없다는 것을 명심하세요.

(3) 상대의 말과 행동을 객관적으로 관찰하는 연습이 필요합니다. 사랑에 빠지면 누구나 눈이 멀기 쉽습니다만 내 새로운 연인이 유독 이해하기 힘든 상황에 놓여 있거나 행동에 앞뒤가 맞지 않는 부분이 있다면 반드시 짚어 봐야 합니다. 예를 들어 만난 지 몇 주 혹은 몇 달이 지났는데도 상대가 바쁘다는 이유로 한 번도 직접 못 만난 상태라면 그건 큰 경고 신호입니다. "해외 파견 근무 중"이라거나 "신분상 이유로 얼굴을 공개하기 어렵다" 등의 핑계를 대며 대면을 피한다면 거짓말일 가능성이 큽니다. 또 대화할 때 상대방이 나의 취향과 말에 너무나 완벽하게 맞춰 주는 느낌이 든다면 한 번 의심해 보십시오. 현실에서 나와 똑같은

생각과 취향을 가진 사람은 있을 수 없는데 마치 잃어버린 영혼의 단짝처럼 행동한다면 이는 상대가 철저히 내게 맞춰 거짓 연기를 하고 있거나 혹은 내가 과도하게 상대를 이상화하고 있을 수 있습니다. 이렇듯 '너무 완벽한 사람'은 오히려 가짜일 수 있다는 걸 잊지 마세요.

(4) 프로필과 신원을 검증하세요. 온라인에서 알게 된 사람이라면 저는 꼭 "그 사람의 이야기 중 모순되는 점은 없는지" 확인해 보라고 권하고 싶습니다. 예를 들어 직업이나 출신을 말했다면 그 외양과 행동이 그에 걸맞는지 살펴보십시오. "중동에 파병 중인 특수부대 장교"라는데 정작 페이스북 프로필은 개설한 지 두 달밖에 안 되고 친구도 몇 명 없는 경우 앞뒤가 맞지 않겠지요. 실제 로맨스 스캠 조직은 SNS에 매력적인 사진을 도용해 가짜 계정을 만들고 무작위로 친구 신청을 뿌립니다. 그러니 외국인뿐 아니라 국내 데이팅 앱에서도 프로필 신뢰도를 확인해야 합니다. 계정이 만들어진 지 얼마 안 되었는데 과시적인 사진만 가득하다거나 서로 아는 친구가 전혀 없는 경우 특히 주의하세요. 혹시 상대가 준 이메일 주소나 이름이 의심된다면 인터넷 검색을 통해 사기 경력이 있는지도 찾아볼 수 있습니다. 작은 노력 하나로 내 모든 것을 잃을 위험을 예방할 수 있다면 번거롭더라도 반드시 해볼 가치가 있습니다.

(5) 주변에 조언을 구하고 선의의 거짓말로 확인하십시오. 사랑에 빠지면 자기 혼자만의 세계에 갇히기 쉽습니다. 이럴 때일수록 가족이나 친구에게 이야기해 보는 것이 중요합니다. 제 경험상 로맨스 스캠 피해자들이 처음엔 부끄럽고 두려워 주변에 말 못하다가 피해가 커진 경우가 많았습니다. 하지만 주변 사람들은 제3자의 눈으로 냉정하게 상황을 봐

줄 수 있는 존재입니다. 내게 아무리 달콤한 사랑이라도 제3자가 보기엔 수상쩍은 점이 바로 보일 수 있습니다. 그러니 새로운 온라인 연인을 사귀게 됐다면 가까운 사람에게 조언을 구하세요. 또한 상대의 진심을 시험해 보기 위해 일부러 작은 거짓말을 해보는 것도 방법입니다. 가령 "요즘 형편이 어려워 힘들다"고 넌지시 말해 보십시오. 정말 진심인 사람이라면 걱정부터 하지 돈 이야기를 꺼내진 않을 것입니다. 반대로 사기꾼이라면 바로 태도가 변하거나 잠적할 수 있겠지요. 이처럼 상대의 반응을 테스트해 보는 지혜도 필요합니다.

(6) '예방이 최선'이라는 사실을 기억하십시오. 안타깝게도 로맨스 스캠 범죄는 일단 돈을 보내고 나면 피해 금액을 회복하기 거의 불가능한 실정입니다. 범죄 조직이 해외에 기반을 둔 경우가 많아 경찰도 추적에 한계가 있고, 보이스피싱처럼 계좌 지급정지 제도를 활용하기도 어렵습니다. 저 역시 피해자들에게 "범인이 해외에 있어 잡기 어렵습니다"라고 설명드릴 때마다 형사로서 매우 안타깝습니다. 그러니 애초에 그 덫에 걸리지 않도록 경계하는 수밖에 없습니다. "설마 내가 당하겠어?" 하는 방심을 버리고 언제든 내가 표적이 될 수 있다는 현실을 받아들이십시오. 오늘도 전 세계 어딘가의 사기범들은 인터넷을 통해 새로운 희생양을 물색하고 있습니다. 그 목표가 여러분 자신이 되지 않도록 부디 경계를 늦추지 말고 의심하는 용기를 가지시기 바랍니다. 아무리 사랑하고 믿더라도 금전 거래만큼은 냉정해야 내 삶과 사랑을 지킬 수 있다는 사실을 꼭 기억해 주십시오.

에피소드 2.
사라진 연인, 사라진 돈 – 투자 권유 로맨스 스캠

실제 피해 사례 : "우리 함께 투자해요." 달콤한 제안의 덫

김미영(33세, 가명) 씨는 직장인으로 결혼을 전제로 교제했던 남자친구와 몇 달 전에 헤어진 뒤 마음의 공허함을 느끼고 있었습니다. 외로움을 달래고 새로운 인연을 찾고자 그녀는 국내 유명 데이팅 앱에 가입했습니다. 여러 프로필 중에서 박지훈(35세)이라는 남성이 눈에 띄었습니다. 그는 깔끔한 정장 차림의 사진과 함께 "실리콘밸리 스타트업 근무, 투자 전문가"라는 소개글을 올려두고 있었습니다. 왠지 모르게 신뢰감이 느껴졌고 미영 씨는 가볍게 "안녕하세요"라고 메시지를 보냈습니다. 곧바로 답장이 왔고 두 사람은 대화를 트기 시작했습니다.

지훈 씨는 예의 바르고 유머 감각도 있어 대화 내내 미영 씨를 웃게 했습니다. 그는 미영 씨와 공통점도 많았습니다. "저도 한때 그 드라마 팬이었어요.", "취미가 등산이라고요? 저도 주말마다 갑니다!" 등 자신도 놀랄 만큼 성향이 잘 맞았습니다. 대화는 자연스럽게 이어졌고, 며칠 지나지 않아 둘은 서로의 일상을 공유하며 연인 사이처럼 가까워졌습니다. 미영 씨는 오랜만에 느껴 보는 두근거림에 가슴이 벅찼고, 친구들에게도 "정말 괜찮은 사람을 만났다"며 설렘을 감추지 못했습니다.

한 달 후 지훈 씨가 해외 출장을 마치고 귀국한다길래 둘은 처음으로 현실에서의 데이트를 약속했습니다. 약속 장소의 카페에 나타난 그는 사진보다도 더 젠틀하고 매력적이었습니다. 미영 씨를 보자마자 밝게 미소 짓는 모습에 그녀의 마음은 더욱 기쁨으로 차올랐습니다. 지훈 씨는 회사에서 있었던 재미난 일과 출장 중 에피소드를 이야기하며 분위기를 편안하게 만들어 주었습니다. 또한 미국 생활 경험을 살려 경제 동향과 재테크에 대한 견문도 넓다고 자신을 소개했습니다. 미영 씨는 "역시 프로필에 쓰여 있던 대로 똑똑하고 야무진 사람이구나" 하고 속으로 느꼈습니다. 무엇보다 데이트 내내 한결같이 매너있고 세심하게 배려해 주는 모습에 그녀의 호감은 더욱 커졌습니다.

그날 이후 두 사람은 더욱 돈독해졌습니다. 지훈 씨는 매일 같이 "잘 잤어요?", "식사는 했나요?" 등 자상한 연락을 해왔고 미영 씨의 하루하루에 함께했습니다. 때때로 작은 선물을 보내오기도 했습니다. 휴대폰으로 커피 쿠폰을 선물하며 "오늘 고생했으니 달달한 거 드세요"라고 하거나 출장지에서 사온 초콜릿을 택배로 보내 주며 "보고 싶네요"라고 적은 쪽지를 동봉하기도 했습니다. 미영 씨는 그런 세심한 애정 표현에 감동했고, 지훈 씨에게 마음을 완전히 열었습니다. 그녀는 친구들에게 "나 이제 이 사람 놓치면 후회할 것 같아"라고 말하곤 했습니다.

몇 주 뒤 지훈 씨는 미영 씨와 저녁 식사를 하던 중 이런 말을 꺼냈습니다. "우리 미래를 위해서 같이 준비해볼 게 있어요." 미영 씨가 궁금해하자 지훈 씨는 주위를 살피더니 조심스럽게 목소리를 낮췄습니다. "미영 씨, 가상화폐 투자에 대해 들어봤어요? 내가 정말 믿을 만한 내부 정보를 하나 얻었는데 이 기회를 놓치면 평생 후회할 것 같아서… 우리 함께 해보면 어떨까요?" 순간 미영 씨는 당황했습니다. 투자는 커녕 주식 경험도 없던 그녀에게 '가상화폐'란 낯설고 위험하게 느껴졌기 때문입니다. 지훈 씨는 미영 씨의 표정을 읽고 바로 손을 내저었습니다. "아니에요, 억지로 하잔 뜻은 절대 아니에요. 다만 미영 씨가 내 사람이니까, 같이 잘 돼 보고 싶어서 그러죠. 저 믿고 천천히 생각해 봐요." 그는 더 얘기하지 않고 화제를 돌렸지만 미영 씨의 머릿속은 복잡해졌습니다.

며칠 후 지훈 씨는 다시 조심스레 이야기를 꺼냈습니다. 그는 자신이 들었다는 가상화폐 투자 정보를 자세히 설명해 주었습니다. "글로벌 금융계에 아는 형이 있는데 이번에 유망한 코인 관련 프로젝트 내부 소식을 줬어요. 큰손들이 몰래 준비 중인 거래라 가격이 폭등할 거래요." 미영 씨는 반신반의했지만 지훈 씨의 말은 구체적이고 자신감이 넘쳤습니다. "나도 이미 조금 넣어 봤는데 수익이 꽤 났어요. 보고 있으면 진짜 심장이 쫄깃하지만 재미있다니까요!" 그는 자신의 휴대폰 화면을 보여 주며 실제 투자 수익을 인증하기도 했습니다. 화면에는 어느 가상자산 거래 앱이 띄워져 있었고, 며칠 사이 30%가 넘는 수익률을 달성한 거래 내역이 보였습니다. "정말 저렇게 벌었단 말이야?" 미영 씨는 놀라면서도 한편 마음이 흔들렸습니다. 지훈 씨는 "원금 보장은 물론이고 단기간에 높은 이익을 낼 수 있다"며 자신이 사용하는 거래 플랫폼 링크를 보내 주었습니다. 미영 씨는 여전히 망설여졌지만 지훈 씨는 "당신이 불안해하면 안 할 거야. 하지만 난 정말 이 기회가 우리 둘의 앞날을 크게 바꿀 거라고 믿어"라고 말했습니다. 미영 씨는 사랑하는 사람을 믿고 싶은 마음, 함께 잘되고 싶은 꿈에 설득되고 말았습니다. 그녀는 "조금만 해볼게요"라며 소액을 투자하기로 했습니다.

미영 씨는 지훈 씨의 도움을 받아 그가 보내 준 해외 가상화폐 거래 사이트에 회원 가입을 하고 시험 삼아 100만 원을 입금했습니다. 지훈 씨가 알려 준 코인을 사자 신기하게도 며칠 만에 20%의 수익이 났습니다. 플랫폼에서 실제로 수익금을 찾아보니 이익의 일부가 계좌로 들어왔습니다. 미영 씨는 비로소 지훈 씨 말을 믿게 되었고 욕심과 기대감이 피어올랐습니다. '정말 이 사람이랑 함께라면 나도 돈도 벌고 결혼 자금도 만들 수 있겠구나!' 그는 "이번이 마지막 저점"이라며 더 투자할 것을 권했고, 결국 미영 씨는 자신이 모아둔 2천만 원 전액을 추가로 투자했습니다. 지훈 씨는 "우리 목표는 1억 만들기!"라며 웃었고 미영 씨도 덩달아 행복했습니다.

하지만 그것이 지옥의 시작이었습니다. 추가 투자를 한 뒤로는 통장이 이상하리만치 조용했습니다. 몇 주가 지나도 수익금 인출은커녕 투자금마저 묶여 버린 것이었습니다. 미영 씨가 불안에 질려 지훈 씨에게 문의하자 그는 "시장 상황이 안 좋아 기다리는 중"이라며 안심시키려 했습니다. 그러나 시간이 지날수록 의심은 커져만 갔습니다. 그러던 어느 날 아침부터 지훈 씨와 연락이 두절되었습니다. 전화도 문자도 모두 씹혔습니다. 회사에 급한 일이 생겼나 보다 애써 생각해 보았지만 하루 이틀 지나자 불길한 예감이 들었습니다. 미영 씨는 다급히 그가 사용하던 거래 사이트에 접속해 보았습니다. 로그인조차 되지 않았고 사이트는 아예 사라져 있었습니다. 미영 씨는 머리가 하얘졌습니다. 급히 지훈 씨의 번호로 전화를 걸었지만 "없는 번호"라는 기계 음성만 흘러나왔습니다. 그제야 그녀는 끔찍한 현실을 깨달았습니다. 자신이 믿고 사랑했던 남자는 흔적도 없이 사라지고 없었습니다. 그리고 그녀의 2천만 원도 함께 증발한 뒤였습니다.

미영 씨는 멘붕 상태에 빠졌습니다. 불과 며칠 전까지 다정하던 연인이 하루아침에 사라진 데다 모든 돈마저 잃었다는 사실을 도저히 받아들이기 힘들었습니다. 현실을 부정하며 멍하니 휴대폰만 들여다보던 그녀는 혹시나 하는 마음에 경찰서를 찾았습니다. 그러나 이미 늦었습니다. 수사 결과, 지훈 씨라는 남성은 처음부터 존재하지 않는 인물이었습니다. 그의 프로필 사진, 직장 이력, 투자 내역까지 모두 철저하게 조작된 것이었지요. 데이트 앱에서 그를 만난 첫날, 혹시나 하고 메신저로 개인 연락처를 주고받은 이후부터 모든 일은 로맨스 스캠 조직의 각본대로 흘러갔습니다. 심지어 그녀와 처음 만났던 남자도 사실은 가짜 이름을 쓰고 연기한 조직원에 불과했습니다. 국내에서 활동하는 조직원들이 역할극을 통해 미영 씨의 신뢰를 얻어낸 뒤 투자 단계부터는 해외에 있는 공범들이 가상 거래 사이트와 연락망을 총동원해 돈을 가로챈 것이었습니다. 경찰은 어렵게 국내 인출책 한 명을 검거했지만 이미 현금을 전달받은 뒤였고, 대부분의 공범들은 캄보디아 등 해외에 머물러 수사에 난항을 겪었습니다.

결국 미영 씨의 투자금은 회수되지 못한 채 사건은 종결되고 말았습니다. 그녀는 큰 금전적 피해를 본 것도 뼈아팠지만 무엇보다 자신이 '사랑한다고 믿었던 사람에게 철저히 이용당했다'는 사실에 크게 절망했습니다. 분노와 배신감이 밀려 왔고, 스스로의 어리석음을 자책하며 밤새 울기도 했습니다. 자신이 지훈 씨에게 설득당해 가상화폐에 욕심을 냈던 부분을 생각하면 창피하고 후회스러웠습니다. 은행 대출까지 받아 투자하려던 찰나 다행히 멈춘 게 천만다행이라는 주위 위로에도 미영 씨는 쉽게 마음을 추스르지 못했습니다.

심리학적 해설 :
사랑인가 탐욕인가 – '투자 사기'로 진화한 로맨스 스캠

김미영 씨가 겪은 일은 최근 급증하고 있는 "투자 권유형 로맨스 스캠"의 전형적인 사례입니다. 앞선 윤정희 씨 사례에서 보았듯이 범죄자들은 기본적으로 연인 행세를 하며 피해자의 신뢰와 호감을 얻는 데 공을 들입니다. 미영 씨의 경우도 마찬가지로 가해자는 먼저 데이팅 앱에서 이상적인 파트너의 모습으로 접근했습니다. 그녀가 원했던 배려심 많고 능력 있는 남성상에 완벽히 부합하는 모습을 연출함으로써 미영 씨가 그를 이상화하도록 만든 것입니다. 그는 실제로 만나 데이트까지 하며 작은 선물과 다정한 연락으로 미영 씨의 마음에 깊숙이 파고들었습니다. 이 단계에서 미영 씨는 이미 그를 인생을 함께할 사람으로 믿게 되었고 상대에 대한 비현실적 낙관(optimism bias) 상태에 빠졌다고 볼 수 있습니다. 사랑하는 연인이 권하는 일이라면 당연히 좋을 것이라는 맹목적인 믿음이 싹튼 것이지요.

이때 가해자는 단순히 돈을 빌려 달라고 하지 않고 함께 미래를 위한 투자를 하자는 식으로 접근했습니다. 이것이 이른바 "피그부처칭(pig butchering)"이라 불리는 최신 수법으로 로맨스와 재테크를 결합한 사기수법입니다. 가해자는 피해자를 연인으로 속이면서 동시에 탐욕의 덫을 놓습니다. 즉 "우리 함께 부자가 되자"는 말로 피해자의 경제적 욕망을 자극하는 것입니다. 로맨스 스캠범들은 피해자가 사랑에 빠져 경계심이 풀어진 틈을 타 이렇게 투자 이야기를 꺼내는데, 이는 돈만 빌려 가는 전통적 수법보다 더 효과적인 경우가 많습니다. 왜냐하면 단순히 돈을 주고 마는 것이 아니라 피해자 스스로도 돈을 벌 수 있다는 희망을 품게 만들기 때문입니다. 미영 씨도 지훈 씨가 내민 "함께 미래를 준비하자"는 당근에 마음이 움직였습니다. 사랑하는 사람과 경제적 성공까지 공유하고 싶다는 욕구가 생긴 것입니다.

그러나 애초에 이 모든 것은 가해자의 치밀한 각본이었습니다. 지훈 씨를 사칭한 사기범 일당은 미영 씨에게 투자를 권유하기 전 이미 여러 정황을 조작해 놓았습니다. 가짜 투자 플랫폼을 만들어 미리 계정을 개설하게 하고 소액 투자에는 일부러 수익이 난 것처럼 꾸며서 인출까지 시켜 주는 치밀함을 보였습니다. 이는 피해자가 완전히 믿도록 설계한 전술입니다. 실제로 이런 투자형 로맨스 스캠에서는 처음에 작은 돈을 투자하면 실제 수익금이 나와서 피해자가 의심을 접게 만드는 경우가 많습니다. 피해자는 자신의 눈으로 돈이 벌리는 것을 확인하니 이 사람 말이 진짜였구나 하고 과도한 낙관에 빠집니다. "나는 행운아야, 이렇게 좋은 사람과 좋은 기회를 만났어!" 하는 생각이 들게 되죠. 하지만 그 낙관적인 심리가 바로 함정입니다. 가해자들은 그런 심리를 노려 피해자가 더 큰 돈을 넣도록 유도합니다. 미영 씨도 소액 수익을 본 뒤 욕심과 신뢰로 경계심을 내려놓았고, 결국 거액을 한꺼번에 투자했습니다.

투자금을 받아낸 뒤 가해자들은 곧장 계획대로 움직였습니다. 가짜 플랫폼을 폐쇄하고 연락을 끊어 버렸습니다. 피해자인 미영 씨 입장에서는 돈도 잃고 연인도 잃어 이중의 상실감에 빠질 수밖에 없습니다. 이때 그녀가 느끼는 감정적 혼란은 단순히 금전 피해자 이상의 깊은 고통을 줍니다. 자신이 사랑과 미래를 믿고 따랐던 만큼 그 배신감은 배가되지요. 더욱이 미영 씨는 가해자의 사기에 일부 자신의 욕망(탐욕)이 개입되었다는 점에서 스스로를 더 책망했습니다. "내가 순간 욕심부리지 않았다면…" 하는 후회가 밀려와 자존감이 무너질 수 있습니다. 그러나 이것은 전형적인 로맨스 스캠 조직의 심리 조작 결과일 뿐 결코 미영 씨 혼자만의 잘못이 아님을 알아야 합니다. 사람은 누구나 경제적 이익 앞에서 낙관적으로 생각하려는 경향이 있습니다. 게다가 미영 씨는 사랑하는 연인이 권한 일이라 더 의심하지 않았던 것입니다. 가해자들은 처음부터 이러한 인간 심리 – 사랑하는 이를 믿고 싶어하는 마음과 돈을 벌고 싶어하는 마음 – 두 가지를 교묘히 충족시켜 주는 척하면서 범행을 저질렀던 것입니다.

최근 로맨스 스캠 수법은 이처럼 고수익 투자 권유 형태로 많이 진화하고 있습니다. 특히 가상자산(암호화폐) 분야가 주로 악용됩니다. 일반인이 잘 모르는 전문 용어를 사용하고 가격 등락으로 수익을 시현해 보이기 쉽기 때문이죠. 또한 국제 송금이나 가상화폐 거래는 추적이 어렵다는 점도 범죄자들이 선호하는 이유입니다. 김미영 씨 사건에서도 보았듯 가해자들은 해외에 콜센터와 사무실까지 차려놓고 한국인을 상대로 조직적으로 범행을 벌입니다. 국내에서는 20대 조직원들이 여성으로 위장해 오픈채팅방 등에 참여하고, 호감을 산 뒤 해외 가상화폐 투자로 유인하는 사례도 적발되었습니다. 불과 2~3개월 만에 11명의 피해자에게서 28억 원을 뜯어낸 20대 남성 일당도 있었는데, 이들은 텔레그램 등에서 여성 프로필을 내세워 접근한 후 '원금이 보장되는 고수익 투자'라 속여 돈을 가로챘습니다. 이렇듯 온라인상에서는 누구도 눈앞의 상대를 100% 신뢰할 수 없습니다. 로맨스 스캠 조직은 점점 더 정교한 시나리오로 사람의 마음을 현혹하며 금세기형 사이버 사기로 진화하고 있습니다.

미영 씨는 어렵게 자신의 경험을 주변에 털어놓았습니다. 처음에는 친구에게 말하기 부끄러워했지만 얘기를 듣던 친구는 "누구라도 속겠다"며 그녀를 다독여 주었습니다. 그렇습니다. 이런 사기는 누구나 당할 수 있습니다. 오히려 고학력 전문직이나 투자를 해본 사람도 의외로 잘 속습니다. 왜냐하면 그만큼 수법이 교묘하고 피해자의 심리를 마비시키기 때문입니다. 중요한 것은 당했을 때 혼자 끙끙 앓지 말고 곧바로 신고하고 도움을 청하는 것입니다. 다행히 미영 씨는 정신을 차리고 경찰과 금융감독원에 신고했지만 애석하게도 이미 해외로 빠져나간 돈을 되찾긴 어려웠습니다. 그녀는 지금 당장 잃은 돈보다 믿음이 무너진 상처를 치유하기 위해 심리 상담까지 고려하고 있습니다. 이처럼 로맨스 스캠의 피해는 경제적 손실과 더불어 깊은 정서적 상흔을 남깁니다. 그러니 무엇보다 애초에 이런 일을 당하지 않도록 예방하는 것이 절실합니다.

> ### ☕ 독자에게 드리는 조언
>
> **"연인 앞세운 투자 권유? 십중팔구는 거짓말입니다."**
>
> (1) '확실한 투자 기회'라는 말, 사랑하는 사이에서도 의심하세요. 저에게 상담 오는 피해자들 중엔 '연인이 좋은 기회를 알려 줘서 함께 투자했다'가 낭패를 본 경우가 많습니다. 냉정히 말해 진짜 좋은 투자 정보는 불특정 다수에게 퍼지지 않습니다. 더구나 만난 지 얼마 되지 않은 상대가 원금 보장 고수익을 운운하며 투자를 권유한다면 십중팔구 사기입니다. 김미영 씨 사례처럼 "내부 정보"니 "비밀 프로젝트"니 하는 그럴싸한 말에 혹하여 사랑하는 사람을 철석같이 믿고 따라가고 싶겠지만 그런 얘기 자체가 이미 전형적인 사기 패턴입니다. 로맨스 스캠 조직은 애초에 "사랑"은 빙자일 뿐 목표는 돈임을 잊지 마세요. 사랑하기 때문에 특별

한 기회를 준다? 이 말은 그럴듯하지만 속셈은 내 돈을 노릴 뿐입니다. 아무리 연인이라도 돈 문제만큼은 객관적 판단이 필요합니다.

(2) 투자 결정을 혼자 내리지 마세요. 로맨스 스캠에 당한 분들을 보면 상대의 '비밀 유지' 요청에 넘어가 주변에 일절 말하지 않고 혼자 결정한 경우가 많습니다. 가해자들은 "이건 우리 둘만의 기회니까 다른 사람에게 말하지 말라"며 피해자를 은근히 고립시킵니다. 여러분께선 이 말을 듣는 순간 의심해야 합니다. 정말 정당한 투자라면 주변에 알리지 말아야 할 이유가 없습니다. 비밀을 공유하자며 입단속을 시킨다면 그것은 당신을 미끼 잡힌 돼지처럼 홀로 두고 뜯어먹겠다는 심산입니다. 그러니 누군가 투자를 권할 때는 반드시 주변 친구나 가족, 금융 전문가의 의견을 구하십시오. 혼자 판단하지 말고 객관적인 시각에서 이 제안이 말이 되는지 검증받으세요. 사랑하는 사이에도 돈 문제는 투명하게, 그리고 다각도로 검토해야 합니다. 주변에 알리는 것을 꺼릴 때 이미 위험 신호라는 걸 기억하세요.

(3) 모르는 투자 분야라면 특히 조심해야 합니다. 가상화폐나 해외 투자처럼 내가 잘 모르는 분야를 갑자기 권유받았다면 더욱 경계심을 높이셔야 합니다. 로맨스 스캠범들은 대개 피해자가 잘 모르는 분야를 골라서 속입니다. 생소한 용어를 쓰고 전문가인 양 우월감을 보이며 믿게 만드는 것이죠. 김미영 씨도 평소 투자 경험이 없다 보니 지훈 씨의 말을 전적으로 의존하게 된 측면이 있습니다. 만약 여러분이 상대가 권하는 투자의 구조나 위험성을 제대로 이해하지 못한다면 절대 큰돈을 넣지 마십시오. 설령 연인일지라도 사업이나 투자 이야기는 차근차근 충분한

정보를 얻은 뒤에 결정해도 늦지 않습니다. 이해 안 되는 것을 "알겠지 뭐" 하고 따라가지 말고, 모르면 모른다고 분명히 하고 신뢰할 만한 제3자에게 자문을 구하세요. 아울러 단기간에 고수익을 강조하며 서둘러 결정하라고 독촉하는 투자 제안은 사기일 확률이 매우 높습니다. "이번 주 안에 넣어야 이자 준대", "지금 할인 이벤트라서" 등 촉박한 데드라인을 강조하며 판단을 흐리게 하는 것은 흔한 수법입니다. 그런 압박을 받으면 "왜 이렇게 급하게 재촉하지?" 하고 한 번 멈춰 생각하세요.

(4) 연인의 제안이어도 계약서 등 증빙을 요구하세요. 함께 투자하자는 말에 덥석 동의했다가 나중에 내 돈이 어디로 어떻게 쓰였는지 증빙을 못 받아 곤란해지는 경우가 허다합니다. 연인 사이에 계약서라니 너무했나 생각할지 모르지만 돈이 오가는 일이라면 간단한 각서나 약정서라도 남겨 두는 것이 안전합니다. 만약 상대가 "우리 사이에 무슨 서류냐"고 불쾌해하거나 회피한다면, 저는 강력히 의심해 보라고 말씀드리고 싶습니다. 진심이라면 차라리 기꺼이 서류를 써줄 것입니다. 하지만 사기꾼이라면 법적 증거를 남기기 싫으니 분명 싫어할 겁니다. 또한 투자를 권유하는 사람이 정말 해당 분야 전문성이 있는지도 확인하세요. 예컨대 금융인이라더니 관련 자격이나 경력이 모호하다면 문제입니다. 김미영 씨 사례처럼 상대가 속인 경력이 명확히 드러나면 그때는 이미 돈을 떼이고 수습도 어렵습니다. 그러니 미리미리 검증하고 증거를 확보해서 혹여 문제가 생겼을 때 대응할 준비를 갖추세요.

(5) 사기라고 의심하면 지체 없이 신고하세요. 만약 이미 돈을 보내고 나서라도 혹시 이상하다 싶으면 한 시라도 빨리 경찰에 신고해야 합니다.

로맨스 스캠 투자 사기는 초기에 대처하지 않으면 시간이 지날수록 피해 규모가 커지고 회복이 어려워지는 특징이 있습니다. "설마 사기겠어" 하며 미련을 갖고 시간을 끌수록 사기범은 도주할 시간을 벌게 되고 증거는 사라집니다. 특히 가상자산 형태로 돈을 보낸 경우 추적이 더 어렵기 때문에 혹시 당한 것 같다 싶으면 지체 없이 가까운 경찰서나 금융당국에 연락해 조치를 취해야 합니다. 부끄러워하거나 혼날까 봐 숨기지 마세요. 여러분 잘못이 아닙니다. 사기범이 교묘히 속인 거지 속은 사람이 바보라서가 아닙니다. 그러니 너무 자책하지 마시고 적극적으로 도움을 요청하시기 바랍니다. 그리고 안타깝지만 피해를 당했다면 '내 돈은 포기한다'는 각오로 멘탈을 단단히 추스르셔야 합니다. 그래야만 2차, 3차 추가 피해를 막을 수 있습니다. 실제로 로맨스 스캠 피해자들을 노려 "해커를 통해 돈을 찾아 주겠다"며 또 다른 사기를 치는 일당도 있습니다. 절박한 마음에 그런 구원 사기에 현혹되면 안 되겠지요. 결국 사기 예방과 대처의 핵심은 내 자신을 지키는 것입니다. 아무리 사랑하는 사람이라도 금전 거래에는 냉철하고 원칙적으로 임해야 내 소중한 재산과 마음을 지킬 수 있다는 점을 꼭 기억해 주십시오.

에피소드 3.
나체 사진의 함정 – 사랑 대신 공포가 되돌아오다

실제 피해 사례 : 잘못 보낸 사진, 지옥이 된 3일

　회사원 이진수(28세, 가명) 씨는 평소 내성적이라 연애 경험이 많지 않았습니다. 외로움을 달래려 어느 날 SNS에서 한 여성에게 친구 요청을 받았을 때 그는 조심스러우면서도 설레었습니다. 여성의 이름은 '서윤', 또래로 보이는 매력적인 외모의 사람이었습니다. 서윤 씨는 먼저 진수 씨에게 메시지를 보내왔습니다. "포스팅 재미있게 봤어요. 우리 친하게 지내요!" 느닷없는 호감 표시였지만 그녀의 활기찬 말투에 진수 씨는 경계를 풀었습니다. 두 사람은 금세 SNS 메신저로 일상 대화를 나누는 사이가 되었습니다. 서윤 씨는 진수 씨의 취미 사진에 관심을 보이며 칭찬해 주었고, 진수 씨가 회사 일로 스트레스를 이야기하면 다정하게 위로해 주었습니다. 진수 씨는 얼굴도 모르는 그녀에게 빠르게 마음이 끌렸습니다. '온라인으로 만난 인연이 이렇게 통할 수도 있구나' 하고 신기해 하면서 그는 하루하루 서윤 씨의 메시지를 손꼽아 기다리게 됐습니다.

　며칠 동안 즐거운 대화를 이어가던 중 서윤 씨는 진수 씨에게 휴대폰 영상 통화를 제안했습니다. 갑작스런 제안에 당황한 진수 씨가 망설이자 그녀는 웃으며 말했습니다. "제 얼굴 보고 이야기하는 게 더 좋잖아요. 부담 주려는 거 아니니까 편하게 생각해요~" 진수 씨는 용기를 내 전화를 걸었고, 화면에 나타난 서윤 씨는 사진보다도 더 예쁘장한 얼굴이었습니다. 두 사람은 두어 번에 걸쳐 영상 통화를 했고, 더욱 친밀한 감정을 쌓아 갔습니다. 서윤 씨는 때때로 농담 반 진담 반으로 아찔한 농담을 건넸습니다. 예컨대 "남자친구도 없는데 요즘 너무 외롭다"라든지, "오빠랑 통화하면 왜 이렇게 두근거리지?" 같은 말을 던졌지요. 진수 씨는 가슴이 뛰었지만 동시에 조금 당혹스럽기도 했습니다. 그러나 그녀의 솔직하고 적극적인 태도에 매료되어 점점 연애를 시작한 기분이 들었습니다.

어느 날 서윤 씨는 조금 취한 듯한 목소리로 영상 통화를 걸어왔습니다. 그날은 진수씨도 대학 동창들과 한잔하고 들어온 날이었습니다. 화면 속 그녀는 얼굴이 발그레했고, 어깨끈이 내려간 옷차림으로 보였습니다. 진수 씨는 놀라 얼어 버렸지만 그녀는 장난스럽게 웃으며 말했습니다. "오빠, 나 예쁘지 않아?" 당황한 진수 씨가 아무 대답 못하자, 서윤 씨는 카메라를 살짝 떨어뜨려 자신의 가슴선이 드러나도록 했습니다. 그러고는 매혹적인 눈빛으로 속삭였습니다. "우리 서로 더 솔직해져 볼래요?" 진수 씨의 심장은 마구 뛰기 시작했습니다. 그 역시 술김에 용기가 난 듯 서윤 씨에게 끌려들어 갔습니다. 그녀는 자신의 속옷 차림 일부를 보여주며 진수 씨를 자극했고, 진수 씨도 점점 이성의 끈을 놓기 시작했습니다. 결국 그는 자신의 나체 모습을 휴대폰 카메라 앞에 드러내고 말았습니다. 그리고 마치 애인과 화끈한 장난을 주고받는 듯한 아슬아슬한 영상 통화가 몇 분간 이어졌습니다.

다음 날 아침 숙취로 머리가 지끈거리던 진수 씨는 휴대폰에 온 메시지를 보고 온몸이 얼어붙었습니다. 발신인은 다름 아닌 서윤 씨였습니다. 그러나 내용은 전날의 다정함과 거리가 멀었습니다. "이진수. 너 어제 영상통화한 거 기억하지? ^^ 여기 캡처 사진 있어"라는 메시지와 함께 그의 나체가 담긴 캡처 이미지 여러 장이 전송되어 있었습니다. 진수 씨는 심장이 떨어질 듯 놀라 곧장 전화를 걸었지만 서윤 씨는 받지 않았습니다. 대신 몇 분 후 메시지가 도착했습니다. "깜짝 놀랐어? 이제 진짜 놀랄 일 알려 줄까? 너 친구 명단에 가족이랑 회사 상사 있던데, 다 보내 볼까? 싫으면 지금 바로 100만 원 보내." 진수 씨의 눈앞이 아찔해졌습니다. "이게 무슨 악몽인가…" 그는 황급히 답장을 쳤습니다. "제발 이러지 마세요. 잘못했어요." 하지만 돌아온 답은 비웃는 듯한 말투뿐이었습니다. "그럼 돈 보내. 그리고 이 대화 다른 사람에게 알리면 진짜 뿌린다."

진수 씨는 공포에 질렸습니다. 당장 요구액 100만 원을 그의 통장으로 송금하라는 계좌번호가 전송되어 왔습니다. 진수 씨는 덜덜 떨리는 손으로 인터넷뱅킹을 열었습니다. 그 순간에도 혹시 사기가 아닐까, 블러핑이면 어쩌나 하는 생각이 머리를 스쳤지만, 캡처된 자신의 벌거벗은 모습이 눈앞에 있는 이상 아무 의심도 소용없었습니다. 그는 즉시 100만 원을 송금했습니다. 돈을 보내면 이 악몽이 끝날 거라 간절히 믿었습니다.

그러나 잘못된 희망이었습니다. 곧바로 메시지가 왔습니다. "잘

받았어^^ 근데 생각해 보니 이 정도로 안 될 것 같아. 200만 원 더 보내." 진수 씨는 절망했습니다. 사정하며 더 못 보낸다고 애원했지만 상대는 듣지 않았습니다. "너 친구들한테 네 거시기 사진 다 뿌릴 테니까 그렇게 알아. 시간은 오늘 자정까지 줄게." 그제야 진수 씨는 깨달았습니다. '아, 이 사람은 내가 돈을 보낼수록 더 요구하겠구나.' 그는 도저히 추가 돈을 마련할 길도 없었지만 설령 된다 해도 이 협박이 끝나지 않을 거라는 직감이 들었습니다. 진수 씨는 제발 거짓말이길 바라며 SNS를 확인했습니다. 하지만 이미 늦었습니다. 그의 지인 몇 명에게서 쪽지가 와 있었습니다. "진수야, 너 SNS 계정 해킹당한 거니? 이상한 사진이 올라와서 신고했어"라는 내용이 보였습니다. 그는 놀라 자신의 프로필을 확인했고, 거기에 끔찍한 사진 한 장이 버젓이 올라왔다가 삭제된 흔적을 발견했습니다. 협박범은 진수 씨의 계정 비밀번호까지 알아내어 실제로 사진을 일부 유포하기 시작했습니다.

 모든 일이 사흘 밤낮 사이에 벌어졌습니다. 진수 씨는 극심한 수치심과 두려움에 휩싸였습니다. 회사에 병가를 내고 집에 틀어박힌 그는 경찰서에 나갈 엄두조차 못 냈습니다. 차라리 죽고 싶다는 생각까지 스쳤습니다. 하지만 결국 다른 지인들에게서도 연락이 오고 부모님까지 이상한 낌새를 눈치채자 진수 씨는 더 이상 감출 수 없었습니다. 그는 어렵게 어머니에게 사실을 털어놓으며 눈물을 쏟았습니다. 다행히 가족들은 그를 꾸짖기보다 감싸 주었습니다. "요즘 흔한 몸 캠 피싱 같은 거구나. 너만 당한 거 아니니 용기 내서 경찰에 신고하자." 진수 씨는 부모와 함께 경찰서를 찾았습니다. 사이버범죄수사대는 그에게 휴대폰을 제출받고 당시 대화 내역과 송금 기록 등을 확보했습니다. 형사는 진수 씨에게 말했습니다. "이건 국제 조직이 연계된 몸 캠 피싱 수법입니다. 저쪽은 필리핀 등 해외에 있어 잡기가 쉽지 않아요. 그래도 최대한 수사해볼 테니, 혹시 또 연락이 오면 바로 알려주세요." 진수 씨는 고개를 끄덕였지만 마음은 여전히 무겁기만 했습니다. 이미 자신의 수치스러운 영상이 인터넷 어딘가에 떠돌고 있다는 생각에 눈앞이 캄캄했습니다.

그 후로 다행히 협박범의 추가 요구는 없었습니다. 하지만 진수 씨는 휴대폰을 바꾸고 SNS 계정도 탈퇴했습니다. 혹여 자기 누드 사진이 인터넷에 퍼져 지인들에게 발견될까 매일같이 검색해보며 전전긍긍했습니다. 밤에는 잠을 제대로 잘 수 없었고 심각한 불안과 우울감에 시달렸습니다. 회사 동료들과 눈을 마주치는 것조차 부끄러워 고개를 못 들 정도였습니다. 심지어 자신이 퇴근하면 동료들이 뒤에서 수군거리는 것만 같아 피해망상까지 생겼습니다. 가족들은 그의 상태를 염려해 전문 상담을 권유했습니다. 진수 씨는 이제 겨우 조금씩 용기를 내 상담 치료를 받고 있습니다. 하지만 온라인에서 만난 사랑이 순식간에 지옥으로 변한 악몽은 쉽게 잊히지 않을 듯했습니다.

심리학적 해설 : 은밀한 유혹이 어떻게 약점이 되는가

 이진수 씨 사례는 흔히 '몸 캠 피싱'이라고 불리는 신종 성적 영상물 협박 범죄입니다. 로맨스 스캠의 한 형태로 볼 수도 있는데 다른 에피소드들처럼 긴 시간 애정을 쌓기보다는 단기간에 피해자의 성적 욕구를 이용해 약점을 확보하는 수법입니다. 이 경우 가해자는 연애 감정을 이용했다기보다 일종의 사이버 그루밍을 통해 피해자를 함정에 빠뜨렸습니다. 우선 외모가 뛰어난 젊은 여성을 사칭하여 피해자의 관심을 끌었고 친절하고 다정한 태도로 마음의 문을 열게 했습니다. 진수 씨처럼 이성 교제가 서투른 남성들은 이런 접근에 더욱 취약할 수 있습니다. 온라인상에서 갑자기 매력적인 이성이 다가와 호감을 보이면 논리적 의심보다는 '이렇게 운이 좋을 리가' 하는 생각과 동시에 설렘에 취해 버리는 심리가 작동합니다. 진수 씨도 서윤이라는 여성의 관심에 자존감이 높아지고 평소 충족되지 않던 친밀감이 채워지는 기분을 느꼈습니다. 이는 인간의 기본적인 소속 욕구와 성적 욕구를 동시에 자극한 것으로 가해자의 전략이었습니다.
 범죄자는 비교적 빠른 전개로 성적 긴장감을 높여 갔습니다. 며칠간의 연락만으로 진수 씨에게 적극적으로 애정 표현을 하고 은연중에 성적인 농담을 섞어 그의 반응을 탐색했지요. 이것은 피해자의 성적 호기심과 욕망을 일깨워 합리적 판단력을 마비시키는 과정이었습니다. 특히 영상통화로 얼굴을 보여 주며 신뢰를 쌓은 뒤 야한 상황을 연출한 것은 고전적인 수법입니다. 시각적인 자극과 실시간 교감은 채팅 메시지보다 훨씬 강력하게 피해자의 뇌를 흥분 상태로 만듭니다. 성적으로 각성된 상태에서는 위험을 판단하는 전전두엽 기능이 일시적으로 약화되어 눈앞의 쾌락에 대한 욕구가 우선시됩니다. 진수 씨가 순간적으로 이성을 잃고 나체를 노출하는 무모한 행동을 한 것도 그런 생리적·심리적 메커니즘 때문입니다. 평소의 그라면 도저히 하지 않았을 일을 '사랑받고 있다'는 착각과 성적 흥분 속에서 저지른 것입니다. 가해자들은 바로 이 지점을 노려 피해자의 가장 취약한 모습을 확보합니다.

그 다음은 예상대로 협박과 갈취입니다. 이러한 몸 캠 피싱 범죄의 시나리오는 이미 정형화되어 있습니다. 피해자의 알몸 사진이나 영상이 확보되면 가해자는 즉시 태도를 바꾸어 금품을 요구합니다. 이때 피해자가 받는 심리적 충격과 수치심, 공포는 매우 극심합니다. 진수 씨도 자신의 은밀한 이미지가 타인 손에 넘어갔다는 사실에 자존감이 뿌리째 흔들리는 경험을 했습니다. 협박범은 그 약점을 쥐고 흔들며 금전을 뜯어내는 데 주저함이 없습니다. 피해자는 모멸감에 제대로 대응하지 못하고 일단 돈을 보내서라도 급한 불을 끄려는 비합리적인 판단을 하게 됩니다. 이것을 '공포에 의한 의사결정'이라 할 수 있는데 극도의 불안 상황에서는 인간의 판단력이 평소보다 저하되고 눈앞의 위협 제거에만 집중하게 됩니다. 협박범이 "더 큰 돈을 보내라"고 추가 요구했을 때 진수 씨가 비로소 수상함을 깨달았지만 그때까지 그는 이미 1차로 금전을 잃고 말았습니다.

몸 캠 피싱은 젊은 남성들을 주로 노리는 신종 범죄인데 사실

근본 심리는 기존의 로맨스 스캠과 크게 다르지 않습니다. 결국 '성(性)'이라는 강력한 미끼로 한순간에 피해자의 판단력을 마비시키고 이후에는 수치심과 두려움이라는 올가미를 씌워 돈을 빼앗는 것이니까요. 차이가 있다면 전통적 로맨스 스캠이 오랜 시간 사랑을 빌미로 신뢰를 쌓은 후 금전을 요구한다면 몸 캠 피싱은 짧은 시간 욕정을 자극해 약점을 확보한 후 협박한다는 점입니다. 둘 다 인간의 가장 내밀한 감정을 노린다는 면에서 악랄하긴 마찬가지입니다. 특히 몸 캠 피싱 피해자는 협박을 당하는 동안 극심한 수치심과 자기혐오에 빠지기 쉽습니다. 진수 씨도 '차라리 죽고 싶다'는 생각까지 들었다 했지요. 실제로 국내외를 막론하고 이런 성적 이미지 유포 협박을 당한 청소년·청년 중에는 극단적 선택을 한 사례도 보고되고 있습니다. 그만큼 이 범죄는 심각한 정신적 피해를 동반합니다. 금전적 갈취 규모는 비교적 적을지 몰라도 피해자의 인생 자체를 망칠 수 있는 폭력입니다.

　진수 씨는 다행히 가족의 도움으로 경찰에 신고했지만 범인을 잡을 가능성은 낮다고 들었습니다. 이러한 몸 캠 피싱 조직은 대부분 해외에 근거지를 두고 있으며 한국인 공범 또는 해커 기술자를 고용해 움직입니다. 연예인이나 지인의 사진을 도용해 SNS 계정을 만들고 마치 실재 인물인 양 행세하면서 불특정 다수에게 접근합니다. 특정 악성 앱을 설치하도록 유도해 휴대폰을 해킹하는 경우도 있고, 진수 씨 사례처럼 단순 영상통화 녹화만으로 협박하는 경우도 있습니다. 최근에는 음란 사진이나 영상이 없어도 단순히 성적 대화 캡처만으로 협박하는 변종도 늘고 있다고 합니다.

이렇게 진화를 거듭하는 범죄이기에 검거율이 낮고 재범률은 높습니다. 실제 보도에 따르면 몸 캠 피싱의 검거율은 백분율로 한 자릿수에 불과하며 피해자들은 대부분 '내 돈 주고 내가 사진을 지운다', 즉 돈을 뜯기고도 알아서 영상을 지우느라 추가 비용을 치르는 실정이라고 합니다. 진수 씨도 결국 돈을 한 번 보내고서야 뒤늦게 신고했지만 이미 영상 일부가 유포된 뒤였습니다. 이처럼 한번 약점을 잡히면 돌이킬 수 없기 때문에 이 범죄도 예방이 무엇보다 중요합니다.

마지막으로 짚고 넘어갈 부분은 이 범죄의 피해자가 남성이라는 이유로 종종 사회적 시선의 이중잣대를 맞는 현실입니다. 로맨스 스캠이든 몸 캠 피싱이든 남성이 피해자인 경우 "여자한테 환장해서 당했다.", "바보같이 그런 사진을 왜 찍어 보내냐"는 조롱 섞인 반응이 나오곤 합니다. 하지만 이는 피해자 잘못이 아닙니다. 앞서 언급했듯 인간은 누구나 성적 충동 앞에서 취약해질 수 있고 가해자들은 그 점을 교묘히 파고듭니다. 또한 피해자는 범죄 상황에서 심리적으로 위축되어 정상 판단이 어려웠던 것입니다. 그런데도 피해자를 비난하거나 웃음거리로 삼는 건 2차 가해이며 그들로 하여금 신고를 꺼리게 만들 뿐입니다. 실제 진수 씨도 부끄러움 때문에 경찰 신고를 미루다 피해를 키웠습니다. 이러한 범죄일수록 피해자의 용기 있는 신고와 주변의 지지가 중요합니다. 우리 사회가 점차 이러한 로맨스 스캠 및 성착취 범죄의 심각성을 이해하고 피해자를 보호하려는 분위기를 조성하여야만 합니다.

☕ 독자에게 드리는 조언

"몸 캠 피싱, 누구나 당할 수 있습니다. 부끄러워 말고 대처하세요."

(1) 모르는 사람과의 은밀한 영상통화, 절대 응하지 마십시오. '나는 안 그럴 것 같아' 싶겠지만, 막상 그 상황에 놓이면 누구든 판단력이 흐려질 수 있습니다. 온라인에서 알게 된 지 얼마 안 된 사람이 갑자기 성적인 통화를 시도한다? 100% 함정입니다. 애초에 그런 요구를 하는 '과감한 사람'이라면 더 경계해야 합니다. 진짜 좋은 관계로 발전하고 싶다면 그렇게 성급하게 나올 리 없습니다. 특히 몸 캠 피싱범들은 대체로 얼굴을 여성으로 위장하고 접근합니다. 예쁜 여성 프로필에 방심해서는 안 됩니다. 성별 불문하고 만난 지 얼마 안 돼 노골적 성적 호의를 보이는 이성에게는 '이유 있는 접근이다'라고 생각하고 즉각 차단하는 것이 상책입니다. 음란 사진이나 동영상 전송 요구는 물론이고 야한 행위를 함께 하자는 제안은 일단 범죄 시나리오로 보셔야 합니다. 혹시 상대의 미모와 말솜씨에 마음이 흔들리더라도 카메라 앞에서는 절대 경계심을 풀지 마십시오.

(2) 설령 연인 사이라도 민감한 사진은 주고받지 마세요. 요즘 젊은 분들은 연인끼리 은밀한 사진이나 영상을 공유하기도 합니다. 하지만 그 행위 자체가 언제든 내게 치명적인 약점이 될 수 있음을 명심해야 합니다. 실제 제 경찰 동료가 겪은 사건 중에 초반엔 진짜 연인이었다가 헤어진 뒤 상대방의 나체 사진을 유포하며 협박한 사례도 있습니다. 사랑이 식거나 사이가 틀어지면 언제든 상대방은 악의적인 존재로 돌변할 수 있고 그때 내 사진이나 영상은 평생 두고두고 협박 도구로 쓰일 위험이 있습니다. 그러니 아무리 사랑하는 사이라도 본인의 신체가 드러나는

사진·영상은 찍지도 말고 보내지도 않는 것이 안전합니다. 특히 얼굴이 나오는 누드 사진은 절대 금물입니다. '설마 내가 당하겠어' 싶겠지만, 피해자들 대부분은 그렇게 생각했다가 불행을 겪었습니다. 한 번 유출된 디지털 데이터는 완전히 삭제가 불가능하다는 것 기억하시고, 내 몸은 나 스스로 지킨다는 마음으로 스스로 절제하시기 바랍니다. 내 휴대폰의 연락처 정보 등이 유출되는 것은 상대방이 보내준 파일을 무심코 열었다가 해킹툴(악성앱, 스파이웨어 등)이 휴대폰에 심어져서 휴대폰의 연락처가 탈취되는 경우입니다. 보이스피싱·스미싱 조직이 가장 흔히 쓰는 수법 중 하나로 연락처가 유출되면 2차 피해 가능성이 큰 만큼 각별히 유의하셔야 합니다.

(3) 이미 협박이 시작됐으면 절대로 돈을 보내지 마십시오. 몸 캠 피싱범들이 협박할 때 가장 흔히 하는 말이 있습니다. "돈을 보내면 영상을 지워주겠다." 하지만 이것은 거짓입니다. 한 번 돈을 뜯어낸 범죄자는 계속 더 요구할 뿐입니다. 실제 사례들을 보면 처음에 50만 원을 보내니 100만 원을 더 요구하고, 그 다음엔 300만 원… 이렇게 끝없이 늘려가 결국 수천만 원까지 뜯긴 경우도 있습니다. 내가 잘못 대응해서 동영상이 유포되면 어쩌나 하는 두려움을 악용하는 것이지요. 하지만 돈을 보내준다고 영상을 지울 인간들이었다면 애초에 협박하지도 않았을 겁니다. 결국 영상을 유포할 놈들은 돈을 줘도 하고, 안 할 놈들은 돈을 안 줘도 안 합니다. 그렇기에 금전 요구에는 단호하게 응하지 말고 곧바로 차단 및 신고가 정답입니다. 이미 돈을 보내셨다고요? 그 또한 증거가 되니 포기하지 말고 신고하시기 바랍니다. 중요한 건 더 이상의 추가 송금을

막는 것입니다. 내키지 않겠지만 가족이나 경찰에 알리는 것이 상황 종료의 지름길임을 기억하세요.

(4) 증거를 모두 확보하고 즉시 경찰에 신고하세요. 부끄럽고 두렵더라도 범죄 피해를 최소화하려면 골든타임을 잡아야 합니다. 협박범이 영상이나 사진을 퍼뜨리기 전에 가능한 한 빨리 법의 도움을 받는 게 중요합니다. 이를 위해 대화 내용, 송금 내역, 협박 메시지, 상대 프로필 등 증거를 모두 캡처 및 저장해 두십시오. 가능하면 해당 계정의 ID, 프로필 URL 등도 기록하세요. 그리고 주저하지 말고 가까운 경찰서 또는 사이버수사대에 연락하십시오. 요즘 경찰에서도 몸 캠 피싱 전담 인력을 두어 대응하고 있습니다. 비록 해외 조직이라 검거가 어렵더라도 신고하면 영상 유포를 막기 위해 인터폴이나 해외 플랫폼과 공조하는 등 할 수 있는 조치를 최대한 취해 줍니다. 또한 경찰에 접수하면 나중에 가해자가 잡혔을 때 법적 대응을 할 수 있는 근거도 남게 됩니다. 혼자 끙끙대며 돈만 보내다 끝내지 말고 법의 보호를 적극적으로 구하는 것이 여러분의 권리이자 최선책입니다.

(5) 이미 영상이 유포되었다면 삭제 지원을 받으십시오. 안타깝게도 진수 씨 사례처럼 일부 영상이나 사진이 이미 퍼진 경우도 있습니다. 이럴 때 어떻게 하나요? 우선 전문가의 기술적 도움을 받을 수 있습니다. 국내에는 인터넷상 유포된 불법 촬영물 삭제를 지원하는 기관과 업체들이 있습니다. 여성가족부 산하 디지털성범죄피해자지원센터 등 공공기관에서도 무료로 삭제 지원을 해 주고 민간 업체들도 있습니다. 비용이 들 수 있지만 필요하다면 경찰과 상의하여 그런 도움을 검토해 보세

요. 무엇보다 본인을 책망하지 말고 심리적인 도움을 받는 게 중요합니다. 디지털 성범죄 피해자 지원 상담 창구도 있고 전문 심리상담가들도 이러한 트라우마에 대한 치료 경험이 늘어나고 있으니 주저 말고 문을 두드리십시오. 부끄러워할 일도, 당신 혼자만의 잘못도 아닙니다.

(6) 남성 피해자도 목소리를 내고 도움을 청하십시오. 마지막으로 꼭 드리고 싶은 말은 이런 수치스런 협박을 당했다고 해서 결코 당신의 가치가 떨어지지는 않습니다. 때로 남성들은 이런 일을 당하면 주변을 의식하고 '남자 망신이다'라며 숨기고만 싶어하는데 이는 가해자들이 바라는 바입니다. 피해자가 숨으면 숨을수록 그들은 더 대담해집니다. 절대 그늘에서 혼자 괴로워하지 마세요. 부끄러움은 잠시입니다. 도움을 청하면 분명 이겨낼 방법이 생깁니다. 실제로 10대 청소년부터 유명 유튜버까지 몸 캠 피싱을 당한 사례가 알려지면서 이제는 '누구나 피해자가 될 수 있다'는 인식이 조금씩 확산되고 있습니다. 그러니 성별에 관계없이 협박 범죄의 피해자라는 점을 강조하고 당당히 구조를 요청하십시오.

마지막으로 강조하건대 온라인상에서 벌어지는 모든 로맨스 스캠과 몸 캠 피싱의 본질은 같습니다. 바로 '사랑을 미끼로 한 사기'라는 점입니다. 달콤한 말이나 자극적인 유혹 뒤에 돈 이야기가 나오거나 나의 민감한 정보를 요구한다면 일단 의심부터 하는 습관을 들이세요. 아무리 외롭고 사랑받고 싶어도 나 자신을 지키는 책임은 결국 내게 있다는 것을 잊지 않으셨으면 합니다. 여러분 각자의 소중한 사랑과 삶을 범죄의 그림자로부터 지켜 내시길 진심으로 바랍니다.

8장
[에피소드]
투자 지옥 – 다단계·폰지 사기의 덫

에피소드 1 :
건강기능식품 다단계의 함정

　박 모 씨(55세, 주부)는 지인의 소개로 한 건강기능식품 사업 설명회에 참석하게 되었습니다. 경제적으로 여유롭지 않은 상황에서 '소액 투자로 고수익을 올릴 수 있다'는 말에 혹했습니다. 설명회장은 열띤 분위기였습니다. 무대에는 정장 차림의 사업자들이 마이크를 잡고 "한 달에 수천만 원 버는 주부도 있다"는 성공담을 쏟아 냈습니다. 벽면 스크린에는 해외 여행을 다녀온 단체 사진과 고급 승용차를 전달받는 상위 회원들의 모습이 슬라이드 쇼처럼 흘러나왔습니다. 박 씨는 반신반의하면서도 주변을 둘러보았습니다. 자기 또래의 중년 여성들이 고개를 끄덕이며 박수를 치고 몇몇은 눈물을 글썽이기까지 했습니다. "제가 이 제품을 만나 건강도 되찾고 경제적 자유도 얻었어요!" 무대 위 성공자의 간증에 박 씨의 가슴도 두근거리기 시작했습니다.

설명회 후반에 이르자 사회자는 자연스럽게 투자 조건을 소개했습니다. 건강기능식품 세트를 구매하여 회원으로 가입하면 사업에 참여할 수 있다고 하였습니다. 회원 가입비와 초기 물품 구매비로 500만 원이 필요했지만 '지금 가입하면 특별 할인과 보너스'가 주어진다는 말에 여기저기서 동의서에 사인하는 사람들이 나왔습니다. 박 씨를 이끌고 온 지인은 "나도 이 정도 투자해서 한 달 만에 다 회수했다"며 그녀를 부추겼습니다. 박 씨는 평소라면 큰돈이었지만, '병도 낫고 돈도 버는 일석이조 기회'라는 말에 마음이 움직였습니다. 마침내 그녀는 퇴직금에서 500만 원을 꺼내 회원 가입을 하고 제품을 받았습니다. 상위 사업자는 박 씨에게 축하 인사를 건네며 '이제 곧 월급 이상의 수당을 벌게 될 것'이라고 장담했습니다.

하지만 사업은 생각처럼 풀리지 않았습니다. 건강식품 자체는 시중 제품보다 훨씬 비싼 가격이어서 박 씨가 아는 지인들은 선뜻 구매하려 하지 않았습니다. '품질이 좋아서 비싸다'는 회사 측 설명과 달리 인터넷 검색을 해 보니 비슷한 성분의 다른 제품보다 몇 배 이상 비쌌습니다. 첫 달에 가족과 가까운 친척들에게 간신히 몇 세트 판매했지만 곧 판매는 정체되고 말았습니다. 그러자 상위 스폰서는 물건을 팔기보다는 새로운 회원 모집에 집중하라고 조언했습니다. "물건은 안 팔아도 돼. 사람만 데려오면 수당을 받아요." 박 씨는 의아했지만 회사가 강조하는 '네트워크 마케팅'의 요체는 회원 확장에 있다는 설명이 이어졌습니다. 추천인으로서 신규 회원이 낸 가입비와 물품 구입액의 일부를 보너스로 받는 구조였습니다. 즉 직접 판매 수당보다 다른 사람을 끌어들이는 추천 수당이 더 큰 비중을 차지하는 보상 플랜이었습니다.

박 씨는 고민 끝에 친구와 동네 이웃 몇 사람에게 연락했습니다. 그들에게 "정말 품질 좋은 건강식품인데, 회원이 되면 싸게 사고 사업 기회도 있다"고 설득했습니다. 친분으로 억지로 두 명이 가입하긴 했지만 이웃 한 명은 며칠 뒤 찾아와 환불을 요청했습니다. 집에서 가만히 생각해 보니 자신이 굳이 살 필요 없는 비싼 영양제를 충동적으로 산 것 같다는 것이었습니다. 박 씨는 회사에 환불을 문의했으나, "포장을 개봉했으면 환불이 어렵다"는 답이 돌아왔습니다. 이웃과의 사이는 크게 악화되었고 박 씨는 심한 죄책감을 느꼈습니다.

시간이 지날수록 박 씨의 재고는 쌓여만 갔습니다. 애초에 본인이 먹지도 못할 분량의 건강기능식품을 떠안고 있었고, 매달 실적을 올리지 못하면 회원 자격이 내려간다는 압박까지 받았습니다. 상위 사업자는 "지금 힘들어도 제품을 사재기해서라도 직급을 유지해야 나중에 큰돈을 번다"고 종용했습니다. "곧 회사가 더 성장하면 초창기 멤버인 우리에게 주식 배당도 줄 거예요"라는 말도 덧붙였습니다. 회사 대표는 종종 온라인 방송에 등장해 "곧 해외 시장 진출과 코스닥 상장을 앞두고 있다"고 발표했습니다. 박 씨는 점차 이 사업이 단순한 판매를 넘어 거대한 투자 기회인 것처럼 느껴졌습니다. 혹시나 하는 기대에 신용카드 현금서비스까지 받아 물품을 추가 주문하면서까지 자리를 지켜봤습니다.

그러던 어느 날 박 씨는 청천벽력 같은 소식을 들었습니다. 회사 본사가 경찰의 압수수색을 받았다는 것이었습니다. 알고 보니 이 업체는 공정거래위원회에 등록조차 하지 않은 불법 다단계 조직이었고 실체 없는 사업으로 투자금만 끌어모으는 폰지 사기를 벌이고 있었습니다. 회사 대표와 간부들은 신규 회원들의 돈으로 기존 회원들에게 일부 수당을 돌려막기 하다가 회원 모집이 둔화되자 한순간에 드러나 체포되었습니다. 박 씨는 그제서야 자신이 애써 외면했던 사실들을 직시했습니다. '좋은 사업'이라던 건강기능식품은 애초에 판매가 목적이 아니었고, 자신과 수천 명의 회원들은 그저 피라미드식 투자 사기의 희생양에 불과했습니다.

눈앞이 캄캄해진 박 씨는 한숨을 쉬며 통장 잔고를 확인했습니다. 이미 천만 원이 넘는 돈을 잃은 뒤였습니다. 물품 재고는 쓸모없는 상자로 남았고, 주변 인간관계에는 금이 갔습니다. 가족들은 애초에 박 씨를 말렸지만 "당신이 뭘 알아?"라며 오히려 화를 냈던 자신을 떠올리니 얼굴이 화끈거렸습니다. 피해자 모임에 나가 보니 자신처럼 가정주부부터 노인, 심지어 대학생까지 다양한 사람들이 같은 회사에 속았다는 것을 알게 되었습니다. 모두가 '믿는 순간' 지옥이 시작되었습니다.

심리학적 해설

왜 박 씨와 같은 사람들이 이러한 다단계 투자의 함정에 빠져드는 걸까요? 먼저 탐욕, 즉 누구나 돈을 벌고 싶어하는 마음을 사기꾼들이 교묘히 자극했기 때문입니다. 인간은 눈앞에 큰 이익이 보이면 경계심이 무뎌지기 쉽습니다. 특히 경제적으로 어려움을 겪는 사람일수록 '작은 투자로 큰돈을 벌 수 있다'는 말에 흔들리기 쉽습니다. 박 씨도 고수익에 대한 욕망으로 냉정함을 잃고 말았습니다. 전문가들은 '사기꾼들은 피해자의 욕망을 부추겨 허황된 기대를 심어 준다'고 지적합니다. 마음 속 욕심이 한번 불붙으면 제안이 비현실적이거나 거짓일 가능성을 알아차려도 의심을 억누르고 믿어 보고 싶어하는 경향이 생겨납니다. 박 씨가 '이번만큼은 진짜일지도 몰라'라고 스스로를 설득하며 가입을 결심한 것이 그런 사례입니다.

또한 사회적 증거(social proof)의 영향도 컸습니다. 다단계 설명회장에서 박 씨는 다른 참석자들이 열광하는 모습을 보고 마음을 놓았습니다. 심리학적으로 사람은 주위에서 다수가 동의하고 열광하면 일종의 안도감을 느끼며 그 행동을 따라 하려는 경향이 있습니다. 군중심리라고도 불리는 이런 현상 때문에 사기 피해자는 '다들 좋다는데 나만 의심할 필요 있나' 하고 방심하게 됩니다. 설명회에 동원된 사람들 중에는 회사 측에서 고용한 바람잡이(shill)도 있었을지 모릅니다. 실제 다단계 사기사건들에서 유명인이나 기존 성공자를 동원해 신뢰를 얻는 수법은 흔합니다. 앞선 사례의 회사도 유명 연예인을 광고 모델로 내세워 신뢰도를 높였던 것으로 드러났습니다. 많은 사람이 믿고 있다는 분위기 자체가 피해자의 판단력을 흐리게 하였습니다.

확증편향(confirmation bias) 역시 한몫했습니다. 이는 보고 싶은 것만 보고 믿고 싶은 정보만 취하는 인간 심리를 말합니다. 박 씨는 가입 후 사업이 잘 풀리지 않자 여러 의심스러운 정황을 마주했습니다. 제품 가격이 터무니없이 높다는 사실, 지인들이 등을 돌리는 상황 등 부정적 신호가 있었지만 그녀는 애써 '회사가 곧 상장된다니 좀 더 버텨보자'는 식으로 긍정적인 면만 보려 했습니다. 이미 투자한 돈이 아깝기도 하고 자신의 선택이 틀리지 않았음을 믿고 싶었던 심리 때문입니다. 이렇게 확증편향에 빠지면 누구든지 객관적 판단을 잃고 스스로 속아 넘어가기 쉽습니다.

마지막으로 다단계 조직이 활용한 공포와 압박 전략도 심리적 요인입니다. '지금 안 하면 손해 본다', '이번이 마지막 기회' 같은 말은 인간의 FOMO를 자극합니다. 박 씨도 '초창기 멤버만 혜택을 볼 수 있다'는 말을 듣고 조급해졌습니다. 또한 조직에서 직급 유지, 매출 압박을 가하며 조직에 대한 충성을 강요한 것도 일종의 심리 조작입니다. 다단계 교육에서는 종종 세뇌에 가까운 방식으로 '긍정적인 생각만 하라'거나 외부 비판을 차단시키는데, 이것은 비판적 사고를 마비시키는 효과가 있습니다. 이러한 환경에서는 평소 합리적인 사람도 판단력을 잃고 맹목적으로 따르게 됩니다.

요컨대 불법 다단계 사기는 인간 심리의 약점을 파고듭니다. 경제적 어려움에 놓인 사람의 탐욕, 주변 사람들이 모두 속은 것처럼 보이게 만들어 방심하게 하는 사회적 증거, 스스로 믿고 싶은 것만 믿게 만드는 확증편향, 그리고 기회를 놓칠까 불안하게 만드는 군중심리와 조급함을 한데 묶어 자극합니다. 그 결과 피해자들은 자신의 의지로 판단해 투자했다고 여기지만 사실은 치밀하게 조종된 심리 상태에서 합리적 판단을 못한 경우가 많습니다. 실제로 앞서 박 씨 사례 같은 불법 피라미드 투자는 우리 사회에 적지 않습니다. 몇 해 전 적발된 한 화장품 투자 다단계 사기에서는 7,300여 명에게서 1조 2천억 원대의 돈을 끌어모으기도 했습니다. 이 사건에서도 '매월 5% 수익 보장'이나 '주식 상장 시 두 배 수익' 같은 거짓말로 피해자들을 현혹하고, 신규 투자금으로 기존 회원 수당을 지급하는 폰지 사기 수법이 동원되었습니다. 피해자들은 평범한 주부부터 자영업자, 노년층에 이르기까지 다양한 계층이었지요. 이처럼 다단계 투자 사기는 남녀노소를 막론하고 우리의 믿음과 욕망을 파고드는 보편적인 위험임을 기억해야 합니다.

> ### ☕ 독자에게 드리는 조언
>
> 다단계 투자 사기의 덫에서 스스로를 지키기 위해서는 몇 가지 원칙을 꼭 기억하시기 바랍니다. 첫째, '고수익 보장'을 강조하는 제안은 일단 의심부터 해야 합니다. 합법적인 투자에는 어떤 형태로든 위험이 따르기 마련이며 누군가 위험 없이 높은 수익을 약속한다면 그것은 정상적인 사업일 수 없습니다. 특히 상품 판매보다는 회원 가입과 투자금 모집에 집중하는 사업구조라면 폰지 사기나 불법 피라미드를 강하게 의심해야 합니다.
>
> 둘째, 아무리 가까운 지인이 권유해도 검증 절차를 거치십시오. 친구나 친척도 자신도 모르게 사기 피해를 당해 남을 끌어들이는 경우가 흔합니다.

'친구가 하니까 괜찮겠지'라는 방심은 매우 위험합니다. 자신만의 판단 기준을 세우고 투자 결정 전에 반드시 객관적인 정보 확인을 생활화해야 합니다. 예를 들어 정상적인 회사라면 공정거래위원회에 다단계 판매업으로 등록이 되어 있을 것입니다. 공정거래위원회나 금융감독원 웹사이트에서 해당 업체가 등록된 합법 업체인지 조회해 보고 소비자 피해 사례나 제재 이력이 없는지 찾아보세요. 조금이라도 관련 정보가 부족하거나 불투명하다면 과감하게 발을 빼는 용기가 필요합니다.

셋째, 설명회나 세미나 현장에서 분위기에 휩쓸리지 말고 충분한 시간을 갖고 판단하십시오. 사기범들은 흔히 '지금 계약해야 혜택을 준다'거나 '자리가 얼마 안 남았다'며 결정을 재촉합니다. 이는 피해자가 생각할 틈을 갖지 못하게 하려는 술책입니다. 이럴 때일수록 한 박자 쉬는 습관을 들이세요. 집에 돌아와 가족이나 제3자의 의견을 들어보고 계약서는 꼼꼼히 검토한 후에 결정해도 늦지 않습니다. 급할수록 돌아가라는 말처럼 냉각기간을 가지면 감정에 휩싸였던 마음이 차분해져 잘못된 결정을 피할 수 있습니다.

넷째, 불법 다단계를 의심케 하는 징후들을 알아 두세요. 예를 들어 초기 가입비나 고가의 물품 구매를 강요하고 판매보다는 사람 소개에 따른 수당이 크다면 위험 신호입니다. 또한 '특별한 정보'라며 폐쇄적으로 움직이고 외부에 사업 내용을 밝히지 말라고 한다면 정당한 사업이 아닐 확률이 높습니다. 법은 다단계 판매업체가 소비자에게 주요 정보를 공개하도록 정하고 있습니다. 환불 규정이 불명확하거나 매출 없이 회원 유지가 어렵게 압박한다면 그런 회사와는 거리를 두어야 합니다.

끝으로 이미 피해를 입었다면 혼자 고민하지 말고 신고와 도움을 요청하십시오. 다단계 사기를 당하면 창피하고 두려운 마음에 숨기기 쉬우나 혼자 삭이는 사이 피해는 더욱 커질 수 있습니다. 경찰이나 관할 지자체에 불법 피라미드 조직을 신고하고 피해자 모임이나 상담 창구를 통해 법적 대응을 준비하십시오. 대부분의 다단계 사기는 초기에 개입하면 피해 확산을 막을 수 있으므로 용기를 내어 행동하는 것이 중요합니다. 저 또한 형사로 일하면서 수많은 다단계 사기사건을 수사했습니다. 그때마다 느끼는 것은 '내 돈은 내가 지킨다'는 원칙을 평소에 새기는 게 최선의 예방책이라는 사실입니다. 남의 말만 믿지 말고 스스로 정보를 찾고 결정하세요. 작은 의심이 큰 손해를 막아 줍니다. "덜 믿고, 더 확인하라"는 조언을 명심하시길 바랍니다. 아무리 친한 사람이 권유해도 금전 거래에서는 한 번 더 확인하는 습관이 여러분의 소중한 자산과 가족을 지키는 든든한 버팀목이 됩니다.

에피소드 2 :
고수익 투자 사기의 늪

김 모 씨(49세, 자영업)는 작년 말 한 투자 세미나에 다녀온 후부터 삶이 송두리째 흔들렸습니다. 평소 작은 식당을 운영하며 모은 돈 1억 원을 투자 사기로 날리고 말았기 때문입니다. 당시 김 씨는 지인의 소개로 '최신 인공지능(AI) 기술로 고수익을 낸다'는 투자 설명회를 접했습니다. 설명회장은 번듯한 도심 오피스 건물에 자리잡고 있었고, 주최 기업 이름도 그럴듯했습니다. 회사 직원들은 "우리는 AI 알고리즘으로 연 600% 수익을 내고 있다"면서 김 씨 같은 잠재 투자자들을 열정적으로 설득했습니다. 김 씨는 처음엔 의심했습니다. 너무 과장된 수치처럼 보였기 때문입니다. 하지만 직원들은 노트북을 열어 실제 투자 성과라며 그래프와 거래 내역을 보여 주었습니다. 며칠 만에 원금의 20~30% 수익을 달성한 계좌 화면을 보자 김 씨의 마음도 흔들리기 시작했습니다. "저건 제 돈을 굴린 건데, 보시다시피 수익이 나고 있습니다." 직원의 설명에 함께 온 지인도 거들었습니다. "나도 조금 넣어 봤는데 진짜 하루하루 불어나더라니까." 김 씨는 귀가 번쩍 뜨였습니다. 얼마 후 그는 300만 원을 시험 삼아 이 업체에 투자하기로 결심했습니다.

놀랍게도 결과는 금방 나타났습니다. 일주일 만에 투자 계좌에 30만 원 가량의 이익이 붙었습니다. 회사 측은 김 씨에게 "언제든 인출 가능하다"고 안내했습니다. 반신반의하며 출금 신청을 해 보니 며칠 뒤 통장에 이자가 입금되었습니다. 이쯤 되니 김 씨의 경계심은 눈 녹듯 사라졌습니다. '정말 되는구나' 하는 마음에 그는 갖고 있던 1억 원 중 절반인 5천만 원을 추가로 투자했습니다. 회사에서는 큰손 투자자라며 VIP로 우대했고, 김 씨를 전담하는 매니저까지 붙였습니다. 매니저는 수시로 전화를 걸어 "요즘 수익률이 더 좋아졌다", "이번 달에만 50% 수익도 가능하다"는 소식을 전했습니다. 김 씨의 눈앞에는 식당 일로 힘들게 번 돈을 몇 배로 불릴 수 있다는 욕심이 아른거렸습니다. 그는 아내에게도 말하지 않은 채 남은 돈까지 모두 이 회사 투자 계좌에 넣어 버렸습니다.

처음 몇 달간 김 씨의 계좌는 실제로 불어나는 것처럼 보였습니다. 전용 앱에서 투자 수익금이 숫자로 쌓여 갔고 김 씨는 기분 좋게 이를 지켜봤습니다. 하지만 정작 그는 출금을 미룬 채 더 오래 굴리면 좋겠다는 생각만 했습니다. 회사 매니저가 "지금 빼지 말고 재투자하면 복리 효과로 더 큰 돈을 벌 수 있다"고 부추겼기 때문입니다. 김 씨는 이미 원금을 회수할 수 있는 시기도 지나쳤지만 욕심에 눈이 멀어 아무런 조치를 취하지 않았습니다. 그러던 어느 날 투자 앱이 갑자기 로그아웃되더니 접속 오류가 나기 시작했습니다. 담당 매니저에게 전화를 걸었지만 '서버 점검 중'이라는 답만 돌아왔습니다. 불안한 마음에 며칠을 기다리던 김 씨는 마침내 사무실을 직접 찾아갔습니다. 그러나 번듯했던 오피스는 텅 비어 있었고 함께 투자했던 지인들도 모두 같은 날 연락이 두절되었다는 사실을 알게 되었습니다. 그제서야 김 씨는 자신이 폰지 사기에 당했다는 것을 깨달았습니다.

알고 보니 그 투자 회사는 겉으로는 핀테크 스타트업을 가장하고 뒤에서는 전형적인 유사수신 행위를 벌인 사기 조직이었습니다. 인공지능을 통한 거래나 고수익 알고리즘은 애초에 존재하지 않았고 김 씨에게 입금되었던 초기 이자는 모두 다른 피해자들의 돈으로 충당한 것이었습니다. 김 씨처럼 큰돈을 넣은 피해자들을 안심시키려고 일부러 초기 환급을 해 준 뒤 더 많은 돈을 유인했습니다. 결국 신규 투자 금액이 줄어들자 더 이상 돌려줄 돈이 없어 종적을 감춘 것이었습니다. 수백 명의 피해자가 경찰에 고소장을 제출했고 김 씨도 어렵사리 아내에게 사실을 털어놓았습니다. 청천벽력 같은 사태에 김 씨의 아내는 충격으로 한동안 말문을 열지 못했습니다. 평생 장사하며 모은 돈을 순식간에 잃었다는 현실에 김 씨 본인은 물론 가족들까지 큰 상실감에 빠졌습니다.

심리학적 해설

김 씨가 당한 고수익 투자 사기는 다단계 판매처럼 보이는 상품이 있는 것도 아니고 비교적 단기간에 벌어지는 경우가 많습니다. 이른바 폰지 사기라는 형태로 신규 투자자의 돈으로 기존 투자자에게 이자를 지급하며 투자 사업이 잘 되고 있다는 착각을 일으키는 수법입니다. 이러한 사기는 왜 그렇게 많은 사람을 속일 수 있었을까요?

가장 큰 요인은 바로 인간의 탐욕과 과신입니다. 김 씨는 연 600%라는 비현실적인 수익률을 보고도 '혹시나 실제일지도 모른다'는 마음을 버리지 못했습니다. 남들보다 내가 똑똑해서 남들이 모르는 좋은 기회를 알아봤다고 스스로 믿고 싶어한 것이지요. 이를 과잉확신(overconfidence) 또는 자기과신 심리라고 합니다. 많은 투자 사기 피해자들이 '나는 운이 좋고 남들보다 투자에 능하다'는 막연한 자신감에 취해 경고 신호를 무시하곤 합니다. 김 씨도 초기에 느꼈던 의심을 이내 떨쳐 버리고 본인의 판단을 지나치게 믿은 채 거액을 추가 투자하고 말았습니다. 전문가들은 '설마 내가 속겠어 하는 생각 자체가 위험 신호'라고 강조합니다. 똑똑한 사람일수록 오히려 이런 함정에 빠질 수 있음을 명심해야 합니다.

또한 확증편향이 작용한 부분도 눈에 띕니다. 김 씨는 투자 후 초기 이자를 몇 번 수령하자 그때부터 이 투자가 안전하고 수익성이 높다는 믿고 싶은 정보만 받아들였습니다. 중간에 한두 번 인출을 시험해볼 법도 했지만 오히려 '더 오래 굴려야 많이 번다'는 회사 측 말만 믿고 계속 돈을 맡겼습니다. 이는 자신이 옳다고 믿는 부분만 선택적으로 신뢰하고 반대되는 정보는 무시하는 확증편향의 전형입니다. 주위에서 '너무 높은 이익을 주는 건 수상하다'는 말을 들었어도 김 씨는 '그래도 내 돈 들어왔잖아'라는 근거를 들어 경고를 무시했을 가능성이 큽니다. 객관적 증거보다는 자신의 경험 몇 건에 의존해 판단을 내린 것입니다. 결국 이러한 확증편향 때문에 그는 제대로 된 의사결정을 할 기회를 스스로 차단하고 말았습니다.

사회적 증거와 신뢰의 남용도 간과할 수 없습니다. 김 씨를 그 회사에 소개한 지인 역시 같은 목적에 돈을 넣고 있었고 김 씨보다 먼저 이익을 봤다고 말했습니다. 이런 경우 사람은 "가까운 사람이 이미 해봤는데 괜찮다더라"는 이유만으로 신뢰도를 높게 평가합니다. 이를 심리학에서는 친분에 따른 신뢰 혹은 후광 효과라고 부르는데 알고 보면 그 지인도 하나의 피해자에 지나지 않았을 수 있습니다. 투자 사기범들은 처음에 몇몇을 포섭해 '내 주변 사람들도 한다'는 입소문을 의도적으로 냅니다. 특히 김 씨 사건처럼 대학 동문, 친목 모임 등을 통해 퍼지는 투자 사기라면 이를 친족 사기 혹은 친분 사기(affinity fraud)라고 부르는데 공동체의 신뢰를 악용하는 아주 교활한 수법입니다. 김 씨의 경우 지인을 통해 경계심이 무너진 채 설명회에 참석했고, 또 설명회 현장에서 다른 투자자들이 모두 호의적인 반응을 보이는 것을 보고 '이 정도면 믿을 만하다'고 착각했을 것입니다. 그렇게 군중심리에 편승하고 말았다는 분석이 가능합니다.

마지막으로 사기범들이 만든 전문성의 환상도 심리적 요인입니다. 김 씨는 투자 설명회장에서 복잡한 기술 용어와 전문 그래프를 보았습니다. 인공지능, 알고리즘, 차익거래, 가상화폐 등 일반인이 쉽게 이해하기 어려운 용어들은 일종의 권위 효과를 냅니다. 사람들은 자신이 잘 모르는 분야에서 그럴듯한 설명을 들으면 상대를 전문가로 여기고 신뢰하는 경향이 있습니다. 사기범들은 이러한 심리를 이용해 현실성이 결여된 말도 기술적으로 포장합니다. 김 씨 또한 AI 기술과 HTS(증권 거래 시스템) 화면을 보고 '나보다 이 사람들이 잘 아는구나'라고 여겼을 것입니다. 결국 권위에 대한 맹신과 정보 비대칭이 결합되면서 피해자는 점점 이성적 판단력을 상실하고 상대가 시키는 대로 따르게 됩니다.

이러한 심리적 함정을 파악하고 나면 김 씨가 왜 그런 선택을 했는지 이해할 수 있습니다. 결국 투자 사기는 과도한 욕심, 자신만은 다를 것이라는 과신, 주변 사람들의 말에 휩쓸리는 사회적 영향, 전문가 행세에 대한 현혹 등이 종합적으로 작용하여 일어납니다. 국제적으로 악명 높은 폰지 사기의 대명사인 버나드 메이도프의 사례를 봐도 유명 은행가와 대학, 부호들까지 그의 그럴듯한 말과 평판에 속아 거액을 맡겼습니다. 우리나라에서도 앞서 언급한 사례들처럼 거액의 투자 사기가 반복되고 있습니다. 중요한 것은 이러한 사건들이 단순히 욕심 많은 '남의 일'이 아니라 보통 사람 누구나 빠질 수 있는 함정이라는 점입니다.

> ☕ **독자에게 드리는 조언**
>
> 고수익을 미끼로 한 투자 사기는 겉으로 포장된 이야기가 그럴듯해서 누구라도 방심하기 쉽습니다. 형사로서 수많은 투자 사기사건을 접해 본 제 조언은 다음과 같습니다.
>
> 첫째, 원금 보장, 확정 수익률을 강조하는 투자는 무조건 의심하십시오. 합법적인 금융사는 이런 표현을 함부로 쓰지 않습니다. 가령 '월 10% 보장' 같은 문구는 금융당국이 불법으로 간주하는 광고입니다. 설령 친한 사람이 추천하더라도 '정말 그런가?' 하고 반대로 생각해 보는 습관이 필요합니다. 높은 이익을 내는 방법은 남들 눈에 띄지 않게 조용히 진행되지 결코 불특정 다수를 상대로 세미나까지 열며 공개적으로 권유하지 않는다는 점을 기억하세요.
>
> 둘째, 투자 사기의 전형적인 수법을 미리 공부해 두십시오. 최근 등장한 투자 사기들은 신기술이나 신종 금융상품을 내세우지만 본질은 예나 지금이나 같습니다. 대표적으로 ▲이자로 꾸준히 돈을 넣게 한 뒤 잠적하는 폰지 사기, ▲실체 없는 가상화폐를 발행해 가격이 폭등할 거라고 속이는 코인 사기, ▲해외 부동산이나 예술품 등에 투자한다고 속여 돈을 모은 뒤 개인

용도로 유용하는 유사 투자 사기 등이 있습니다. 이들의 공통점은 '남들이 모르는 특별한 기회'를 강조하며 검증할 시간을 주지 않고 빨리 결정하도록 압박합니다. 또한 투자금을 모집할 때 은행 계좌가 아니라 특정 어플이나 해외 송금을 요구하거나 다단계 추천 구조를 첨가하기도 합니다. 이런 특징을 알면 미리 경계를 세울 수 있습니다.

셋째, 공식 기관을 통한 확인 절차를 거치십시오. 금융상품 투자는 반드시 금융위원회나 금융감독원 인가를 받은 곳에서 이뤄져야 안전합니다. 투자 권유를 받았다면 그 회사 이름이 금융당국의 인허가 리스트에 있는지 찾아보세요. 없는 회사라면 불법 유사수신행위일 가능성이 큽니다. 또한 경찰청이나 한국소비자원에서 발표하는 사기 경보를 자주 확인하는 것도 도움이 됩니다. 최근 사례로 언급된 회사명이나 수법과 일치한다면 바로 발을 빼야 합니다. 공정거래위원회나 지자체에서 불법 피라미드 업체 경고 명단을 공개하는 경우도 있으니 참고하십시오. 즉 투자 전 한 번의 검색이 큰 화를 막아 줄 수 있다는 뜻입니다.

넷째, 기록을 남기고 증인을 만들어 두십시오. 사기 피해를 막기 위해 계약 내용은 반드시 문서로 받고 의심될 경우 대화 녹음이나 주고받은 메시지를 보관하세요. 이는 추후 법적 대응 시 유리할 뿐만 아니라, 애초에 상대가 선뜻 문서를 주지 않거나 말을 흐린다면 그 자체로 의심해볼 근거가 됩니다. 김 씨의 경우도 투자 약정서 한 장 없이 돈을 입금했는데 정당한 회사라면 최소한 공식 계약서나 설명서, 사업 제안서를 제공했어야 맞습니다. 투자 결정 전에 주변에 알리고 상의하는 것도 좋은 방법입니다. 사기범들은 피해자가 혼자 결정하고, 혼자 고민하게 만드는 걸 좋아합니다. 반대로 여러 사람과 정보를 공유하면 그만큼 위험은 줄어듭니다.

다섯째, 미끼 수당이나 초기 수익에 현혹되지 마십시오. 폰지 사기꾼들은 처음에 일부러 작은 돈을 잘 보내 주며 신뢰를 쌓습니다. 하지만 그 호의는 오래가지 않는 덫일 뿐입니다. '더 벌고 싶다면 계속 맡겨라', '주변에도 추천해라'라는 말이 나오기 시작하면 즉시 경계해야 합니다. 이미 번 돈이 있더라도 과감히 인출하고 발을 빼야 합니다. 투자 세계에는 "황금알을 낳는 거위는 없다"는 속담이 있습니다. 꾸준히 황금알을 낳는 것처럼 보여도 어느 날 거위가 통째로 사라져 버릴 수 있다는 뜻이지요. 항상 적정한 시점에 원금을 확보하고 수익이 비정상적으로 높으면 의심하는 안전장치를 마음속에 세워두세요.

김 씨처럼 피해를 입은 분들에게 당부하고 싶은 말이 있습니다. 너무 자책하지 마십시오. 투자 사기는 그 수법이 매우 정교하고 교묘하여 누구나 속을 수 있습니다. 스스로를 '내가 어리석었다'고 탓하며 헤어나지 못하면 회복이 어렵습니다. 중요한 것은 앞으로 동일한 실수를 반복하지 않는 경험을 얻었다는 점입니다. 만약 사기를 당했다면 즉시 관계 당국에 알리고 법적 조치를 취하십시오. 경찰 수사와 별개로 민사 소송이나 피해자 모임을 통해 최대한 피해 회복을 도모해야 합니다. 혼자 괴로워하기보다 주변의 조언을 구하고 도움을 받는 것이 심리 회복에도 큰 도움이 됩니다. 가족이나 친구에게 털어놓기 부끄럽겠지만 가까운 이들의 지지야말로 재기의 발판이 됩니다. 법률 전문가와 상담해보는 것도 추천합니다. 요즘은 피해자 지원 센터 등을 통해 무료 법률 지원과 심리 상담도 가능하니 활용해 보세요.

> 마지막으로 어떤 투자 유혹 앞에서도 '내 돈은 내가 지킨다'는 마음을 잃지 마십시오. 이는 스스로를 의심하라는 뜻이 아니라, 내 돈을 노리는 그 누구보다 내가 주인의식을 가지라는 뜻입니다. 남들이 다 한다고 무작정 따라가지 말고 마음속에 '항상 사기가 도사리고 있을지 모른다'는 경계를 늦추지 마시길 바랍니다. 금융사기의 덫은 생각보다 가까이에 있고 우리가 믿는 순간부터 조용히 작동하기 시작합니다. 그렇기에 덜 믿고 더 살피는 지혜만이 투자 지옥에 빠지지 않는 길임을 명심하시기 바랍니다.

에피소드 3 :
친구 추천 투자, 은밀한 배신

이 모 씨(37세, 회사원)는 두 달 전 절친한 친구로부터 한 통의 전화를 받았습니다. "좋은 투자 기회가 있는데 너도 한번 들어 보지 않을래?" 오랜 친구인 만큼 이 씨는 큰 의심 없이 이야기를 들어 보기로 했습니다. 친구는 자신의 대학 선배가 부동산 개발 관련 투자 프로젝트를 진행 중인데 연 20% 수익을 약속한다고 전했습니다. 게다가 투자자 대부분이 친구와 공통으로 알고 지내는 동창 모임 회원들이라는 말도 덧붙였습니다. 이 씨는 솔깃했습니다. 잘 아는 사람들이 이미 투자해서 이익을 보고 있다니 신뢰감이 생겼기 때문입니다. 며칠 뒤 친구는 직접 선배를 만나게 자리를 주선했습니다.

약속 장소는 주말 저녁, 도심의 한 카페 VIP룸이었습니다. 친구의 대학 선배라는 최 모 대표는 처음 만난 이 씨에게 선뜻 반가움을 표시했습니다. "평소 이름 많이 들었어요. 믿을 만한 분이라고 하던데 함께해 주시면 좋겠습니다." 그는 준비된 태블릿으로 깔끔한 프레젠테이션을 보여 주었습니다. 도심 근교에 신축 물류센터를 짓는 사업이라며, 토지 매입부터 인허가 진행 상황, 예상 임대 수익까지 상세한 자료를 보여 주었습니다. 이 씨는 내용이 제법 그럴싸하다고 느꼈습니다. 질문을 몇 가지 던져 보았지만 최 대표는 막힘없이 답변했고 관련 공문서와 계약서 사본도 제시했습니다. 심지어 근처 시공사 대표와 함께 찍은 사진, 지자체장과 악수하는 사진까지 있어 보였습니다. 이 씨는 속으로 '친구 선배라더니 상당히 발이 넓은 사람이구나'라고 생각했습니다.

이윽고 투자 조건이 설명되었습니다. 최소 투자 금액은 1천만 원, 기간은 1년이며, 부동산 개발이 완료되면 원금에 더해 20%의 이익을 돌려주겠다는 약정이었습니다. 투자자 보호를 위해 공탁 증서도 발행해 주겠다고 했습니다. 옆에서 듣던 친구는 "나도 2천만 원 했어. 우리 동창들 A, B도 각각 했고. 다들 믿을 만하니까 한 거지"라며 거들었습니다. 평소 돈 이야기라면 깐깐한 성격이던 친구마저 이렇게 확신하는 모습을 보이자 이 씨는 거의 마음을 굳혀 갔습니다. 무엇보다 어렸을 때부터 알고 지낸 친구가 함께하는 투자라니 의심할 이유가 없어 보였습니다. 그날 그 자리에서 이 씨는 1천만 원을 투자하겠다고 구두로 약속했고, 며칠 내 계약서에 서명하고 돈을 보내기로 했습니다.

투자 후 두 달간은 조용했습니다. 개발 프로젝트는 원래 오래 걸리니 별다른 소식이 없는 게 당연하다 여겼습니다. 그런데 세 달째 되던 즈음 우연히 그 친구와 만난 자리에서 이 씨는 찜찜한 이야기를 들었습니다. 친구가 작은 목소리로 "사실 좀 이상한 얘기가 돈다"고 말을 꺼낸 겁니다. 다른 동창 한 명이 투자금 일부를 급히 빼려고 했는데 최 대표가 미적거리며 계속 연기하고 있다는 것이었습니다. "혹시 문제 생긴 건 아니겠지?" 친구의 얼굴에도 불안이 드러났습니다. 그길로 이 씨는 친구와 함께 최 대표에게 전화를 걸었지만 연락이 닿지 않았습니다. 사무실로 찾아갔더니 "몇 주 전 사무실을 뺐다"는 건물 관리인의 말만 들었습니다. 그제야 이 씨 일행은 사태의 심각성을 알아차렸습니다. 지인을 통해 믿고 맡긴 돈이 사라질 위기에 처한 것이었습니다.

결국 최 대표는 잠적했습니다. 애초에 토지 매입 문서와 인허가 서류도 모두 위조된 것이었습니다. 투자자 대부분이 같은 학교 동문, 지인들이어서 방심할 것을 노리고 치밀하게 꾸민 친분 사기였던 겁니다. 친한 친구를 앞세우고, 실제 존재하지 않는 사업을 사실처럼 포장해 투자금을 모은 뒤 달아난 것이죠. 이 씨는 믿었던 친구까지 원망스럽게 느껴졌습니다. 그러나 친구 역시 자신의 선배에게 속은 터라 법적으로나 도의적으로 배상해 줄 처지가 아니었습니다. 오히려 친구는 주위 사람을 많이 끌어들인 바람에 공범 취급을 받을까 전전긍긍하고 있었습니다. 이 씨는 친구와의 관계도 소원해진 채 몇 달간 적지 않은 돈을 잃은 상실감과 배신감에 시달려야 했습니다.

심리학적 해설

이 사례는 지인 추천형 사기, 일명 친구 둔갑 사기의 전형을 보여 줍니다. 사람들이 일반적인 투자 사기보다 이런 지인을 통한 사기에 더 쉽게 속아 넘어가는 이유는 신뢰 때문입니다. 인간은 누구나 오랜 친구나 가족, 아는 동료가 권하는 일이라면 경계를 훨씬 덜 합니다. 심리학적으로 이를 친밀도 편향이라고 부를 수 있습니다. 즉 제안자의 신뢰도가 높다고 판단되면 제안 내용까지 자동으로 신뢰하는 오류가 생기는 것이죠. 이 씨도 오랜 친구가 보증하고 나서니 투자 설명의 세부를 면밀히 따져보기보다 '우리끼린 괜찮겠지' 하고 안일하게 생각했습니다.

또한 이러한 지인 사기에는 사회적 증거의 요소가 크게 작용합니다. 이미 친구의 친구, 지인의 지인 등 주변 여러 사람이 그 제안에 참여하고 있다는 사실이 피해자의 불안감을 누그러뜨립니다. 심리적으로 주변인이 많이 참여하면 '설마 이렇게 다 같이 잘못되겠어?'라는 집단적 안도감이 생겨납니다. 이것은 군중심리의 친밀한 버전이라 할 수 있습니다. 이 씨 사례에서 최 대표는 의도적으로 한 학교 동문 모임 내 여러 사람에게 동시 투자를 권유했습니다. 피해자들끼리 서로 "너도 했어? 나도 했어" 하며 안심시키는 효과를 노렸습니다. 실제로 다단계 조직이나 투자 사기에서

'아는 사람 소개'를 강조하는 이유가 바로 그 사회적 증거의 위력 때문입니다.

확증편향도 마찬가지로 피해자의 눈을 가렸습니다. 이 씨는 투자 결정 전 그 사업에 대해 부정적 정보를 거의 찾지 않았습니다. 친구와 동창들이 좋다고 하니 본인도 거기에 부합하는 정보만 받아들였습니다. 혹시 마음 한구석에 '너무 좋은 조건 아닌가?' 하는 의심이 스쳤을 때도 친구의 '다들 했어' 한마디에 의심을 지워버렸을 것입니다. 또한 계약 후에도 한동안 아무 소식이 없자 원래 그런가보다 하고 넘어갔죠. 혹여 인터넷에 해당 사업이나 인물에 대한 의혹 제기가 있었더라도 믿고 싶지 않아 외면했을 가능성이 높습니다. 이렇듯 친분 사기에서는 친한 사람들끼리 서로 좋게만 해석해 주려는 분위기가 강해서 객관적인 검증이 이루어지기 어렵습니다.

나아가 지인을 통한 사기는 피해자가 느끼는 배신감과 수치심 때문에 문제 제기가 더뎌지기도 합니다. 가족, 친구를 끌어들였다가 피해를 본 사람들은 대개 죄책감에 시달리며 그들 사이에 불신과 갈등이 생깁니다. 이러한 감정적 요인은 사기범들에게 유리하게 작용합니다. 피해자들이 서로 속았다는 사실을 숨기고 조용히 넘어가려 할수록 범죄는 드러나지 않고 이어집니다. 이 씨의 경우도 친구 사이가 틀어지면서 처음엔 함께 대응을 망설였을 수 있습니다. 실제로 해외 유명 사례 중 종교나 소셜클럽 내에서 벌어진 다단계 투자 사기들은 피해자들이 대인관계 악화를 우려해 신고를 꺼린 탓에 늦게야 드러난 경우가 많습니다. 이를 노려 사기범은 더욱 가까운 관계망으로 파고듭니다.

마지막으로 권위에의 맹종 심리도 언급할 수 있습니다. 이 씨 사례에서 최 대표는 지자체장, 시공사 대표와 함께 찍은 사진을 제시했습니다. 비록 나중에 밝혀진 바로는 조작이었지만 그런 권위 있는 인물과의 친분을 과시하는 행위는 피해자로 하여금 '저 사람은 대단한 사람이니 믿어도 되겠어'라는 생각을 갖게 합니다. 이는 인간이 권위를 신뢰하는 경향을 이용한 것입니다. 이미 친구의 신뢰를 타고 들어온 사기범이 추가로 사회적 권위까지 동원하면 일반인은 두 배로 속기 쉽습니다. 결국 지인 소개 사기는 친밀감+사회적 증거+권위라는 삼박자로 피해자의 의심을 잠재우는 셈입니다.

종합하면 지인을 매개로 한 투자 사기는 믿음을 먹이로 자랍니다. 평소라면 경계했을 말을 친구나 가족을 통해 들으면 쉽게 받아들이게 되는 인간 심리를 악용하는 것입니다. 이 씨와 친구들이 '우리끼리 하는 건 안전하겠지'라고 믿었던 그 믿음의 순간에 사기꾼의 덫이 놓여 있었습니다. 그 순간에는 누구도 자신의 판단이 흐려졌다는 것을 인식하지 못합니다. 그렇기에 더욱 위험하며 안타깝게도 흔한 사기 수법이기도 합니다.

☕ 독자에게 드리는 조언

"믿는 도끼에 발등 찍힌다"는 속담처럼 가까운 사람을 통한 사기는 피해자에게 더 큰 상처를 남깁니다. 이러한 지인 추천 사기를 예방하기 위한 조언을 드리겠습니다.

첫째, 설령 친한 친구나 존경하는 선배가 권유하더라도 돈 문제만큼은 냉정해지십시오. 정과 돈은 별개라는 말을 명심해야 합니다. 금전 거래에서는 누구에게든 계약서와 증빙, 확인 절차가 필요합니다. 만약 소개해 준 지인이 그런 절차를 불필요하게 여긴다면 '설마 나를 속이겠어' 하고 넘기지 말고 오히려 더 꼼꼼히 챙기십시오. 친구나 가족이라 해도 돈 앞에서는 객관적일 필요가 있습니다.

둘째, 친구의 친구, 지인의 지인처럼 관계망을 강조하는 투자 제안은 매우 조심해야 합니다. '다들 하고 있다'거나 '우리 모임 사람들 대부분 참여했다'는 말은 일종의 압력으로 작용합니다. 그러나 많은 사람이 믿는다고 해서 항상 옳지는 않습니다. 오히려 그런 말로 설득한다면 이건 논리 대신 군중심리에 기대는 수법일 가능성이 높습니다. 내 주변에 같은 투자자를 많이 끌어모으려 한다면 이는 투자라기보다 회원 모집에 열을 올리는 피라미드식 사기일 확률이 큽니다. 진짜 좋은 투자라면 불특정 다수가 아닌 극소수에게만 기회가 주어지는 법입니다. 모두에게 열려 있고 너도나도 권하는 투자라면 한 번 더 의심하고 넘어가십시오.

셋째, 지인을 끌어들이는 행위 자체를 경계해야 합니다. 혹시 내가 어떤 사업이나 투자에 참여하고 있는데, 회사 측에서 '주변 사람도 소개하면 인센티브를 주겠다'는 제안을 받았다면 그 순간부터는 발을 빼십시오. 이는 합법적인 금융투자에서는 거의 볼 수 없는 행태입니다. 친구 소개 수당이 나오는 순간부터 그건 투자 상품이 아닌 다단계일 가능성이 높습니다. 나 역시 피해자에서 가해자가 될 수 있는 지인 피해 확산의 출발점이 될 수 있으니 절대 가볍게 생각해선 안 됩니다.

넷째, 돈을 빌리거나 투자 권유를 했던 관계망에서 문제가 생기면 즉시 투명하게 공개하고 함께 해결해야 합니다. 이 씨 사례에서처럼 친구나 가족 간 금전 문제로 불화가 생기면 많은 분들이 체면이나 인간관계 때문에 숨기려 합니다. 하지만 이는 사기범에게만 유리한 대응입니다. 함께 속은 사이라면 누구 한쪽 잘못이 아니라 사기꾼의 잘못입니다. 서로를 탓하기보다는 공동 대응으로 전환해야 합니다. 예를 들어 피해자들끼리 단톡방이나 모임을 만들어 정보를 모으고 집단으로 고소하면 수사에도 훨씬 힘이 실립니다. '내가 괜히 소개해서…' 하며 주저하다 시기를 놓치면 안 됩니다. 하루라도 빨리 신고하고 금융 계좌 추적 등을 시작해야 나중에라도 피해 복구의 가능성을 높일 수 있습니다.

다섯째, 친구 따라 투자하는 습관을 버리십시오. 우리는 어릴 때 친구 따라 강남 간다는 속담으로 남 따라 하는 걸 경계하라는 말을 배웠습니다. 투자 세계에서도 마찬가지입니다. "내 친구 X도 이거 해서 돈 벌었대"라는 이야기는 어디까지나 친구의 이야기일 뿐 나에게 같은 결과를 보장해 주지 않습니다. 그리고 안타깝게도 그 '벌었다'는 말조차 나중에 알고 보면 사실이 아닌 경우가 많습니다. 사람들은 손해를 봐도 체면 때문에 겉으로는 잘되고 있다고 허세를 부리는 경우도 있습니다. 그러니 친구의 성공담만 듣고 덜컥 따라 투자하는 건 위험천만한 일입니다. 가까운 사람이 권유할수록 더 냉정하게 사실 관계와 수익 구조를 검토하세요. 친구를 믿지 말라는 게 아니라, 친구도 속을 수 있다는 걸 인지하라는 뜻입니다.

마지막으로 사람과 돈 거래를 분리하는 원칙을 지키세요. 사랑하는 가족, 믿는 친구라도 금융투자에서는 전문가가 아닐 수 있습니다. 제 아무리 친해도 공식 상담 채널을 통해 확인하고 필요하면 제3자의 의견을 구하는 게 현명합니다. 특히 큰 금액일수록 더욱 그렇습니다. 저는 형사로 일하며 친인척 간 금전 문제로 법정까지 가는 사례를 여럿 보았습니다. 대부분 처음엔 서로를 철석같이 믿었지만 일이 틀어지면 돌이킬 수 없는 원한으로 변질되더군요. 돈을 지킨다고 인간관계를 잃는 건 아닙니다. 오히려 각자 철저히 확인하고 투명하게 할수록 관계에도 좋습니다. 친구나 가족에게 냉정하게 따지는 모습을 보이는 게 미안하게 느껴질 수 있지만 진짜 친구라면 그런 당신의 신중함을 이해할 것입니다. 만약 그렇지 않고 "날 못 믿냐"며 오히려 화를 낸다면, 그 관계를 다시 생각해볼 필요가 있을지도 모릅니다.

에피소드 4 :
SNS 투자 열풍의 덫

박 모 씨(28세, 취업준비생)는 최근 한 암호화폐 투자 오픈 채팅방에서 뼈아픈 교훈을 얻었습니다. 젊은층 사이에서 유행하던 가상자산 투자에 뛰어들었다가 몇 달 동안 아르바이트로 모은 돈을 잃은 사건이었습니다. 당시 박 씨는 SNS에서 '단기간에 10배 수익 낸 비결 공개'라는 광고 글을 보고 호기심에 링크를 클릭했습니다. 링크는 텔레그램 오픈 채팅방으로 연결되었고 수백 명의 사람들이 활동하는 코인 투자 커뮤니티가 나타났습니다. 채팅방 관리자 프로필은 외제차와 고급 주택 사진으로 도배되어 있었고, 닉네임은 '코인천재' 같은 이름이었습니다. 방에 들어가자 환영 인사와 함께 '곧 엄청난 코인 호재 정보 공유 예정, 신규 입장자들은 고정 공지 확인'이라는 메시지가 보였습니다.

박 씨는 처음엔 조용히 대화 내용을 지켜보았습니다. 어떤 사람은 자신이 몇 주 만에 수익을 크게 냈다고 자랑했고, 여러 명이 그 관리자를 일종의 멘토처럼 떠받드는 분위기였습니다. "역시 선생님 말 믿고 'ABC코인' 샀더니 2배 올랐어요! 감사합니다" 같은 글이 올라오면 모두가 박수 이모티콘을 보내는 식이었습니다. 마치 하나의 작은 사회처럼 보였습니다. 박 씨는 자신도 모르게 거기에 동화되어 갔습니다. 때마침 관리자가 새로운 코인 정보를 흘렸습니다. "다들, XYZ코인이라고 들어봤나? 조만간 한류 스타랑 콜라보 발표한다는 내부 정보가 있다." 채팅방은 금세 뜨거워졌습니다. '역시 천재님 통찰력이 대단해요', '지금이 매수 찬스!' 등의 반응이 쏟아졌고, 박 씨 역시 혹했습니다.

관리자는 곧 구체적인 매수 방법을 공지했습니다. "XYZ코인은 아직 대형 거래소에 상장 전이라 우리 채널 제휴 거래소인 OO거래소에서만 구매 가능합니다. 아래 링크를 통해 가입하고 USDT

로 교환 후 매수하세요." 박 씨는 아무런 의심 없이 링크를 따라 그 해외 거래소 사이트에 가입했습니다. 그리고 가진 돈 200만 원어치를 송금해 해당 코인을 사두었습니다. 며칠 사이 채팅방에는 이 코인이 곧 4배, 10배 뛸 것이라는 기대감이 가득했습니다. 관리자는 수시로 '곧이다, 인내심을 가져라'는 말을 올렸습니다. 그런데 일주일쯤 지났을 때였습니다. 갑자기 채팅방이 사라지고 관리자 계정도 흔적 없이 사라졌습니다. 박 씨는 당황해서 부랴부랴 OO거래소에 로그인해봤습니다. 그러나 그의 계정 잔고는 0을 가리키고 있었습니다. 구매해둔 XYZ코인은 온데간데없이 증발한 뒤였습니다.

  추후 알게 된 사실은 충격적이었습니다. 애초에 OO거래소라는 사이트 자체가 사기 일당이 만든 가짜 거래소였습니다. 박 씨가 송금한 돈은 실제로는 코인을 산 게 아니라 그들의 지갑으로 곧장 들어갔고, 사이트에 표시된 XYZ코인 수량과 가격은 전부 눈속임에 불과했습니다. 채팅방에 있던 다른 참가자 몇 명도 똑같이 피해를 본 것을 알고 박 씨는 경찰에 신고했지만, 가상계정과 해외 서버를 이용한 범죄라 범인을 잡기도 쉽지 않다는 답을 들었습니다. 무엇보다도 젊은 나이에 자신의 무지와 경솔함 때문에 돈을 잃었다는 사실이 박 씨를 크게 위축시켰습니다. 부모님께 차마 말도 못하고 혼자 끙끙 앓던 그는 결국 우울증 초기 진단까지 받게 되었습니다.

심리학적 해설

　박 씨의 이야기는 청년층을 노린 온라인 투자 사기의 전형적인 수법을 보여 줍니다. SNS와 오픈 채팅방, 유튜브 등 온라인 커뮤니티가 발달하면서 사기범들은 이런 플랫폼을 적극 활용합니다. 특히 사회 초년생이나 20~30대 청년들은 온라인 정보를 자연스럽게 받아들이고 비대면 소통에 익숙하기 때문에 오히려 디지털 환경에서 심리적 방어가 약해질 수 있습니다. 박 씨가 처음 접한 광고처럼 SNS 알고리즘은 화려한 수익 인증이나 자극적인 문구로 클릭을 유도합니다. 호기심에 들어간 방에서 다수의 사람들이 열띤 반응을 보이면 젊은 피해자들은 현실 감각을 잃고 가상의 열기에 동조하게 됩니다.

　이 사건에서 가장 두드러진 심리 요소는 군중심리와 동조 본능입니다. 인간은 자신이 속한 집단에서 인정받고 싶은 욕구가 있는데, 특히 청년층은 또래 집단의 의견이나 유행에 민감합니다. 채팅방에서 여러 사람들이 '나도 벌었다', '이번 기회 놓치면 안 된다'고 외치는 상황은 일종의 동료 압력(peer pressure)처럼 작용합니다. 설령 속으로 의문이 들어도 '내가 괜한 걱정하는 건가? 다들 하는데 나만 빠지면 손해 아니야?' 하는 FOMO 심리가 일어납니다. 박 씨도 처음엔 지켜보다가 모두가 열광하자 자신도 모르게 같은 행동을 따라했습니다. 사회적 증거의 위력이 강하게 작동한 것입니다.

　또한 익명성에 따른 신뢰 착각도 있습니다. 인터넷상에서 사람들은 실제 얼굴과 신분을 숨기고 활동합니다. 그런데 역설적으로 온라인 공간에서 몇 마디 대화를 나누다 보면 오프라인에서보다 쉽게 친밀감을 느끼는 심리가 있습니다. 이는 상대에 대해 잘 모르기에 오히려 이상적인 이미지로 추측하는 경향 때문입니다. 박 씨 사례에서 '코인천재'라는 닉네임의 관리자가 딱 그 경우였습니다. 화려한 프로필 사진과 자신감 넘치는 말투만으로 많은 참여자들이 그를 실제보다 더 믿을 만한 전문가로 착각했습니다. 정체불명의 누군가를 단지 온라인 캐릭터만 보고 신뢰를 보내는 것은 위험천만한 행동이지만 디지털 세대에겐 꽤 흔한 일입니다. 특히 유튜브나 트위터에서 팔로워가 많거나 겉보기에 전문적인 인플루언서들이 권하는 투자 정보에 속아 피해를 보는 청년도 많습니다. 온라인 팔로워 수나 이미지가 곧 신뢰도로 착각되는 것이죠.

　확증편향도 빼놓을 수 없습니다. 박 씨는 코인 채팅방에 들어간 후 그 방의 분위기에 푹 빠져 버렸습니다. 그 방에서 나오는 정보와 기대감만을 계속 접하다 보니 외부의 냉정한 시각이나 위험 신호는 귀에 들어오지 않았습니다. 채팅방 밖에서 '요즘 코인 사기 조심해라'는 말을 누군가 했더라도 아마 박 씨는 '우린 그런 허접한 거랑 달라'라고 받아쳤을지도 모릅니다. 온라인 커뮤니티는 버블 필터처럼 작용해서, 내부에서 모두가 같은 믿음을 강화하면 그 외의 의견은 걸러내 버립니다. 이러한 확증편향의 에코체임버 효과는 디지털 시대 투자 사기의 새로운 위험 요인이라 할 수 있습니다. 피해자들이 서로 잘한다고 치켜세우며 객관적 판단을 잃게 되는 것이지요.

마지막으로 경제적 조급함과 상대적 박탈감 심리도 언급할 필요가 있습니다. 청년층의 경우 사회 초년생으로 자산이 적고, 동시에 SNS를 통해 부자들의 삶이나 성공담을 쉽게 접합니다. 그러면서 상대적으로 자신은 뒤처진 것 같은 박탈감을 느끼기 쉽고 이를 만회하고픈 조급한 마음이 생기곤 합니다. 박 씨 역시 단기간에 10배 수익 같은 문구에 혹한 배경에는 안정적으로 돈을 벌기엔 시간이 오래 걸리고 힘들다는 현실적 압박이 있었을 것입니다. 이러한 심리를 사기범들은 잘 활용하여 '젊을 때 확 벌어야 한다', '남들 10년 걸릴 걸 1년 만에 이뤄보자' 같은 말로 부추깁니다. 청년 피해자들은 미래에 대한 불안과 당장의 성취 욕구 때문에 이런 유혹에 더욱 취약해집니다. 실제 통계로 보더라도 디지털 투자 사기의 피해자는 젊은층 비율이 빠르게 늘고 있습니다. 이는 이 세대의 경제적 심리가 사기범들의 표적이 되고 있음을 시사합니다.

결국 박 씨가 빠진 SNS 투자 사기의 덫은 디지털 공간에서의 심리 조작이라는 새로운 얼굴을 하고 있을 뿐 본질은 사람의 욕망과 불안을 자극한다는 점에서 여타 사기와 다르지 않습니다. 단지 화면 너머 익명의 군중과 가짜 권위자가 있었다는 차이가 있을 뿐입니다. 그리고 이러한 형태의 사기는 앞으로 기술이 발달할수록 더욱 교묘해질 가능성이 높습니다.

☕ 독자에게 드리는 조언

젊은 독자 여러분께 특히 당부드리고 싶은 말씀이 있습니다. 온라인상에서 굴러다니는 투자 정보는 90% 이상이 가짜라고 생각하세요. 이는 과언이 아닙니다. 제가 만난 수많은 피해 사례 중 SNS나 인터넷을 통해 알게 된 '황금 같은 기회'가 실제로 정당했던 경우는 단 한 건도 없었습니다. 여섯 가지로 조언드립니다.

첫째, SNS 광고나 DM으로 접근해 오는 투자 권유는 일절 믿지 말아야 합니다. 은행, 증권사 같은 공식 금융기관은 불특정 다수에게 카톡으로 '투자하세요'라고 하지 않습니다. 반대로 개인이나 사설 업체가 그런 식으로 접근한다면 정식 인가를 받지 않은 불법일 가능성이 농후합니다. 처음엔 무료 리딩방, 무료 상담을 가장하더라도 최종 목표는 개인 투자자들의 돈을 빼앗는 것입니다. 겉으로는 '무료 투자 정보 제공'을 내세우지만 실제 목적은 유료 전환, 주가조작, 리베이트 수익, 먹튀 등 금전적 이득을 취하는 데 있습니다. 애초에 응하지 않는 게 상책입니다.

둘째, 온라인 투자 커뮤니티에 참여할 때는 항상 회의적인 태도를 유지하십시오. 익명의 닉네임들이 모여 있는 곳에서 나오는 정보는 검증 불가능합니다. 화면 속 사람들이 모두 실제 투자자처럼 보이지만 그중 상당수는 사기범이 조작해 넣은 가짜 계정일 수 있습니다. 실제로 투자 리딩방 사기 사건들을 수사해 보면, 일당들이 여러 개의 가명 계정으로 한 사람이 여러 사람인 척 대화를 주도하는 경우가 많습니다. 한 명은 전문가 행세, 다른 몇 명은 "덕분에 돈 벌었다"고 들러리를 서며 분위기를 만들죠. 이런 리딩방에는 1명의 피해자를 속이기 위해 100명의 일당이 참여하여 방이 '활성화'된 것처럼 신뢰를 조작하는 경우도 있습니다. 일반 참가자들은 그것을 모르니 속아넘어갑니다. 그러니 온라인 방에서 누군가 수익 인증을 해도 절대 곧이곧대로 믿지 말고 '이건 조작일 수 있다'는 전제를 항상 하십시오.

셋째, 공식 뉴스나 공시를 확인하기 전에는 절대로 투자 결정을 내리지 마세요. 박 씨도 '유명 한류 스타와 협업한다'는 말을 곧이곧대로 믿었지만 그런 호재성 정보는 애당초 공개되지 않은 내부 정보라면 알려져서도 안 되고 믿어서도 안 됩니다. 혹시라도 진짜라면 이미 언론에 보도되었을 텐데 그런 흔적 없이 커뮤니티발 루머만 있다면 거의 틀림없이 거짓입니다. 주식이든 코인이든 정식 채널을 통한 팩트 확인을 거친 후 행동해도 늦지 않습니다. 설령 늦어서 일부 수익을 못 보면 어떻습니까? 최악의 경우를 피하는 것이 백번 낫습니다. 남들이 '지금 안 사면 손해'라고 외칠 때 그 함성에 휩쓸리지 말고, 한 걸음 물러나 스스로 검증하는 습관을 꼭 기르세요.

넷째, 가짜 앱과 거래소 구별법을 알아 두십시오. 최근 사기 수법은 앱이나 웹사이트를 그럴듯하게 만들어 놓고 피해자가 돈을 보내도록 유도합니다. 유명 거래소 이름을 살짝 바꾼 피싱 사이트도 많고 전혀 새로운 가짜 거래소를 만들어 내기도 합니다. 공식 앱 마켓이 아닌 곳에서 APK를 다운받아 설치하게 하거나 이메일로 온 링크를 타고 가입하도록 유도한다면 의심해야 합니다. 또 설령 실제 있는 거래소라 해도 신규 코인 판매 이벤트 같은 것은 대부분 사기입니다. 정식 거래소들은 신규 상장 코인을 판매할 때 엄격한 절차를 거치지 채팅방 링크 돌리며 모집하지 않습니다. QR코드 찍어서 입금하라거나 특정 지갑으로 코인을 보내라는 식의 안내는 100% 사기이니 따라 하지 말아야 합니다.

다섯째, 작은 돈이라도 소중히 여기십시오. 청년층 피해자들을 상담해 보면 '어차피 작은 돈이라 경험 삼아 해봤다' 하다가 점점 큰 돈을 잃는 경우가 허다합니다. 처음엔 몇 십만 원이었는데 조금 벌었다고 느끼면 더 넣고 … 이런 식으로 사기는 점점 판이 커집니다. 애초에 위험한 곳엔 1만 원도 넣지 않는 게 원칙입니다. 용돈이든 여윳돈이든 쉽게 번 돈은 없습니다. 만약 정말 여유 자금으로 소액을 투기해보고 싶다면 그건 완전히 잃어도 되는 돈일 때만 하십시오. 그리고 그마저도 공신력 있는 플랫폼에서 해야지 아무도 모르는 이상한 곳에 맡기지 마세요.

끝으로 젊은 여러분이 스스로를 과신하지 않길 바랍니다. 디지털 환경에 능숙하고 정보에 빠르다고 해서 사기에 자동으로 면역되지는 않습니다. 오히려 그런 자신감이 함정이 될 수 있습니다. 나도 모르게 '나는 인터넷을 잘 아니까 이런 거 안 속아'라고 생각하는 순간 사기범은 그 틈을 파고듭니다. 실제로 경찰청 통계에서도 20~30대의 보이스피싱 및 사이버사기 피해가 크게 증가하고 있습니다. 이는 젊은층이 멍청해서가 아니라 그만큼 온라인에서 더 많은 사기 시도가 이들을 노리고 있기 때문입니다. 스스로 '항상 내가 표적이 될 수 있다'는 경각심을 가지세요. 그리고 의심되는 제안은 주저 말고 주위에 상의하세요. 부모님 세대나 경험 많은 선배, 또는 믿을 만한 전문가에게 물어 보면 의외로 간단히 문제를 짚어 줄 때가 많습니다. 혼자 판단하지 말고 함께 판단하면 실수를 줄일 수 있습니다.

사회 초년생 시절은 누구나 경제적으로 어려워서 한탕 심리에 끌릴 수 있습니다. 그러나 기억하십시오. 재테크에 왕도는 없습니다. 시간이 걸려도 천천히 정직하게 모은 돈이 결국 당신의 것입니다. 반짝 유행하는 투자 열풍 뒤에는 늘 거품과 눈물이 있었다는 역사를 돌이켜보세요. 인터넷과 SNS는 편리하지만 그 편리함 뒤에는 언제나 진실을 가려내는 본인의 눈이 필요합니다. 그 눈을 부지런히 키워 나간다면 투자 지옥의 불씨가 당신에게 옮겨붙는 일은 없을 것입니다. 스스로 질문하고 끝까지 확인하는 습관이야말로 디지털 시대의 가장 강력한 예방 백신입니다.

9장
[에피소드]
일상 속의 눈속임 – 생활 밀착형 사기들

    일상에서 무심코 지나치는 순간들이 사기의 표적이 되는 시대입니다. 아침에 휴대전화로 날아온 택배 메시지, 저녁에 둘러본 중고거래 앱, 관공서를 사칭한 문자 한 통, 평소처럼 온 요금 고지나 결제 알림, 심지어 '무료'나 '당첨'을 내세운 제안까지 우리 생활 곳곳에 사기범들의 손길이 뻗쳐 있습니다. 겉보기엔 평범한 일상의 일부이지만 믿는 순간 속임수가 시작됩니다. 이 장에서는 생활 밀착형 사기 사례들을 에피소드 형식으로 살펴보겠습니다. 각 에피소드는 실제 사례를 바탕으로 소설처럼 재구성되며, 이어서 심리학적 해설을 통해 왜 그런 속임수에 속게 되는지 들여다봅니다. 마지막으로 지능범죄와 사이버범죄를 수사해 온 이승환 형사의 경험과 조언을 곁들여 독자 여러분께 현실적인 예방 지침을 전해 드립니다. 일상의 방심이 어떻게 큰 피해로 이어질 수 있는지 함께 알아 보고 '생활이 곧 타겟'인 시대에 스스로를 지키는 힘을 길러 보겠습니다.

에피소드 1.
택배 안내 문자로 둔갑한 사기 – 악성 앱 설치 유도 사기

경기도에 사는 직장인 김민지 씨는 어느 날 퇴근 무렵 휴대전화로 온 문자 메시지 한 통을 받았습니다. "[Web발신] [OO택배] 배송 불가: 주소지 불명확. 주소 확인 바랍니다. → http://…"라는 내용이었습니다. 마침 최근 인터넷으로 물건을 주문한 터라 민지 씨는 별 의심 없이 링크를 눌렀습니다. 화면에는 택배사 로고와 함께 "배송 정보를 확인하려면 전용 앱 설치가 필요합니다"라는 안내가 떴습니다. 그는 평소에도 택배 배송 조회 앱을 사용해 왔기에 자연스럽게 '이번에도 그런가 보다' 생각하고 안내된 대로 앱을 설치했습니다. 설치 직후 휴대전화에서 알 수 없는 권한 요청 창이 여러 번 떴지만 민지 씨는 얼른 확인을 눌러 버렸습니다. 배송 조회를 서두르느라 깊이 생각하지 않았습니다. 그러나 앱을 열었을 때 화면에는 오류 메시지만 반복되었고 이상하게도 그 즈음부터 휴대전화가 약간 느려진 듯한 기분이 들었습니다. 잠시 후 민지 씨의 휴대전화로 은행에서 보낸 문자가 연달아 도착했습니다. 'OO카드 사용 승인 50만 원', '스마트폰 소액결제 30만 원' 등의 알림이었습니다. 깜짝 놀란 민지 씨는 황급히 카드사와 은행에 전화했고 그제서야 자신이 설치한 앱이 악성 앱이었음을 알게 되었습니다. 민지 씨의 스마트폰에 설치된 악성 앱은 그의 금융정보와 인증번호 등을 훔쳐내 순식간에 결제해 버렸습니다. 일상을 편리하게 해 주는 택배 서비스가 이렇게 악몽으로 돌변한 순간이었습니다.

심리학적 해설 : 익숙함의 착각과 즉시성의 함정

　민지 씨가 이처럼 속아 넘어간 데에는 심리학적 함정이 숨어 있습니다. 먼저 익숙함의 착각입니다. 현대인은 택배 메시지에 매우 익숙합니다. 실제로 국내 스미싱(smishing) 사기의 85%가 택배회사 사칭 형태일 정도로 흔한 수법입니다. 우리 뇌는 익숙한 형태의 정보를 보면 경계심을 풀고 정상적인 것으로 받아들이는 경향이 있습니다. 민지 씨도 평소에 받던 택배 안내와 비슷한 형식의 문자라 안심하고 링크를 눌렀습니다. 둘째, 즉시성에 대한 반응성입니다. '주소 불명으로 배송 불가'라는 문구에 그는 조급함을 느꼈습니다. 당장 조치를 취하지 않으면 내 소중한 물건이 반송되거나 분실될 것 같았지요. 인간은 눈앞의 문제를 신속히 해결하고 안도하려는 본능이 있습니다. 사기범들은 이러한 심리를 노려 긴박한 상황을 가장합니다. 그 결과 평소라면 의심했을 행동도 순간적으로 실행해 버리게 됩니다. 민지 씨도 서둘러 앱을 설치하고 권한을 허용하는 과정에서 한 번이라도 '이상하다'는 생각을 할 겨를이 없었습니다.

　또한 권위편향도 미묘하게 작용했습니다. 문자에 찍힌 택배회사 로고와 이름은 피해자로 하여금 '공식 기관/회사에서 온 것'이라는 인상을 주었습니다. 우리 두뇌는 익숙하고 권위 있는 브랜드의 이름을 보면 자동으로 신뢰를 부여하는 경향이 있습니다. 이런 심리적 방심 속에서 사기범들은 악성 앱을 설치하도록 유도해 개인정보를 빼내거나 소액결제를 몰래 진행합니다. 실제 방송통신위원회 보고서에 따르면 스미싱 문자에 포함된 링크를 잘못 누르면 피해자 모르게 휴대폰에 악성 앱이 설치되어 금융정보를 탈취하거나 소액결제가 이루어질 수 있다고 합니다. 최악의 경우 휴대폰에 저장된 연락처나 공인인증서 같은 민감 정보까지 털려 2차 범죄로 이어질 수 있다고 경고합니다. 이렇듯 일상의 익숙함과 긴급함이 교묘히 악용될 때 누구라도 순간적으로 판단력을 잃고 함정에 빠질 수 있습니다.

> ### ☕ 독자에게 드리는 조언
>
> '의심이 최고의 방패입니다.' 저는 이러한 택배 사칭 스미싱 사건을 여러 번 다루어 봤습니다. '진짜 택배 문자라고 철석같이 믿고 앱을 깔았다가 한순간에 돈을 털렸다'며 찾아온 피해자들을 볼 때마다 저는 기술보다 심리의 허점을 파고드는 범죄의 무서움을 느끼곤 합니다. 제가 경험한 어떤 피해자는 해외 직구 상품을 기다리던 중 택배 회사를 사칭한 문자 링크를 탔고 결국 악성 앱에 모든 개인정보를 넘겨주고 말았습니다. 사기범들은 빼낸 정보로 피해자 명의의 대출까지 받아 버렸고 그 피해자는 결국 평생 모은 돈을 잃었습니다. 이처럼 한 번 걸려들면 피해가 눈덩이처럼 불어날 수 있습니다.
>
> '공식 택배 업체는 앱 설치를 요구하지 않습니다. 문자에 링크가 첨부돼 있

다면 무조건 의심하세요.' 링크로 첨부된 웹 주소는 의심하는 습관이 중요합니다. 택배나 금융기관 등을 사칭한 문자 속 URL을 절대 클릭하지 말 것, 출처가 불분명한 앱은 설치하지 말 것이 철칙입니다. 택배 배송 조회가 필요하면 공식 앱이나 웹사이트를 직접 이용해야 합니다. 또 정부에서는 스미싱 차단 앱이나 문자 필터링 서비스를 제공하니 활용하는 것도 도움이 됩니다. 저는 특히 권한 요구에 주의하라고 조언하고 싶습니다. '평소에도 설치된 앱들이 어떤 권한을 요구하는지 잘 보세요. 엉뚱한 앱이 과도한 권한을 요청하면 거부하고 즉시 삭제해야 합니다.' 실제로 해외결제 사칭 문자 사기에서는 공격자가 알려 준 주소로 접속해 앱을 설치하도록 유도하고 그 앱이 휴대폰의 각종 권한을 요구해 정보를 탈취하는 사례가 많습니다. 따라서 작은 의심이 큰 피해를 막는다는 점을 명심해야 합니다.

마지막으로 당부합니다. "일단 속아넘어가 돈이 빠져나갔더라도 포기하지 말고 즉시 신고하세요." 스미싱 피해가 의심되면 문자 내용을 캡처하고 통신사 고객센터를 통해 소액결제 내역을 확인한 뒤 가까운 경찰서 사이버수사대에 신고해야 합니다. 실제로 이렇게 발 빠르게 대처해 추가 피해를 막고 범인을 검거한 사례도 있습니다. 김민지 씨와 같은 피해를 예방하려면 일상적인 문자일수록 더 경계하는 태도가 필요합니다. 작은 방심이 큰 화를 부를 수 있다는 것을 항상 기억하시기 바랍니다.

에피소드 2.
당근마켓의 달콤한 유혹 - 중고거래 플랫폼 사기

대학생 박서준 씨는 최근 인기 중고거래 앱인 당근마켓을 통해 노트북을 구매하려고 했습니다. 마침 동네 근처에 시세보다 저렴한 가격으로 올라온 '맥북 최신형 - 급처'라는 게시글을 발견하고 판매자와 채팅을 시작했습니다. 판매자는 자신을 20대 직장인이라고 소개하며, '급히 현금이 필요해서 싸게 내놓았다'고 말했습니다. 서준 씨가 혹시 사기가 아닐까 살짝 의심하자 판매자는 '실제로 제가 쓰던 거라 사진에서 보시다시피 깨끗해요. 입금만 해주시면 바로 택배 보내 드릴게요'라고 답했습니다. 프로필 사진도 평범한 청년이고 친근한 말투에 경계심이 누그러진 서준 씨는 흔치 않은 좋은 가격에 혹해서 그만 구매를 결정했습니다. 다만 직접 만나 거래하자는 제안에는 판매자가 "지방이라 당장은 어렵고, 대신 배송비를 제가 부담할게요"라고 양해를 구했습니다. 서준 씨는 잠시 망설였지만 판매자가 신분증 사진과 제품 실물 사진까지 보내 오자 신뢰가 생겼습니다. 결국 약속된 90만 원을 판매자 계좌로 입금했습니다. 그러나 입금 후 몇 시간이 지나도 택배 발송 소식이 없었습니다. 채팅으로 문의하니 '확인 후 연락드릴게요'라는 답변만 왔을 뿐 그 뒤로는 읽씹(읽고 답이 없음) 상태가 계속되었습니다. 불안해진 서준 씨는 당근마켓 상대방 프로필을 다시 확인했지만 이미 탈퇴한 사용자로 나타났습니다. 그제서야 사기를 직감한 그는 경찰서에 달려갔지만 이미 돈은 인출된 뒤였습니다.

'우리 동네 이웃이라 괜찮을 줄 알았는데…' 일상의 친숙함 속에서 방심한 사이 그는 값비싼 수업료를 치르고 말았습니다.

심리학적 해설 : 신뢰의 함정과 희소성에 대한 조급함

중고거래 플랫폼 사기는 피해자 심리의 신뢰와 조급함을 교묘히 이용합니다. 박서준 씨 사례를 보면 우선 친근함과 신뢰의 함정이 있습니다. 당근마켓은 동네 이웃 간 거래를 표방하여 사람들에게 '우리 지역 커뮤니티'라는 친숙함을 줍니다. 자연히 이용자들은 상대를 완전히 낯선 타인이라기보다 느슨한 이웃처럼 느끼게 되고 경계심이 낮아집니다. 실제로 당근마켓 측 자료에 따르면 사기사건 10건 중 9건이 대면이 아닌 택배 거래에서 발생한다고 합니다. 얼굴을 직접 보지 않는 거래에서 특히 사기가 빈발하지만 많은 사람들이 플랫폼에 대한 신뢰감 때문에 온라인 송금을 주저하지 않습니다. 서준 씨도 '동네 사람인데 설마 속이겠어'라는 막연한 믿음이 있었을 겁니다.

또한 판매자는 자신의 신분증 사진, 물건 사진 등을 보내며 신뢰를 연출했습니다. 이러한 사회 공학적 기법은 인간의 권위편향 심리를 건드립니다. 신분증이나 실명 공개는 투명성의 표시로 여겨져 상대방을 안심시키지만 사실 사진조차도 도용일 수 있습니다. 사람들은 이런 겉으로 보이는 신뢰 신호에 쉽게 마음을 엽니다. 서준 씨도 상대가 '직장인 20대 청년'이라는 프로필과 친근한 대화에 금세 믿음을 갖고 말았습니다.

두 번째로 희소성에 대한 조급함이 작용했습니다. 시세보다 싸게 올라온 맥북이라는 매력적인 기회는 구매자의 판단력을 흐리게 합니다. '지금 결정하지 않으면 놓칠지 모른다'는 조급함이 생겨서 위험 신호를 무시하게 됩니다. 판매자가 "다른 사람들이 줄서 있다, 먼저 입금하는 사람에게 팔겠다"는 식으로 압박하는 경우도 흔합니다. 이는 제한된 상품이나 기회를 강조하여 사람으로 하여금 즉각 행동하게 만드는 심리 원리와 일맥상통합니다. 서준 씨도 망설이다가 '이 가격에 이 물건은 다시 못 구할 것'이라는 생각에 마음이 급해졌을 것입니다.

습관적 반응도 한몫했습니다. 요즘 젊은 세대는 모바일 송금과 택배 거래에 익숙합니다. 클릭 몇 번으로 결제가 이루어지는 환경에 길들여져 있어 거래 상대가 조금만 신뢰할 만해 보이면 곧바로 돈을 보내곤 합니다. 이러한 디지털 시대의 거래 습관은 편리하지만 동시에 사기꾼들이 파고들 틈이 됩니다. '당연히 안전할 것이다'라는 기대 심리에 따라 별다른 확인 절차 없이 습관적으로 거래를 진행해 버리는 것입니다.

정리하면 중고거래 사기에는 익숙한 플랫폼에 대한 신뢰, 상대의 교묘한 신뢰 연출, 희소성으로 인한 조급함, 그리고 디지털 거래의 습관 등이 복합적으로 작용합니다. 일상에서 늘 하던 거래 방식이라 방심한 순간 사기범들의 덫에 걸려들 수 있다는 점을 기억해야 합니다.

독자에게 드리는 조언

'직거래와 검증이 답입니다', '중고거래는 결국 사람과의 거래다 보니 신뢰를 가장한 속임수가 많습니다.' 저는 수많은 중고거래 사기 피해자들의 피해 내용을 청취하면서 얻은 교훈이 있습니다. 중고거래가 일상화되면서 관련 사기도 증가하고 있는데 사람들이 온라상에서의 상거래를 너무 쉽게 믿는 것 같습니다. 실제로 당근마켓 같은 지역 플랫폼이 인기를 끌면서 예전보다 조직적인 사기도 늘고 있습니다. 최근 검거된 중고거래 사기 일당은 인터넷에 가짜 물품 글을 수백 건 올리고 사전에 빼돌린 신분증 사진과 타인의 프로필을 이용해 완벽하게 '평범한 판매자' 행세를 했습니다. 이렇게 방심시킨 후 돈을 받아 챙기고 잠적하는 수법으로 단 몇 달 만에 수천만 원을 가로챘습니다. 그 일당을 잡고 보니 대포통장, 대포폰까지 조직적으로 동원한 전문 사기꾼들이었다고 합니다.

'결국 가장 확실한 예방법은 직거래입니다.' 저는 단호히 말할 수 있습니다. 앞서 인용한 통계대로 비대면 거래에서 대부분의 사기가 발생하는 만큼 가능한 직접 만나서 거래하십시오. 직거래를 하면 물건 상태를 직접 확인할 수 있을 뿐 아니라 상대가 사기꾼일 경우 대면 자체를 회피하기 때문에 애초에 거를 수 있습니다. 부득이하게 택배 거래를 해야 한다면 플랫폼이 제공하는 에스크로(안전결제) 서비스를 활용해야 합니다. 당근마켓 등 일부 앱에서도 공식 안전결제 기능을 도입하고 있으니 절대 개인 간의 직접 송금은 하지 말라고 당부드립니다. '판매자가 외부 링크를 보내주거나 안전결제를 가장해 이상한 페이지로 유도하면 100% 의심해야 합니다.' 실제 사례로 번개 장터에서 가짜 안전결제 페이지를 보내 구매자의 돈을 빼돌린 사건도 있었습니다. 공식 앱/사이트 외부에서 이루어지는 결제는 절대로 응하지 말아야 합니다.

또한 저는 거래 전 검증의 중요성을 강조하고 싶습니다. 경기남부경찰청은 '온라인 중고거래 사기전담팀'을 운영한 바 있고, 인천경찰청은 '사이버사기 특별수사전담반'을 운영한 적이 있는데, 그 이유는 이 범죄가 워낙 흔해졌기 때문입니다. 돈을 보내기 전에 단 5분만 투자해서 판매자의 전화번호나 계좌번호를 검색해 보기를 권합니다. 실제로 더치트(TheCheat) 같은 앱이나 경찰청 사이트에서는 사기 신고 이력 조회가 가능합니다. 간단한 검색만으로도 이전에 다수 피해 신고가 접수된 계좌임을 알아내 피해를 막은 사례가 많습니다. 그러나 많은 사람들이 이러한 검증 절차를 생략하고 후회하곤 합니다.

마지막으로 피해를 당했을 경우 신속한 대응이 필요합니다. 중고거래 사기를 당하면 일단 해당 플랫폼에 사기 계정 신고를 하고 은행에 연락해 계좌 지급정지를 요청해야 합니다. 그리고 곧바로 경찰에 피해 사실을 신고해야 합니다. 피해자들 중에는 '설마 잡히겠어' 하고 체념하는 분들도 있지만, 최근 경찰 수사는 온라인 자취 추적 기술도 발전하여 범인 검거 사례가 늘고 있습니다. 무엇보다 피해 사실을 공유하면 2차 피해를 막을 수도 있습니다. 동네 거래는 설마 사기를 칠까라고 방심하는 분들이 많습니다. 이웃 간 거래도 인터넷에서는 냉정하게 모르는 사람과 돈거래한다는 사실을 늘 기억하셔야 합니다. 중고거래의 편리함은 좋지만 주의와 의심이라는 작은 불편을 받아들일 때 안전하게 즐길 수 있다는 조언입니다.

에피소드 3.
"검찰입니다, 속지 마십시오" - 공공기관 사칭 사기

오랜만에 휴일을 맞은 자영업자 송재영 씨. 아침에 휴대폰을 보니 검찰청 로고가 찍힌 이메일 한 통이 와 있었습니다. 제목은 '&긴급& 출석요구서: 사건번호 2025-XX-XXXX'였습니다. 깜짝 놀란 송 씨는 메일을 열어 보았습니다. 내용은 격식 있는 공문서 형식으로 작성되어 있었고, '송재영 님은 금융사기 연루 혐의로 조사 대상이므로, ○월 ○일까지 서울중앙지검에 출석하라'는 명령조 항목이 적혀 있었습니다. "본 출석요구서는 전자공문으로 발송된 것입니다. 문의 사항이 있을 경우 담당 수사관에게 연락하십시오. (연락처 : 02-XXX-XXXX)"라는 문구도 보였습니다. 송 씨는 가슴이 철렁 내려앉았습니다. '금융사기 연루'라는 말에 과거 자기 명의로 누군가 대출을 받은 사건이 떠올라 덜컥 겁부터 났습니다. 그는 혹시 오해를 받는 건 아닌지 걱정되어 메일에 적힌 담당 수사관 번호로 전화를 걸었습니다. 전화를 받자마자 상대는 위압적인 목소리로 자신을 서울중앙지검 ○○부의 김○○ 수사관이라고 소개했습니다. 송 씨가 다급한 목소리로 '저는 그런 범죄와 무관하다'고 항변하자 수사관이라는 사람은 차분하지만 단호한 어조로 말했습니다. "송재영 씨, 현재 송 씨의 명의 계좌 여러 개가 범죄에 이용된 정황이 있습니다. 무혐의를 입증하려면 재산 목록과 계좌 내역을 급히 확인해야 합니다." 송 씨는 당황하여 "어떻게 해야 하나요?"라고 물었습니다. 그러자 상대는 "가장 큰 금액이

든 계좌의 돈을 일단 검찰 안전계좌로 이동시켜 자금 흐름을 증명해야 한다"며 송 씨에게 계좌번호 하나를 불러 주었습니다. 그리고는 "지금 당장 해당 계좌에 송 씨 돈을 이체하시고 저에게 영수증을 보내주십시오"라고 재촉했습니다. 겁에 질린 송 씨는 자신이 쓰던 기업은행 계좌에서 안내받은 계좌로 3천만 원을 급히 이체했습니다. 송 씨의 전 재산이나 다름없는 돈이었습니다. 이체를 마쳤다고 알리자 수사관은 '조사에 협조해 줘서 감사하다. 오후에 검찰 직원이 찾아갈 것'이라고 말하고 전화를 끊었습니다. 그러나 그날 오후 내내 아무도 찾아오지 않았고, 그제서야 송 씨는 불안한 마음에 검찰청 대표번호로 문의 전화를 걸었습니다. 돌아온 답변은 '그런 출석 요구를 보낸 적 없다. 전화상으로 금전 이체를 요구하는 일은 절대 없다'는 것이었습니다. 송재영 씨는 그제야 자신이 사기를 당했음을 깨달았습니다. 공문서까지 꾸며낸 그럴듯한 속임수 앞에서 그는 속수무책이었습니다.

심리학적 해설 : 권위에 대한 맹목과 공포 심리

송재영 씨가 겪은 공공기관 사칭 사기는 인간 심리의 두 축, 권위에 대한 복종심과 공포를 파고듭니다. 먼저 권위편향(authority bias)을 들 수 있습니다. 검찰청, 경찰청, 국세청 등 공공기관의 이름과 로고는 강력한 권위를 상징합니다. 일반인은 이러한 공식 문서나 명칭을 보면 자동적으로 '진짜일 것'이라고 받아들이는 경향이 있습니다. 실제로 최근 5년 사이 공공기관을 사칭한 피싱이 급증했습니다. 국정감사 자료에 따르면 2022년부터 2024년 8월까지 확인된 문자 사기 중 71%가 정부기관 사칭형이었다고 합니다. 그만큼 공문서나 기관 마크가 주는 심리적 효과가 크다는 뜻입니다. 송 씨도 이메일에 선명히 박힌 검찰청 로고와 출석요구서 형식에 압도되어 의심의 여지없이 진짜라고 믿었습니다. 이처럼 권위 앞에서의 맹목이 첫 번째 함정입니다.

두 번째는 공포 심리와 몰입입니다. 송 씨는 '금융사기 연루'라는 말에 두려움에 사로잡혔습니다. 자신이 하지 않은 범죄에 연루되어 법적 처벌을 받을지 모른다는 공포는 이성적 판단을 마비시킵니다. 범죄 혐의는 일반인에게 생소하고 두려운 개념이기에 그 얘기를 들으면 머릿속이 하얘지고 순간적으로 판단력이 떨어집니다. 사기범들은 이런 심리를 노려 협박과 회유를 교묘히 섞어 가며 피해자를 조종합니다. 송 씨의 통화에서도 가짜 수사관은 한편으로는 '범죄 연루'라는 겁을 주고, 다른 한편으로는 '무혐의를 입증하려면 협조하라'는 당근을 제시했습니다. 이러한 이중 메시지 속에서 피해자는 공포를 피하기 위해 시키는 대로 하게 됩니다.

또한 즉시성이 큰 역할을 합니다. 사기범은 늘 '지금 당장'을 강조합니다. 송 씨에게도 가짜 수사관은 즉각 이체를 요구하며 지체하면 안 된다는 뉘앙스를 풍겼습니다. 사람이 공포에 질리면 인지 자원이 급격히 줄어들어 눈앞의 명령에만 매달리게 됩니다. '시간이 없다'는 압박은 생각할 틈을 주지 않아 결국 습관적 복종 행동이 나오게 만듭니다. 평소 송 씨라면 3천만 원을 보내기 전에 이것저것 따져봤겠지만, 그 상황에서는 오로지 '빨리 이 상황에서 벗어나야 한다'는 생각뿐이었던 것입니다.

마지막으로 인지부조화와 자기합리화도 작용합니다. 일단 전화를 받아 '내가 뭔가 잘못한 건 아닐까'라고 생각한 순간부터 송 씨의 마음 한 켠에서는 자기합리화가 시작됩니다. '이 수사관 말대로 하면 내 억울함이 풀릴 거야'라고 스스로 믿고 싶어하게 되는 것이지요. 그렇게 믿는 순간부터는 상대의 요구에 따라 거액을 송금하는 모순된 행동도 스스로 정당화하게 됩니다. 이것은 공포를 줄이기 위한 마음의 전략이지만 결국 사기꾼에게 이용당하는 꼴이 됩니다.

요컨대 공공기관 사칭 사기는 권위에 대한 맹목적 신뢰, 처벌에 대한 공포, 긴급한 시간 압박, 그리고 합리화 심리까지 총동원하여 피해자를 덫에 빠뜨립니다. 평소 권위 있는 기관의 연락은 진짜일 것이라고 믿는 우리의 심리를 뒤집어 생각해야 이러한 함정을 피할 수 있습니다.

☕ **독자에게 드리는 조언**

"검찰, 경찰을 사칭하는 전화나 문자는 이제 고전적인 수법이지만 아직도 통합니다." 공공기관 사칭 사기의 위험성에 대해 말씀드리겠습니다. 최근에는 이메일, 문자에 가짜 출석요구서나 벌금고지서를 첨부하는 이른바 '레터피싱' 수법이 등장해 더욱 그럴듯하게 꾸미고 있습니다. 실제로 한 피해자가 가져온 출석요구서 사본을 본 적이 있는데 정교하게 위조된 공문서여서 현직 형사인 저도 처음엔 진짜인 줄 알았습니다. 그만큼 일반인의 눈에는 구분이 어렵습니다. 기관 마크와 직인을 위조하고 심지어 담당 검사 이름까지 그럴싸하게 집어넣습니다. 흑백이던 문서가 요즘엔 컬러 프린터로 검찰·경찰 로고가 임팩트 있게 나옵니다. 수법이 나날이 교묘해지고 있습니다.

'정부 기관은 절대로 전화로 돈 이체를 요구하지 않는다'는 기본 원칙을 명심하라고 말씀 드리고 싶습니다. 경찰이든 검찰이든 벌금이나 보석금 등의 명목으로 개인 계좌로 송금을 지시하는 경우는 없습니다. 또한 실제 수사기관은 피의자에게 전화를 걸어 계좌 정보를 요구하거나 앱 설치를 유도하지 않습니다. 이러한 말을 들으면 100% 사기입니다. 만약 조금이라도 의심된다면 일단 전화를 끊고 112나 해당 기관 대표번호로 직접 문의해야 합니다. 송재영 씨의 사례처럼 검찰청 대표번호로 걸어 사실 여부를 확인하는 것이 옳았습니다. 전화를 계속 붙잡고 늘어지면서 생각할 겨를을 안 주는 게 그들의 수법이니 보이스피싱 의심 전화를 받으시면 그냥 전화를 끊으라고 조언드립니다.

또한 공문서 전달 방식도 유의해야 합니다. 출석요구서나 고지서는 원칙적으로 등기우편 또는 공식 이메일로만 전송됩니다. 문자로 링크를 보내 출석요구서를 열어보라고 하거나 이메일에 실행 파일을 첨부하는 건 의심해야 합니다. 코로나 팬데믹 때는 코로나19 방역수칙 위반 경찰서 출석요구서나 긴급재난지원금 신청을 사칭한 악성 이메일이 적발되기도 했습니다. 저는 '출석 통지나 벌금 고지는 무조건 두 번, 세 번 확인하라'고 말씀드립니다. 실제 피해 사례 중에는 진짜 경찰 출석요구서마저 피싱으로 오인하여 출석을 안 하는 해프닝도 있습니다. 그만큼 사기가 극성인지라 국민들도 예민해진 것이라고 이해를 합니다. 더욱 공식적인 연락일수록 전화번호, 발신 이메일 주소를 교차 확인하는 습관이 필요합니다.

끝으로 목소리를 낮추어 이렇게 당부드리겠습니다. '가장 안타까운 건 겁을 먹은 그 순간에 다들 생각하는 힘을 잃는 겁니다. 이겨내야 합니다.' 공포심이 엄습하면 숨을 한번 고르고 주변에 도움을 요청하세요. 가족이나 친구, 또는 경찰에 상황을 이야기해 보면 의외로 금세 '사기 아니야?'라는 조언을 들을 수도 있습니다. 혼자 두려움에 갇히는 순간 사기범의 의도대로 끌려간다는 것을 명심해야 합니다. 권위 있는 기관일수록 직접 확인하고 두려울수록 주변의 객관적 시선을 빌리라는 것이 저의 조언입니다. '검찰입니다'라는 말, 이제는 내가 의심해야 할 신호임을 기억하시기 바랍니다.

에피소드 4.
"결제가 완료되었습니다" – 요금 청구 사칭 피싱

주부 최은영 씨(55세)는 어느 평범한 오후 휴대전화로 온 문자 한 통을 보고 심장이 덜컥 내려앉았습니다. '[국제발신] 해외결제 승인번호 9**8 – KRW 860,500 결제가 완료되었습니다. 문의 : 070-xxxx-xxxx'라는 내용이 눈에 들어왔기 때문입니다. 약 86

만 원에 달하는 해외 사용 승인 문자였는데 최 씨는 분명히 그런 결제를 한 적이 없었습니다. '누가 내 카드로 해킹해서 결제했나?!' 순식간에 여러 생각이 스쳤고, 그녀는 본능적으로 문자에 적힌 문의 번호로 전화를 걸 뻔했습니다. 하지만 바로 그 순간 얼마 전 뉴스에서 들었던 한 사례가 떠올랐습니다. 해외 결제 사칭 문자에 속아 전화를 걸었다가 오히려 큰 피해를 입을 뻔한 사람이 있다는 내용이었습니다. 최 씨는 순간적으로 불안한 마음을 다잡고 우선 자신의 카드사 공식 고객센터에 전화해 최근 승인 내역을 확인해 보았습니다. 상담원의 확인 결과 '해당 금액의 결제 승인은 없는 상태'였습니다. 최 씨는 그제야 이것이 누군가 보낸 피싱 문자임을 깨닫고 가슴을 쓸어내렸습니다. 다행히 그 번호로 전화를 걸지 않아 피해를 면할 수 있었지만, 만약 그대로 전화를 했다면 무슨 일이 벌어졌을까요?

며칠 후 보도된 기사에 따르면 실제로 똑같은 문자를 받은 다른 사람이 그 번호로 전화를 걸었다가 황당한 일을 겪었다고 합니다. 전화를 받는 이는 카드사 직원처럼 행세하며 상대에게 물었습니다. '고객님, 문자에 적힌 확인 코드 네 자리를 불러 주세요.' 그러나 문자에 표시된 확인코드는 가운데 두 자리가 * 표시로 가려져 있어 알 길이 없었습니다. 당황한 피해자가 모르겠다고 하자 교묘하게도 상대는 '문제가 심각해 보이니 보안 앱을 설치해 결제 취소를 도와드리겠다'며 한 IP 주소를 알려 주었습니다. 피해자가 가르쳐 준 대로 휴대폰 브라우저에 숫자로 된 그 주소를 치고 들어가니 실제 유명 쇼핑몰의 고객센터 페이지와 똑같이 생긴 화면이 떴습니다. 거기서 '해외 배송 조회'를 누르자 보안 앱 다운로드 페이지로 연결되었고, 아무 의심 없이 앱을 설치한 피해자는 곧 은행 OTP, 연락처 정보 등 온갖 개인정보를 탈취당했습니다. 그 앱은 휴대폰에 설치되자마자 각종 권한을 요구했고, 결국 몰래 피해자의 모바일뱅킹 앱에 접근하여 돈을 이체하려 시도했습니다. 다행히 은행의 이상거래 탐지 시스템이 작동해 큰 피해는 막을 수 있었지만 자칫하면 평생 모은 돈이 한순간에 빠져나갈 뻔한 아찔한 순간이었습니다.

심리학적 해설 : 습관적인 불안과 즉각 반응 본능

휴대폰 요금 청구나 카드 해외 결제 사칭 문자 사기는 우리의 일상적 금융 습관과 불안 심리를 파고듭니다. 최은영 씨 사례를 보면 먼저 습관적인 불안과 반응이 핵심입니다. 많은 사람이 매월 휴대폰 요금 청구서나 카드 사용 문자를 받습니다. 특히 카드사는 실시간으로 사용 내역을 문자로 보내 주기 때문에 '결제 승인' 문자는 익숙한 풍경입니다. 따라서 피싱 문자를 받아도 일단 그 형식에 익숙하기에 경계심 없이 받아들이게 됩니다. 뇌가 "이건 평소에도 보던 거야"라고 인식해 버리는 것이지요. 문제는 거기에 불안 자극이 섞였을 때입니다. 전혀 모르는 해외 결제가 완료됐다는 내용은 누구라도 깜짝 놀라 불안을 느끼게 마련입니다. 인간은 경제적 손실 가능성을 강하게 회피하려는 성향이 있어 내 돈이 부당하게 빠져나갔을지 모른다는 생각에 크게 동요합니다. 이 불안감이 엄습하면 논리적인 판단보다 감정적이고 즉각적인 대응이 앞서게 됩니다. "어서 저 결제를 취소해야 해!"라는 생각으로 머리가 가득 차는 것이죠.

이때 작동하는 심리가 '투쟁-도피 반응(fight-or-flight response)' 반응과 유사합니다. 갑작스런 위협 앞에서 사람은 싸우거나 도망치려는 본능이 발동하는데 금융 피싱 상황에서는 문제를 '해결(싸움)'하기 위해 즉각 전화를 걸거나 링크를 클릭하는 행동으로 나타납니다. 이를 '즉각 반응 본능'이라고 부를 수 있습니다. 최 씨도 처음에는 바로 전화하려 했습니다. 사기범들은 피해자가 이렇게 바로 행동에 옮기게끔 메시지를 설계합니다. 심지어 문자 내용을 아주 구체적으로 적어 현실감을 높이고 문의 번호도 070 같은 번호를 사용해 그럴듯하게 꾸밉니다. 이는 피해자가 익숙한 고객센터로 착각하게 하려는 의도입니다.

또 다른 심리적 요소는 '설마 나에게'라는 방심과 '혹시나'라는 불안이 교차하는 점입니다. 사람들은 한편으로 '설마 내가 해킹당했겠어'라고 생각하면서도 동시에 '혹시 진짜 문제가 생긴 건 아닐까' 하는 의심을 버리지 못합니다. 이 두 가지 마음이 충돌할 때 우리는 대개 안전한 쪽으로 행동하려 합니다. 해킹이 아닐 가능성이 높다고 자신을 안심시키면서도 혹시라도 문제가 실제라면 빨리 해결하고픈 것입니다. 그래서 '확인해 볼 겸 전화나 해보자'는 쪽으로 기울기 쉽습니다. 바로 이 인간 심리의 틈을 노려 피싱범들은 전화번호를 노골적으로 적어 둡니다.

한편 권위편향도 미약하게나마 영향을 줍니다. 문자에 [국제발신]이라든가 카드사 이름이 언급되면 공식 기관/기업에서 온 안내로 받아들이게 됩니다. 앞서 택배 사례와 마찬가지로 익숙한 브랜드와 형식은 우리의 합리적 의심을 마비시키지요. 또한 금액을 860,500원처럼 구체적 숫자로 표시한 것도 현실감을 더해 심리적 신뢰도를 높이는 기법입니다.

결국 이러한 사기 수법은 일상적 습관(문자 확인 & 문제시 전화 문의)을 그대로 악용한 것입니다. 여기에 불안과 공포 자극, 즉각 행동 욕구를 불러일으켜 피해자가 스스로 덫에 뛰어들게 만듭니다. 최은영 씨의 경우 다행히 한 번 의심함으로써 화를 피했지만 누구든 방심하면 '내 돈을 지켜야 한다'는 마음에 오히려 내 돈을 사기범에게 갖다 바치는 아이러니가 생길 수 있습니다.

> ☕ **독자에게 드리는 조언**
>
> '확인은 항상 공식 채널로.' 다양한 피싱 문자 사례를 수사하다 보면 피해자들이 하나같이 '그 순간에는 너무 놀라서 생각을 못 했다'고 말합니다. 카드 해외 결제 사칭뿐 아니라 '가족 휴대폰 요금 미납', '소액결제 연체' 등으로 위장한 문자도 흔히 발생합니다. 실제로 2023년 스미싱 범죄 피해 금액이 전년 대비 3.6배 폭증하여 144억 원에 달할 정도로 이러한 생활형 피싱 피해가 늘고 있습니다. 특히 중장년층이 이런 문자 사기에 취약합니다. 스마트폰에 익숙지 않은 어르신들은 문자에 쓰인 대로 따라 하시다가 피해를 봅니다. 심지어 어떤 분은 '휴대폰 요금 미납' 문자를 보고 클릭했다가

악성 앱에 개인정보를 모두 털린 경우도 있었습니다.

'원칙은 간단합니다. 어떤 결제든 요금이든 문제 제기는 공식 앱이나 고객센터로 직접 확인하세요.' 저는 최은영 씨처럼 대처한 것이 정답이라고 강조합니다. 카드 승인 문자에 의심이 들면 카드사 뒷면에 쓰인 공식 상담번호로 걸고, 휴대폰 요금 문제라면 통신사 고객센터 앱이나 대표번호로 확인해야 합니다. 절대로 문자에 적힌 번호나 링크를 이용해서는 안 됩니다. 왜냐하면 사기범이 안내하는 연락처나 웹페이지는 교묘하게 조작되어 있기 때문입니다. 어떤 피해자가 보여 준 피싱 문자에 첨부된 URL로 접속하니 진짜 결제 대행 사이트와 구분이 어려울 정도로 똑같이 만들어진 페이지가 나타났습니다. 저를 찾아오기 전 그 피해자는 속아서 앱을 설치했고, 그 앱은 휴대폰의 각종 권한을 요구하더니 이내 피해자의 금융 앱 정보를 탈취했습니다. 피싱 문자의 링크를 타고 들어가 계정 정보를 입력하면 그대로 도둑맞습니다. 결국 가장 안전한 확인법은 처음부터 공식 경로로 문의하는 것입니다.

또한 스마트폰 사용자들에게 보안 습관을 기를 것을 당부합니다. "정기적으로 스마트폰을 점검하세요. 모르는 앱이 깔려 있진 않은지, 권한 설정에 이상은 없는지 살펴보는 겁니다." 만약 핸드폰에 출처 불명의 앱이 깔려 있다면 즉시 삭제하고 그래도 찜찜하면 휴대폰을 들고 가까운 통신사 대리점이라도 가 보라고 조언합니다. 요즘 피싱 앱은 겉보기엔 평범한 아이콘과 이름을 달고 숨어 있는 경우도 많기에 조금이라도 이상한 앱은 과감히 삭제하는 결단이 필요합니다.

'사실 이건 기술보다 생활 습관의 문제입니다.' 피싱에 당하지 않는 사람들

> 의 공통점은 '한 번 더 확인하는 버릇'이 있다는 것입니다. 설령 문자나 이메일이 진짜 같아 보여도 곧바로 응대하기보다 다른 기기나 채널로 재확인하는 여유를 가진다는 것이죠. 반면 피해자들은 하나같이 급한 마음에 눈앞의 안내에만 매달렸다고 합니다. 결국 여유가 곧 방패라는 뜻입니다. 종합하여 마지막 당부 말씀을 드립니다. '혹시 내 카드나 계좌에 문제가 생겼다는 문자를 받으면 5분만 심호흡하고 생각해 보세요. 그리고 발송 문자의 연락처를 무시하고 내가 직접 찾은 번호로 전화를 거세요. 그 5분이 내 평생 재산을 지킬 수도 있습니다.'

에피소드 5.
"공짜라더니 함정이었어요"
– 각종 생활 밀착형 사기 수법

실직 상태로 구직 활동 중이던 정현우 씨(28세)는 지난달 한 취업 카페에서 뜻밖의 쪽지를 받았습니다. "월 200만 원 재택 알바 모집 – 초보 가능"이라는 광고글이었습니다. 평소 프리랜서 일감을 찾기 위해 여러 사이트를 기웃대던 현우 씨는 눈이 번쩍 뜨였습니다. 게시물에는 한 해외 업체명을 대면서 '재택근무로 간단한 상품 리뷰 작업을 하면 주당 50만 원 지급'이라는 파격적인 조건이 적혀 있었습니다. 혹시 사기가 아닐까 의심도 됐지만 그는 이미 몇 달째 취업이 불발되던 터라 '일단 알아보자'는 마음으로 연락처를 추가했습니다. 곧 텔레그램으로 한 담당자와 연결되었고 상대는 능숙한 한국어로 업무 내용을 설명해 주었습니다. 겉보기에도 잘 만들어진 계약서 PDF까지 보내 주자 현우 씨는 마음을 놓기 시작했습니다. 그런데 계약 절차 마지막에 담당자가 이런 말을 덧붙였습니다. '신원 보증금 100만 원을 예치하셔야 합니다. 추후 일을 일정 기간 성실히 수행하시면 전액 돌려드리고, 추가 보수도 드려요.' 생활비도 빠듯한 처지였던 현우 씨는 망설였습니다. 그러나 상대는 유명 기업들의 로고가 박힌 '이러이러한 리뷰 작업을 할 것'이라는 세부 계획표도 보여 주며 신뢰를 심어 주려 했습니다. 또한 '요즘 워낙 사람 구하기 힘들어서 보증금은 성실도 확인 차원'이라고 그럴듯하게 설명했습니다. 궁지에 몰린 취준생에게 200만 원 월수입은 너무나 달콤한 제안이었습니다. 현우 씨는 부모님께 급히 사정하여 가까스로 100만 원을 마련하여 안내받은 계좌로 보증금을 송금했습니다.

그 후 며칠 간 현우 씨는 시키는 대로 가짜 리뷰를 영어로 써서 넘기는 작업을 했습니다. 허드렛일이 좀 많기는 해도 약속된 돈만 받을 수 있다면 문제없다고 여겼습니다. 하지만 첫 주가 끝나고 받아야 할 50만 원이 입금되지 않았습니다. 담당자에게 문의하니 '초기 세팅 비용 등으로 조금만 기다려 달라'며 애매한 답을 했습니다. 불안해진 현우 씨는 혹시나 하는 마음에 그 담당자에게 들은 해외 업체명을 인터넷에 검색해 봤습니다. 그런데 놀랍게도 해외 소비자 보호 사이트에 똑같은 피해 사례들이 올라와 있었습니다. "재택 알바를 미끼로 보증금을 받고 잠적하는 사기", 심지어 자신과 똑같이 100만 원을 떼였다는 한국인들의 글도 있었습니다. 현우 씨는 머리가 어찔해졌습니다. 서둘러 텔레그램 상대에게 연락했지만 이미 탈퇴한 사용자로 표시될 뿐이었습니다. 그제야 그는 자신이 희망에 눈이 멀어 너무 쉽게 믿었음을 깨닫고 망연자실했습니다.

한편 같은 시각 다른 곳에서는 60대 박모 씨가 건강식품 무료체험 전화를 받고 있었습니다. 영업 사원은 '첫 한 달은 무료, 드셔 보고 효과 없으면 환불 보장'이라며 온갖 상냥한 말로 박 씨를 유혹했습니다. 귀가 얇아진 박 씨는 '공짜라니 일단 해보자'는 생각에 배송된 제품을 받았고 6개월 정기구독 계약서에 서명해 버렸습니다. 하지만 정작 한 달 후 취소하려 하니, 업체 측은 '무료 기간이 지났다.', '본 품은 개봉했으니 환불 불가' 등의 핑계로 환불을 거부했습니다. 결국 박 씨는 거액의 위약금까지 물게 생긴 처지였습니다. 이처럼 '공짜', '고수익 알바', '로또 당첨 번호 제공' 등 솔깃한 제안을 가장한 생활형 사기가 우리 주변에 널려 있습니다.

심리학적 해설 : 욕망과 희망을 노린 심리 조작

정현우 씨와 박모 씨 사례는 결이 달라 보이지만 그 근저에는 인간의 욕망과 희망 심리를 겨냥한 공통점이 있습니다. 우선 '쉽게 큰 이익을 얻고 싶다'는 욕망입니다. 누구나 적은 노력으로 큰돈을 벌 수 있다면 좋겠다는 내심의 바람이 있습니다. 사기범들은 바로 그 부분을 파고듭니다. 예컨대 정현우 씨의 고액 아르바이트 제안은 일자리를 찾는 청년의 절박함을 이용한 것입니다. 절박한 상황에 놓이면 우리의 판단력은 현저히 떨어지고 눈앞의 구명줄 같은 제안에 매달리게 됩니다. 이를 희망 고문 심리라고도 부를 수 있습니다. 희망이 큰 만큼 합리적 의심의 목소리는 작아집니다. 게다가 계약서, 계획표 등 겉모습을 그럴듯하게 꾸며 놓으면 사람은 '설마 이게 가짜일까' 하며 스스로 안심하려고 인지부조화를 해소하게 됩니다.

또한 '공짜'라는 말이 주는 마력도 큽니다. 박모 씨가 건강식품 무료 체험에 혹한 이유는 공짜라면 손해 볼 게 없다는 심리가 작용했기 때문입니다. 그러나 세상에 완전히 공짜는 없는 법, 무료 체험 뒤에 숨어 있는 자동 결제 함정을 간과한 것입니다. 심리학적으로 제로(0)의 가격 효과는 사람의 이성을 마비시키는 경향이 있습니다. 무료라 하면 품질이나 조건을 따져보는 판단이 무뎌지고 일단 잡고 보자는 생각이 앞서지요. 이 틈을 노려 사기범들은 무료 이탈 시 과도한 위약금을 숨겨 놓거나 첫 달 무료 뒤 몇 개월 의무 이용 조건을 내겁니다. 한국소비자원 통계에 따르면 건강식품 관련 무료 체험 계약이 포함된 사례 중 78.5%에서 소비자가 피해를 본 것으로 나타났습니다. 이는 무료라는 미끼가 얼마나 효과적으로 사람의 경계를 풀어내는지 보여 줍니다.

권위와 사회적 증거의 악용 또한 흔합니다. 정현우 씨 사기에서는 해외 유명 기업 로고와 '계약서'라는 서식을 이용했고, 박모 씨 경우에도 "00협회 인증" 운운하며 신뢰를 주었을 가능성이 높습니다. 사람들은 겉모습이 공식적이면 내용도 진짜일 것으로 믿는 경향이 있습니다. 또한 다른 사람들도 참여한다는 암시(예: '이미 수천 명이 이 번호 서비스로 당첨됐다') 같은 사회적 증거를 내세우면 설득력이 배가됩니다. 실제로 한 사기 조직은 '로또 1등 예상 번호 알려 준다'며 사이트를 운영해 5년간 7,900여 명에게서 85억 원을 챙긴 사례도 있었습니다. '저렇게 많은 사람이 이용하는데 괜찮겠지'라는 심리를 파고든 것이지요.

마지막으로 손실 회피와 몰입입니다. 정현우 씨는 이미 보증금 100만 원을 낸 후 일주일을 일했기에 사기가 아닐 거라고 믿고 싶어 했습니다. 이를 몰입 비용 효과(sunk cost effect)라고 하지요. 이미 투자한 것이 있으니 끝까지 가 보려는 심리입니다. 박모 씨도 처음에 일부 돈을 내고 제품을 받았기에 문제를 느끼고도 '환불 못 받으면 어쩌나' 망설이다 손해를 키웠을 수 있습니다. 인간은 이미 치른 손해를 인정하기보다 더 큰 손해를 보더라도 희망을 붙드는 쪽을 택하기 쉽습니다.

결국 이러한 생활형 사기들의 심리 공통점은 "사람들이 간절히 원하는 것을 미끼로 던져 방심하게 만든다"는 것입니다. 돈, 건강, 행운, 취업 같은 키워드 앞에서 우리의 눈은 쉽게 가려집니다. 그리고 일단 발을 들여놓으면 더 늦기 전에 **빠져나와야** 한다는 이성적 판단을 흐리게 하는 각종 심리 장치(무료, 보증금, 위약금 등)를 마련해 놓지요. 욕망과 희망이 교차할 때 사람의 판단은 가장 취약해진다는 사실을 기억해야 합니다.

☕ 독자에게 드리는 조언

'달콤한 말일수록 의심하라.' 생활밀착형 사기를 수사해 보고 관련 신종 범죄 동향을 수집하는 경찰관으로서 단언합니다. '쉽게 돈 버는 길, 공짜 이득… 세상에 그런 건 없습니다.' 취업 사기를 예로 들어 보겠습니다. 구직자들의 절박함을 노린 범죄가 늘고 있습니다. 실제 한 설문조사에 따르면 구직 경험자의 45.1%가 취업 사기를 당한 경험이 있고, 1인당 평균 308만 원의 금전적 손해를 입었다고 합니다. 심지어 개인정보를 빼앗겨 보이스피싱 범죄에 연루되거나 명의로 대출을 떠안은 사례도 적지 않습니다. '높은 보수를 제시하며 돈을 요구하는 일자리, 현혹되는 순간 끝'이라고 경고합니다. 합법적인 일자리는 어떠한 경우에도 선입금이나 보증금 등을 요구하지 않는다는 점을 명심해야 합니다. 또 계약을 서둘러 종용하거나 뭔가 찜찜한 조항이 있다면 과감히 포기해야 합니다. 젊은 사람일수록 '혹시나' 하는 마음에 물어보지도 않고 돈부터 보내는 경우가 많습니다. 꼭 주위 사람들과 상의를 해봐야 합니다. 특히 사회 초년생일수록 가족이나 선배 등과 의논해보는 것이 중요하다고 합니다. 여러 시선이 모이면 냉정하게 계약서를 검토할 수 있기 때문입니다.

무료 체험을 내세운 상술도 조심해야 합니다. '공짜 치즈는 쥐덫 위에만 있다'라는 러시아 속담이 있습니다. 세상에 공짜는 없고 공짜처럼 보이는 것에는 반드시 위험이나 대가가 따른다는 교훈입니다. 어떤 상품이든 충분한 시간을 두고 꼼꼼히 따져보아야 합니다. '계약서의 작은 글씨 조항까지 읽어 보고, 업체 이름을 인터넷 검색해서 피해 사례가 없는지 확인해야' 피해를 예방할 수 있다고 조언드립니다. 한국소비자원 등 공공기관 사이트에는 주요 사기 수법과 피해 사례가 공개되어 있으니 미리 참고하는 것도 좋은 방법입니다. 실제 박모 씨 사례 같은 건강식품 무료 체험 피해는 지속적으로 증가 추세여서 소비자원에서 고령층에게 특별히 주의를 당부하고 있습니다. 가족 중 어르신들이 계시다면 이러한 무료 체험 전화를 받지 않도록 미리 알려 드리고, 혹시라도 계약을 체결했으면 빨리 소비자원이나 공정위 상담을 받아 철회 가능 여부를 확인하셔야 합니다. '편취당한 돈을 돌려받는 것보다 애초에 안 당하는 게 백번 쉽습니다.'

로또 당첨, 투자 권유 등도 조심해야 합니다. 요즘은 코인 투자나 정부 지원금을 미끼로 한 새로운 생활형 사기도 등장했습니다. 요즘 발생하고 있는 정부 보조금·지원금 관련 범죄를 저지르는 자들은 사회공학 기법을 연구하는 놈들입니다. 사기범들은 유행과 정책 변화에 민감하게 편승합니다. 예를 들어 정부 재난지원금 시기에 '지원금을 더 받게 해 주겠다'는 문자 사기가 기승을 부렸고, 암호화폐 열풍 때는 "OO코인 에어드롭 당첨" 같은 이메일로 사람들을 속였습니다. 핵심은 낯선 제안일수록 그리고 너무 좋아 보일수록 의심하는 습관입니다. '세상에 쉬운 돈은 없습니다. '운이 좋았다'고 생각되는 상황 자체를 경계하세요.' 이 조언은 결국 우리가 일상에서 늘 경계심의 끈을 놓지 말아야 함을 뜻합니다. 생활 속 사기범들은 우리가 원하는 것을 미끼로 다가온다는 점, 그들의 친절하고 달콤한 말을 곧이곧대로 믿기에는 세상이 그리 호락호락하지 않다는 점을 잊지 말아야겠습니다.

이상으로 살펴본 다양한 일상 속 눈속임 사례들은 우리에게 공통된 교훈을 줍니다. "누구나 속을 수 있다. 하지만 제대로 알면 속지 않을 수 있다"라는 것입니다. 택배 기사 사칭부터 정부기관 공문, 무료 이벤트까지 우리의 생활 영역 어디든 사기꾼들의 무대가 될 수 있습니다. 이번 장에서 살펴본 에피소드들에서 드러났듯 그 수법들은 교묘하지만 그럼에도 허점이 있습니다.

심리적 기제를 역이용한다는 점을 간파하면 오히려 우리는 사기 수법을 예측하고 경계할 수 있습니다. 부디 이 장을 읽은 여러분께서 일상의 작은 의심과 확인을 습관화하시길 바랍니다. 그것이 때로는 불편하고 귀찮게 느껴져도 큰 피해를 막는 최선의 방패막이임을 기억해야 합니다. 생활이 곧 타겟인 시대, 우리 스스로 배우고 대비하여 더는 누구도 속지 않기를 바랍니다. 안전한 일상을 지켜내는 힘은 다름 아닌 여러분 자신의 지혜와 경계심이라는 점을 강조드리며 글을 마칩니다.

10장
[에피소드]
사회적 이슈로서의 사기
– 전세 사기와 집단 사기의 비극

에피소드 1.
청년 부부 전세 사기 피해
– 보증금 전액 손실과 신뢰의 붕괴

　서울의 한 다세대 주택 밀집 지역. 이곳에 신혼살림을 꾸린 30대 초반의 청년 부부 A씨와 B씨는 보증금 2억 원의 전세 계약으로 첫 보금자리를 마련했습니다. 둘은 수년간 악착같이 저축하고 부족한 금액은 은행 대출까지 받아 어렵게 전세 자금을 마련했습니다. 계약 당시 공인중개사는 "임차보증보험도 가입되고 집값도 오르고 있으니 안심하라"고 말했고, 집주인 역시 "걱정 말라, 만기 때 보증금을 문제없이 돌려주겠다"며 두 사람을 안심시켰습니다. 부부는 설렘 속에 새 집으로 이사했고, 그동안 아무 문제없이 지내왔기에 집주인과 계약서를 믿고 지냈습니다.

　그러나 2년 뒤 전세계약 만기가 되자 예상치 못한 일이 벌어졌습니다. 집주인은 보증금을 돌려주겠다던 약속과 달리 "자금 사정이 조금 어려우니 조금만 기다려 달라"며 시간을 끌기 시작했습니다. 처음에는 일시적인 어려움이라 생각한 부부는 몇 주를 기다렸지만 상황은 나아지지 않았습니다. 설상가상으로 집주인과 연락이 점점 닿지 않더니 결국 그 집이 근저당권 문제로 경매에 넘어가 버렸다는 통보를 받았습니다. 경매 결과 부부의 신혼집은 1억 5천만 원 남짓한 헐값에 낙찰되었고, 선순위 근저당 채권까지 있어서 A씨 부부는 자신의 보증금 중 극히 일부만 법적으로 돌려받을 수 있는 처지가 되었습니다. 2억 원에 계약했던 전세 집에서 고작 몇 천만 원도 건지지 못하게 된 것입니다.

청천벽력 같은 소식에 부부는 큰 충격을 받았습니다. "설마 우리에게 이런 일이 생길 줄은 꿈에도 몰랐다"며 A씨 부부는 한동안 현실을 믿지 못했습니다. 그토록 믿었던 계약서와 공인중개사의 보증이 순식간에 휴지조각이 되었습니다. 보증금 대부분을 은행 대출로 충당했던 이들은 집과 함께 막대한 빚만 떠안았습니다. 신혼의 행복을 꿈꾸던 집은 하루아침에 경매로 남의 손에 넘어갔고 부부는 보증금을 잃은 것도 모자라 당장 거처까지 잃을 위기에 놓였습니다. 보증금 반환 소송을 준비하며 매달 수백만 원의 대출 이자 청구서만 눈앞에 쌓여 갔습니다.

집주인은 이미 다른 빚과 문제 때문에 잠적해 버렸고, 그들이 믿었던 공인중개사마저 '나도 속았다'며 책임을 회피했습니다. 법적으로는 집주인을 사기 혐의로 고소할 수 있었지만 이미 금전적 능력이 없는 집주인으로부터 돈을 돌려받기는 현실적으로 어려웠습니다. 보증금을 지키기 위해 부부가 계약과 동시에 가입했던 전세보증보험도 허사였습니다. 은행 대출 시 요구된 질권 설정 탓에 보증보험사가 책임을 회피하며 보험금 지급을 거부했기 때문입니다. '우리는 할 수 있는 걸 다 했는데도 아무도 우리 돈을 돌려주지 않는다'는 절망감이 부부를 엄습했습니다. 어느 기관을 찾아가 호소해도 '해 줄 수 있는 게 없다'는 답변만 돌아왔고 발길이 닿는 곳마다 문턱을 넘지 못했습니다.

결국 A씨 부부는 빚더미 속에서 친정과 지인들에게까지 도움을 청해야 했습니다. 밤잠을 설쳐가며 모은 전 재산을 사기당했다는 현실, 누구도 그 피해를 책임져 주지 않는다는 배신감에 둘의 일상은 무너졌습니다. '이젠 누구도 믿을 수 없다'며 심한 배신감과 불안에 시달리던 부부는 한때 가정불화까지 겪을 정도로 극심한 스트레스 상태에 놓였습니다. 그토록 믿어 의심치 않았던 계약서와 중개인의 말이 속임수로 판명난 후 부부는 사회에 대한 신뢰마저 잃고 말았습니다.

심리학 해설 : 왜 속았는가, 피해자의 심경 변화

이 에피소드에서 신혼부부는 비교적 평범하고 성실한 사람들이었습니다. 그렇다면 이들은 왜 이러한 사기에 속아 피해자가 되었을까요? 먼저 인간 심리의 '합리적 신뢰' 메커니즘이 작용했습니다. 일반적으로 사회 초년생이나 신혼부부인 20~30대 청년층은 부동산 거래 경험이 부족하여 전문 지식이 미흡합니다. 대신 공인된 문서나 전문가의 말을 신뢰하는 경향이 강합니다. A씨 부부도 국가에서 발급한 확정일자 받은 임대차 계약서와 공인중개사의 보증 발언에 크게 의지했습니다. 이는 권위에 대한 신뢰(authority bias)로 설명할 수 있습니다. 공인중개사처럼 공식 자격을 가진 사람이 '안전하다'고 말하면 피해자는 이를 쉽사리 믿어 버립니다. 계약서에 도장까지 찍혀 있으면 '법적으로 문제가 없겠지' 하고 안도하는 것이 보통입니다. 이러한 심리는 평상시라면 합리적인 행동이지만 사기범들은 바로 그 지점을 파고듭니다. 전문가 행세를 하거나 제도적 보장을 악용하여 피해자의 신뢰를 교묘히 획득합니다.

또한 부부는 확증편향(confirmation bias)에 빠져 있었다고 볼 수 있습니다. 전세 계약 당시 중개인과 집주인의 긍정적인 말에 안심한 나머지 혹시 모를 위험 신호를 스스로 무시했을 가능성이 높습니다. 예를 들어 전세 보증금이 매매가와 비슷하거나 높은 '깡통전세' 위험 징후가 있었을 수 있지만 오히려 '집값이 오르니 걱정 없다'는 말만 곧이곧대로 받아들였습니다. 인간은 자신이 희망하는 방향으로 정보를 해석하려는 경향이 있는데 '새 집 마련'이라는 꿈에 부풀어 있던 부부는 부정적인 시나리오는 애써 외면했을 것입니다. 사기범들은 이런 피해자의 희망을 역이용하여 달콤한 말로 안심시킵니다. 실제로 많은 전세 사기사건에서 '집값이 오르고 있다', '보증보험 들어놔서 안전하다'는 식의 거짓말이 피해자들을 방심하게 만든 것으로 드러났습니다. 부부 역시 그러한 말에 안심하여 경계를 풀었던 것입니다.

사기범이 사용한 '동시 진행' 수법도 심리적 함정을 만들었습니다. 동시 진행이란 집을 살 때 세입자의 전세금을 활용하는 무자본 갭투자 수법으로 겉보기에 정상적인 거래처럼 꾸며지기 때문에 피해자가 알아채기 어렵습니다. 이 경우 서류상 매매와 전세계약이 동시에 이뤄져 집값의 90%나 100%에 달하는 높은 전세가율로 계약이 맺어지는데 세입자는 보증보험이 있으니 안전하다는 말만 믿고 계약합니다. A씨 부부도 이러한 구조 속에서 자신들이 위험에 노출되었음을 전혀 인지하지 못했습니다. 정보 비대칭으로 인한 판단력 제한도 한몫했습니다. 집주인이 다른 빚이 많았는지, 해당 주택의 실제 가치는 얼마인지 등 중요한 정보는 피해자에게 투명하게 공개되지 않습니다. 경험이 부족한 청년층은 이런 정보를 알아내기 더욱 어려워 '설마 문제 있겠어?' 하며 안심하기 쉽습니다.

한편 피해를 겪은 후 이들의 심경 변화는 극단적인 스트레스 상황에 놓인 사기 피해자의 전형을 보여 줍니다. 처음에는 믿음의 배신에 대한 충격과 부정으로 시작됩니다. "우리에게 이런 일이 일어날 리 없어"라며 현실을 부인하다가 사기가 확실해지면 분노와 자책이 뒤따릅니다. 부부는 집주인과 중개인에 대한 분노와 함께 '내가 왜 그때 더 꼼꼼히 따져보지 않았을까' 하는 자책감에도 시달렸을 것입니다. 이는 피해자들이 공통적으로 겪는 심리 단계로 자신이 속았다는 사실을 인정하는 데서 오는 수치심과 분노가 교차합니다.

시간이 흐르면 현실적인 불안과 우울이 깊어집니다. 당장 살 곳을 잃을지도 모른다는 주거 불안, 거액의 빚을 갚아야 한다는 경제적 압박이 겹쳐 옵니다. 특히 전세 사기 피해자들은 한순간에 전 재산을 잃고도 추가로 대출 이자를 떠안거나 노숙 위기에 놓이는 등 삶의 기반이 무너지는 경험을 합니다. 이 과정에서 극심한 무력감과 우울증을 호소하는 경우가 많습니다. 실제 상담 사례들을 보면, 피해 직후 많은 이들이 불면증과 식욕 부진에 시달리고 대인 불신으로 사회 활동을 기피하는 경향을 보입니다. A씨 부부 역시 '다시는 누구도 믿을 수 없다'는 말처럼 타인과 사회에 대한 신뢰가 크게 훼손되었습니다. 이러한 관계적 불신은 트라우마로 남아 피해자의 정신 건강을 장기간 해칩니다. 최악의 경우 피해자 일부는 극단적인 선택을 고려하거나 시도하기도 합니다. 그만큼 전세 사기가 개인의 삶과 마음에 남기는 상처는 깊고도 아픈 것입니다.

☕ 독자에게 드리는 조언

6~9장을 통해 다양한 사기 수법을 접하셨겠지만 전세 사기는 특히 우리 생활과 밀접하여 각별한 주의가 필요합니다. 전세는 서민 대다수가 이용하는 주거 제도이고, 피해 금액이 수억 원대에 달하기 때문에 단 한 번의 방심이 가정 전체에 치명타를 입힐 수 있습니다. 저는 수사·정보 업무를 취급하면서 현장에서 수많은 전세 사기 피해자를 만나 왔는데 그분들 대부분이 하나같이 '처음엔 사기일 거라 상상도 못했다'고 하셨습니다. 그만큼 이

범죄는 평범한 사람들의 믿음을 파고드는 사회적 악입니다. 다음은 제가 현장에서 느끼고 또 당부하고 싶은 예방 조치들입니다.

첫째, 전세 계약 전 철저한 확인이 무엇보다 중요합니다. '설마 문제가 있겠어'라는 막연한 낙관을 경계해야 합니다. 임대인의 부동산 등기부등본을 발급받아 선순위 권리관계(근저당 설정 등)를 반드시 확인하십시오. 선순위 채권 금액 + 전세금 ≤ 집값인지 계산해보고, 내 보증금이 집값에 육박하거나 넘는다면 깡통전세 위험이 있으니 계약을 재고해야 합니다. 최근 정부도 전세금이 집값의 90%를 넘지 않아야 보증보험에 가입할 수 있도록 기준을 강화했습니다. 전세가율(전세금/매매가)이 지나치게 높다면 위험 신호로 받아들여야 합니다. 계약 전에 인근 유사 매물의 시세를 파악하고 '시세보다 유독 싼 전세'는 아닌지 의심해 보시기 바랍니다. 사기범들은 세입자를 끌어들이기 위해 시세 대비 저렴한 조건을 제시하는 경우가 많습니다.

둘째, 믿을 만한 공인중개사 선정과 보험 가입입니다. 공인중개사가 해당 지역에서 경력이 많고 신뢰받는 인물인지 평판을 살펴보십시오. 부동산 거래 시 중개수수료를 아끼려다 검증되지 않은 중개인을 통해 계약하는 건 위험합니다. 또한 가능하다면 전세보증금 반환보증 보험에 가입해 두는 것이 좋습니다. 최근 법 개정으로 임대인의 동의 없이도 세입자가 단독으로 보증보험에 가입할 수 있게 요건이 개선되고 있습니다. 다만 보험 가입 후에도 은행 대출 시 질권 설정 문제 등 보험 적용 예외 조건을 꼼꼼히 확인해야 합니다. 보증보험에 가입했다고 안심만 할 것이 아니라 보험증권이 발급되고 유효한지, 가입 조건을 위배한 사항은 없는지 점검해야 합니다.

셋째, 계약 과정에서 의문 사항을 끝까지 질문하고 확인하는 태도가 필요합니다. 집주인이 보여 주는 서류만 믿지 말고 직접 관련 기관에 사실 조회를 해보는 적극성이 요구됩니다. 예컨대 주택도시보증공사(HUG) 홈페이지 등을 통해 전세 사기 위험 알림이 서비스나 보증보험 가입 가능 여부를 조회해 볼 수 있습니다. 또 임대인의 동의를 얻어 국세·지방세 납세 증명서를 확인하면 세금 체납 등 위험을 미리 알 수 있습니다. 최근 수사 사례를 보면 세금이나 이자가 밀려 있는 집주인이 전세금을 돌려주지 못하는 경우가 많았습니다. 앞으로는 법 개정으로 공인중개사가 임대인의 체납 정보나 주택의 권리관계를 열람하여 세입자에게 고지하도록 권한과 의무가 강화되고 있습니다. 계약 시 중개인에게 이러한 정보를 확인해 달라고 요청하는 것도 좋은 방법입니다. 중개인이 그런 요청을 회피하거나 '그럴 필요 없다'고 한다면 경계해야 합니다.

넷째, 전세계약서에 특약 사항을 명시하는 것도 한 방법입니다. 예를 들어 '임대인은 계약 기간 만료 시 확정일자까지 세입자의 보증금을 반환하지 못하면 지연배상금을 지급한다'거나 '만기 시 반환되지 않을 경우 임대인은 임차인의 전대나 매매 시도를 허용한다' 등의 조항을 넣어 두면 분쟁 시 세입자의 권리를 조금이라도 확보할 수 있습니다. 물론 특약이 있다고 완벽히 보장이 되는 것은 아니지만 임대인에게 심리적 압박을 주고 추후 법적 대응 시 근거로 활용될 수 있습니다.

다섯째, 만약 조금이라도 사기 정황이 의심된다면 지체 없이 행동해야 합니다. 임대인이 만기일을 넘겨 가며 보증금 반환을 미룬다면 기다리지만 말고 내용증명을 보내 공식적으로 반환을 요청하십시오. 그래도 응하지 않으면 곧바로 임차권 등기명령을 신청해 두세요. 이것을 해 두면 다른 권리자보다 우선해 경매 배당을 받을 수 있습니다. 실제 많은 피해자 분들이 '설마설마하며 기다리다가 결국 뒤늦게 조치를 취했다'고 후회하십니다. 사기가 의심된다면 경찰서에서 상담을 받고 주변 전세 사기 피해자 모임이나 지자체 지원 창구에 문의하여 초기 대응 방법을 알아보시기 바랍니다. 초동 대응이 피해 확산을 막는 열쇠입니다.

끝으로 수사기관의 시각에서 강조하고 싶은 건 "전세 사기는 100% 예방할 수 있다"는 것입니다. 사기범 일당은 분명 사전에 범죄 징후를 드러내기 마련이고, 임차인 입장에서는 생애 큰돈이 오가는 계약인 만큼 몇 배의 주의를 기울여야 합니다. 주변에 조금이라도 수상한 거래 사례나 소문이 들리면 본인 계약에 적용해 보아야 하고 스스로 지식을 쌓는 노력도 필요합니다. 정부에서도 전세 사기를 '사회적 재난' 수준의 중대 범죄로 인식하고 특별단속을 벌이고 있으니 개인도 경각심을 가지고 대비한다면 이러한 비극을 예방할 수 있습니다.

에피소드 2.
'빌라왕' 사건
– 수백 세대에 닥친 집단 피해와 제도적 맹점

지난 에피소드가 한 가정의 비극이었다면 이번에는 수백 가구에 달하는 집단 피해를 초래한 '빌라왕' 사건을 살펴보겠습니다. 빌라왕이란 별칭은 2022년 무렵 언론에서 대서특필된 인물 김모씨에게 붙여진 이름입니다. 40대 중반이었던 김씨는 2020~2022년 사이 수도권 일대의 연립·다세대 주택을 무려 1,139채나 사들이며 임대 사업을 확장했습니다. 그런데 그는 이 많은 집을 살 때 자기 돈을 거의 들이지 않고 신규 세입자의 전세 보증금을 받아 이전 집 매입대금에 충당하는 무자본 갭투자 수법을 썼습니다. 한 집에 세입자를 받아 보증금을 얻으면 그 돈으로 또 다른 빌라를 사고 다시 세입자를 받는 식으로 '돌려막기'를 하였습니다. 겉보기에 그는 수백 채의 집을 보유한 거부(巨富)처럼 보였지만 알고 보면 실체는 거대한 사기 피라미드나 다름없었습니다.

김 씨는 세입자들에게 '전세보증보험에 가입되니 걱정 말라.', '내가 집이 많아도 문제없이 다 돌려준다'고 큰소리쳤습니다. 세입자들도 계약서를 쓰고 보증보험에 가입하니 안심했습니다. 그러나 실제로는 김씨 소유 주택들의 평균 전세가율(집값 대비 전세금 비율)이 98%에 달할 정도로 집값과 보증금이 거의 같았습니다. 이는 집값 하락이나 돌발 변수가 생기면 보증금을 돌려줄 여력이 전혀 없다는 의미입니다. 게다가 김씨는 보유 주택들에 대한 종합

부동산세 등 세금 6억 2천만 원도 체납하고 있었습니다. 즉, 애초부터 정상적으로 세입자 보증금을 돌려줄 계획이나 능력이 없었던 셈입니다.

2022년 가을, 김 씨가 갑작스레 사망하는 일이 벌어졌습니다. 세입자들은 집주인이 사망했다는 소식에 당황했는데 더 큰 충격은 그 다음부터였습니다. 김 씨가 생전에 돌려주지 못한 보증금 채무가 눈덩이처럼 불어나며 수백 명의 세입자들이 보증금을 날릴 위기에 처했다는 사실이 드러났습니다. 빌라왕의 사망으로 세입자들은 보증금을 돌려받을 길이 막막해졌습니다. 김 씨의 재산은 빚투성이여서 법적으로 받아 낼 방법도 없었습니다. 서울 양천구 목동에서 김 씨와 전세계약을 맺었던 30대 여성 이모 씨는 3억 원의 보증금을 고스란히 날리게 되자 엄청난 충격을 받았습니다. 그녀는 결국 2023년 5월 자택에서 숨진 채 발견되었는데, 경찰은 타살 흔적이 없는 것으로 보아 극심한 절망에 따른 극단적 선택을 한 것으로 추정했습니다. 이 씨의 죽음은 빌라왕 사태로 인한 네 번째 희생이었습니다. 앞서 인천 미추홀구에서도 비슷한 전세 사기 피해를 당한 청년들이 잇달아 목숨을 끊는 비극이 벌어졌고, 전국적으로 전세 사기에 절망한 피해자들의 극단 선택이 사회 문제가 되었습니다.

김 씨 혼자 벌인 범죄로 피해자가 수백 세대에 달하자 이 사건은 사회적 공분을 일으켰습니다. 피해자들은 인터넷 카페와 모임을 만들어 '전세 사기는 개인 문제가 아니라 사회적 재난'이라며 정부의 대책을 호소했습니다. 국토교통부 장관이 한때 '전세 사기는 사회적 재난에 해당하지 않는다'고 발언해 논란이 일기도 했지만 연달아 피해자가 목숨을 끊는 사태 앞에서 정치권도 움직일 수밖에 없었습니다. 결국 여야는 2023년 5월 말 전세 사기 피해 구제를 위한 특별법 제정에 합의했습니다. 특별법이 논의되는 동안에도 김 씨와 유사한 '빌라왕'들이 곳곳에서 추가로 적발되었습니다. 예를 들어 서울 강서구 일대에서 무자본 갭투자로 빌라 200여 채를 소유하며 전세 사기를 벌인 일당이 검거되어 법원에서 사기죄로 징역 15년의 최고형을 선고받았고, 인천 미추홀구에서 190여 채의 신축 빌라 전세금을 가로챈 이른바 '건축왕' 남모 씨도 1심에서 징역 15년을 선고받았습니다. 이러한 엄중 처벌은 사법부가 전세 사기의 심각성을 인식하고 있다는 방증이지만, 이미 피해를 입은 수많은 세입자들의 고통은 쉽게 치유되지 못했습니다.

　빌라왕 김 씨 사건에서 특히 문제로 지목된 것은 제도적인 맹점이었습니다. 첫째, 임대인이 수백 채의 집을 보유하며 전세를 놓아도 이를 효과적으로 관리·감시하는 시스템이 없었다는 점입니다. 김 씨는 여러 법인을 내세워 집을 분산 소유하는 방식으로 눈을 피했고, 주택도시보증공사(HUG)의 보증보험 가입 요건이 완화된 틈을 타 높아진 전세가율을 악용했습니다. 2017년 이후 전세 보증보험이 전세가율 100%까지 가입 허용되자 '보험 드니 안심하라'며 세입자를 모집한 뒤 보증금을 빼돌리는 수법이 성행했습니다. 김 씨도 곳곳에서 보증보험에 가입하지 않거나, 가입했더라도 보험금을 HUG에 반환하지 않고 계속 새로운 세입자를 들여 보냈습니다. 정작 사고가 터지자 HUG는 '집주인 사망은 보험사고가 아니다'라는 이유로 보험금 지급을 늦추거나 거절했고, 정부와 지자체도 확실한 구제책을 마련하지 못해 피해가 눈덩이처럼 불어났습니다. 결과적으로 수많은 세입자들이 시스템의 허점을 뚫은 사기 수법에 무방비로 당하고 말았습니다.

둘째, 집단 피해에 대한 대응 체계 부재도 두드러졌습니다. 개별 세입자들이 뿔뿔이 사기를 당하자 초기에는 각자 민사소송을 걸거나 경찰에 고소장을 내는 식으로 흩어진 대응을 할 수밖에 없었습니다. 이렇다 할 공적 구제 창구가 없다 보니, 피해자들은 온라인 커뮤니티에서 서로의 사례를 공유하며 '나만 당한 게 아니었다'는 것을 알고 모이기 시작했습니다. 이후 언론 보도를 통해 이 문제가 사회적 이슈로 부각되자 정부가 특별법을 제정하고서야 비로소 피해 지원이 논의되었습니다. 그러나 그마저도 피해 인정 요건이 까다로워 많은 이들이 구제 대상에서 제외되는 한계를 보였습니다. 소득이나 보증금 액수 기준을 살짝 넘겼다는 이유로 앞선 에피소드의 A씨 부부처럼 피해자로 공식 인정받지 못한 사례도 있습니다. 이러한 제도적 사각지대는 집단 사기의 2차 피해나 '구제의 사각지대'라는 새로운 문제를 낳았습니다.

심리학 해설 : 대규모 사기의 함정과 군중심리

빌라왕 사건은 피해 규모와 인원이 방대하다는 점에서 사회적 범죄의 성격을 띱니다. 수백 명이 동일 범죄에 연루된 상황에서는 피해자들의 심리적 역동도 1:1 개별 사기와는 다르게 전개됩니다. 먼저 '설마 이렇게 많은 사람이 당할까' 하는 다수에 대한 안전망 신화(safety-in-numbers fallacy)가 작용했을 수 있습니다. 사람들은 자신만 위험에 노출된 상황보다, 다수가 같은 선택을 한 상황에서 더 안심하는 경향이 있습니다. 김 씨와 계약한 세입자들도 자기 주변 혹은 같은 건물에 본인처럼 전세 계약을 한 사람이 여럿 있다는 사실에 일종의 안도감을 느꼈을 수 있습니다. '이 많은 사람이 다 당하진 않겠지.', '다들 하니까 괜찮을 거야'라는 군중심리는 오히려 대규모 사기에서 피해를 키우는 요인입니다. 사기범은 일부러 비슷한 조건의 피해자를 대거 모집해 '남들도 다 하니 문제없다'는 사회적 증거(social proof)의 함정을 만들기도 합니다. 결과적으로 각 개인은 경계를 늦추고 이상 징후를 느껴도 '내 착각이겠지' 하며 지나치기 쉽습니다.

또한 피해가 현실화된 이후에도 집단 사기 특유의 심리가 나타납니다. 수백 명의 피해자가 존재할 경우 '책임 확산(diffusion of responsibility)'으로 인해 초기 대응이 지연될 수 있습니다. 즉 모두가 피해를 입었으니 '누군가 나서겠지.', '정부가 알아서 대처해 주겠지' 하고 개인 차원의 대응을 미루는 경향이 있습니다. 실제 빌라왕 사태 초기에 많은 피해자들이 서로 연락이 닿지 않아 개별적으로 속앓이만 하거나 남이 움직이길 기다리며 시간을 허비했습니다. 그 사이 사기범 일당은 증거를 인멸하거나 법적 책임을 회피할 준비를 할 수 있었습니다. 대규모 피해일수록 초기에는 정작 각 피해자들이 고립감을 느끼는 역설이 나타난 셈입니다.

이와 반대로 어느 정도 시간이 지나 피해자들이 서로 연결되면 집단 역학이 빠르게 전개됩니다. 피해자 모임이 조직되면서 그 안에서 '우리 대 그들(사기범·기관)'의 구도가 형성되어 강한 연대 의식이 생깁니다. 심리적으로 큰 상처를 입은 피해자들은 동질적인 고통을 겪는 다른 피해자들과 교류하면서 사회적 지지를 얻습니다. 서로의 처지를 이해해 주는 공동체가 생기면 그전까지 느꼈던 고립감이 해소되고, '우리만의 정의'를 세우고자 하는 에너지가 생깁니다. 빌라왕 사건에서도 피해자들이 함께 모여 집단으로 기자 회견을 열고 청와대 국민청원이나 국회 앞 시위를 주도한 바 있습니다. 이는 일종의 피해자 공동체 심리로 피해 회복과 재발 방지라는 공동 목표를 향해 힘을 모으는 긍정적 결과를 낳기도 합니다. 다만 이 과정에서 좌절이나 분노가 공유되며 집단적 트라우마로 번질 위험도 존재합니다. 특히 앞서 언급된 일부 피해자의 극단적 선택 소식은 다른 피해자들에게도 큰 충격과 슬픔으로 다가와 공동체 전체가 상실감에 빠지기도 했습니다. 한 피해자의 어머니가 국회 앞 기자 회견에서 오열하며 '또 다른 희생자가 나왔다'고 말하는 장면은 모두의 가슴에 깊은 슬픔을 남겼습니다.

제도 불신과 배신감도 집단 사기 피해자들의 공통된 심리입니다. 개인 범위의 사기와 달리 대규모 사기에서는 '국가와 사회가 나를 지켜주지 못했다'는 배신감이 크게 대두됩니다. 빌라왕 피해자들은 행정기관, 수사기관, 보험회사 모두 우리를 외면했다며 울분을 터뜨렸습니다. 분명 계약도 제대로 하고 보험도 들었는데 결국 속수무책으로 당한 자신들의 처지를 보며 제도 전반에 대한 불신과 분노를 느끼게 됩니다. 이는 심리학적으로 공정세계 신념의 붕괴와 관련이 있습니다. 평소 사람들은 '열심히 노력하면 보상받는다'거나 '법과 제도가 나를 보호해 준다'는 기본 신뢰를 갖는데 집단 사기를 겪으며 그런 신념이 산산이 부서졌습니다. 그래서 피해자들은 '이 사회가 우릴 버렸다.', '국가가 존재하기는 하는 거냐'는 극단적인 표현까지 쓰며 분노합니다. 이러한 집단적 분노는 때로 제도를 변화시키는 동력이 되기도 하지만 한편으로는 피해자들의 정신 건강에 지속적인 스트레스 요인으로 남습니다.

☕ 독자에게 드리는 조언

빌라왕 사건과 같은 대규모 사기는 개인의 노력만으로 예방하거나 해결하기 어려운 사회 구조적 문제입니다. 이에 대응하려면 개인, 공동체, 정부가 함께 힘을 모아야 합니다. 이 문제에 대해서는 관련 수사 경험이 있는 현직 경찰 정보관의 시각에서 다음과 같은 조언을 드리고 싶습니다.

첫째, 제도적 안전 장치 강화가 시급합니다. 다행히도 빌라왕 사건 이후 정부와 국회에서 움직임이 있었습니다. 2023년 제정된 전세 사기 특별법은 일정 조건의 피해자에게 긴급 거주 지원, 경·공매 대행, 저리 대출 등을 제공하여 피해를 경감하려는 취지였습니다. 그러나 초기에 피해 인정 범위가 협소해 실질적인 도움을 받지 못한 사례가 많았고, 이에 따라 2024년에는 소득 기준 완화 등 법 개정이 진행되고 있습니다. 앞으로도 법·제도는 현장의 목소리를 반영하여 유연하게 보완돼야 합니다. 예컨대 보증금 규모와 무관하게 모든 전세 사기 피해자를 구제할 수 있는 기금 마련, 임대인의 다주택 보유 현황을 실시간으로 파악해 이상 거래를 조기 경보할 수 있는 시스템 구축 등이 검토되어야 합니다. 수사 현장에서는 이미 경찰과 검찰이 전세 사기를 특별단속 대상으로 삼아 2년간 8,323명의 관련자를 검거하는 성과를 올렸습니다. 앞으로도 이러한 강력한 법 집행과 더불어 선제적 예방 시스템이 작동해야만 또 다른 빌라왕을 막을 수 있습니다.

둘째, 전세 사기 피해자에 대한 사회 안전망 구축이 필요합니다. 집단 사기의 피해는 개인이 감당하기에는 너무 크고 무겁습니다. 피해자가 발생하면 국가와 지자체 차원에서 신속히 피해 사실을 조사하고 법률·생계 지원을 제공하는 프로세스가 자리잡아야 합니다. 현재는 피해자들이 스스로 모여 단체를 꾸리고 요구해야 그제서야 움직이는 후속 대응이 많았습니다. 앞으로는 경찰이 사기사건을 인지한 즉시 해당 지역 피해자들의 전수 조사를 실시하고, 지자체와 협조하여 임시거처 제공이나 심리 상담 지원을 연계하는 등 원스톱 지원체계가 마련되길 바랍니다. 특히 심리적으로 취약해진 피해자들을 위해서는 정신 건강 전문가의 개입이 중요합니다. 큰 사기를 당한 사람들은 PTSD(외상 후 스트레스 장애)를 겪거나 우울증에 빠질 위험이 높습니다. 공동체가 이들의 목소리를 들어주고 함께 아파하며 치유할 수 있는 분위기를 조성해야 2차적인 희생을 막을 수 있습니다. 빌라왕 사건에서 연이어 일어난 극단 선택은 모두가 가슴 아파해야 할 사회적 경고입니다. 피해자 한 사람 한 사람이 우리 이웃이며 가족이라는 마음으로 공동체의 관심과 지원이 이루어져야 합니다.

셋째, 공인중개사와 임대사업자 감독 강화도 구조적 해결책의 하나입니다. 이 사건에서 보듯 한 명의 악덕 임대인이 수백 명을 울릴 수 있었던 데에는 부동산 거래 현장의 견제 부실이 한몫했습니다. 이제는 공인중개사들에 대한 원스트라이크 아웃제가 도입되어 전세 사기에 가담한 중개사는 첫 적발 시에도 자격이 취소됩니다. 또한 중개 보조원의 채용을 중개사당 3인 이내로 제한하는 등 부실 중개를 막기 위한 조치도 추진되고 있습니다. 임대사업자에 대해서는 등록 임대주택의 보증보험 의무 가입이 제대로 이행되도록 관리·처벌을 강화해야 합니다. 이미 법적으로 임대인은 세입자가 거주하는 집에 대해 보증보험에 가입하지 않으면 임대사업자 혜택을 받을 수 없게 되어 있지만 이를 어겨도 제재가 미흡하다는 지적이 있습니다. 향후에는 임대인이 보증보험 미가입 시 세입자에게 계약 해지 및 손해배상 청구권을 부여하는 등의 강력한 장치를 마련해야 합니다. 형사 사법 측면에서도 검찰이 주요 전세 사기범에게 법정 최고형인 징역 15년을 구형·선고하도록 한 최근 사례처럼 사기범에게 엄중한 형벌을 지속적으로 부과해 강한 억지력을 형성해야만 합니다.

넷째, 피해 예방을 위해 공동체 차원의 정보 공유와 교육이 중요합니다. 과거에 비해 이제는 인터넷 카페, SNS 등을 통해 '사기 의심 매물 리스트'나 '악덕 임대인 명단' 등이 빠르게 확산되고 있습니다. 이는 피해자들이 주도하는 자구 노력으로 같은 피해를 당한 이들이 추가 발생하지 않도록 돕는 긍정적 움직임입니다. 정부와 지자체도 이러한 클라우드 정보를 수용하여 공식적인 전세 사기 경보 시스템이나 의심 사례 공개 사이트를 운영할 필요가 있습니다. 또한 20~30대 청년들이 부동산 지식이 부족해 사기에 취약한 현실을 감안하여 고등학교나 대학에서 주택 임대차 안전 교육을 실시하는 것도 고려해 볼 만합니다. 금융사기 예방 교육은 비교적 많은 편이지만 정작 전세처럼 큰돈이 오가는 계약에 대해서는 체계적인 교육이 부족했습니다. 이제는 학교나 주민센터 등에서 전세 계약 체크리스트, 사례별 대처법 등을 알려 주는 프로그램을 통해 사전 예방 역량을 키워야 합니다.

다섯째, 무엇보다 '사기 피해는 당신 잘못이 아니다'라는 사회적 인식 전환이 필요합니다. 많은 피해자들이 '내가 바보같이 당했다'며 자신을 책망하고 숨기려 합니다. 그러나 앞서 본 것처럼 전세 사기는 개인의 부주의만으로 돌릴 수 없는 구조적 문제가 큽니다. 사기범의 교묘함과 제도의 허점이 결합돼 누구나 속을 수 있는 함정이었습니다. 따라서 피해자들이 목소리를 내어 자신의 억울함을 알리고 정당한 구제를 요구하는 것은 부끄러운 일이 아니라 용기 있는 행동입니다. 주변에서도 피해자를 탓하기보다는 위로하고 연대해야 합니다. 실제 빌라왕 피해자 모임에서 많은 사람들이 '처음엔 창피해서 말도 못 했는데, 모임에서 서로 얘기하며 힘을 얻었다'고 털어놓았습니다. 이러한 공감과 연대가 사회적 치유의 출발점입니다. 경찰관으로서 저 역시 피해자들 한 분 한 분의 목소리를 경청하고, '당신 잘못이 아니다'라는 말을 건네도록 노력하고 있습니다.

에피소드 3.
투자 리딩방 · SNS 기반 집단 사기
– 전문가 행세에 속은 수천 명의 청년들

젊은 직장인 C씨(29세)는 최근 SNS를 통해 알게 된 '재테크 비법' 오픈 채팅방에 참여했습니다. 인스타그램에서 유명 금융 유튜버의 사진과 함께 '누구나 월 100만 원 부수입 가능'이라는 광고를 본 것이 계기였습니다. 평소 주식 투자에 관심이 많았던 C씨는 호기심에 링크를 눌렀고 카카오톡 오픈 채팅방으로 초대되었습니다. 방에 들어가 보니 이미 수백 명의 사람들이 있었고, 자칭 '투자 전문가'라는 방장은 마치 애널리스트처럼 유창하게 시장 전망과 종목 추천을 해 주고 있었습니다. 심지어 채팅방에서는 몇몇 참여자들이 '오늘도 50만원 수익 실현! 감사합니다.', '선생님 덕분에 승률 90%예요' 등의 메시지를 올리며 분위기를 띄우고 있었습니다. C씨는 '정말 다들 돈을 버는구나' 하고 기대에 부풀었습니다.

며칠간 지켜보기만 하던 C씨에게 방장은 개인 메시지를 보내왔습니다. '눈팅만 하지 말고 소액부터 따라 해보라'는 권유였습니다. 마침 방장이 특정 코인 종목을 추천하며 '지금 진입하면 일주일 내 30% 수익 가능'이라고 장담하자 C씨는 작은 금액으로 한번 시도해 보기로 했습니다. 방장이 알려준 가상자산 거래 애플리케이션에 가입하고 50만 원을 송금하여 투자를 따라 했습니다. 놀랍게도 이틀 만에 계좌 화면에 수익이 난 것처럼 보였습니다. C씨의 가상 계좌에는 50만 원이 65만 원으로 불어나 있었고, 방장은 '내 말대로 하니 되지 않느냐'며 이제 본격적으로 큰 금액을 넣어 보라고 부추겼습니다. 이미 단맛을 본 C씨는 점점 욕심이 났고 모아 둔 500만 원을 투자 계좌에 추가로 더 넣었습니다. 채팅방의 다른 이들도 '나도 방금 1천 추가했어.', '기회는 지금뿐'이라며 서로 경쟁하듯 돈을 넣고 있었습니다. C씨는 '이번이 인생을 바꿀 찬스'라는 생각에 가슴이 뛰었습니다.

그러나 며칠 후부터 상황이 이상하게 돌아가기 시작했습니다. 방장이 추천한 또 다른 종목들은 연이어 하락했고, C씨의 계좌는 큰 손실을 보기 시작했습니다. 당황한 C씨에게 방장은 '일시적 조정이니 걱정 말고 추가 매수하라'고 했습니다. 속은 불안했지만 이미 550만 원을 넣은 터라 반신반의하며 버텼습니다. 그러던 어느 날, 갑자기 앱에 접속이 되지 않았습니다. 채팅방도 흔적 없이 사라졌습니다. 설마 하고 방장이 알려 준 연락처로 전화를 걸었지만 '없는 번호'였습니다. 그제서야 C씨는 크게 당황하여 인터넷을 뒤졌고, 자신이 가입했던 방이 불법 유사 투자자문 리딩방 사기였음을 알게 되었습니다. 경찰 발표 기사에는 자신과 같은 피해자가 전국에 수천 명에 달하며 조직적으로 가짜 HTS(홈트레이딩시스템)를 만들어 보여준 뒤 거액의 투자금을 가로챈 범죄 수법이라고 적혀 있었습니다. C씨는 하늘이 무너지는 듯한 심정이었습니다. '설마 내가 이런 허술한 수법에 속다니….' 자괴감이 밀려왔고 부모님께 이 사실을 어떻게 말해야 할지 눈앞이 캄캄했습니다.

한편 다른 피해자들은 이미 발빠르게 움직이고 있었습니다. 피해자들끼리 온라인 커뮤니티에 모여 서로 경험을 공유하며 집단 고소를 준비하고 있었습니다. C씨도 용기를 내서 그 모임에 참여했습니다. 그곳에서 그는 자신이 당한 방식과 똑같이 속은 사람이 한둘이 아니라는 사실에 놀랐습니다. '처음에 유튜브 광고 보고 들어갔다.', '유명 전문가 사진을 써서 믿었다.', '수익 인증 글이 다 조작인 줄 몰랐다' 등 다들 비슷한 이야기를 하고 있었습니다. 어떤 이는 1억 원 넘게 날렸고 빚까지 진 상태라 울먹였습니다. '다 같이 모여 경찰서 가자'는 의견에 힘이 실렸고 이들은 함께 증거자료를 정리해 집단 고소장을 제출했습니다. 경찰 수사 결과 이들을 속인 일당은 전문가를 사칭하여 3,000명 이상으로부터 200억 원 넘는 돈을 가로챈 사기 조직으로 드러났습니다. 범인들은 해외에 서버를 두고 유령 법인 명의의 계좌로 돈을 빼돌려 왔으며, 국내 총책 등 핵심 인물이 모두 붙잡혀 검거되었다는 소식이 전해졌습니다. 전국적으로 비슷한 투자 리딩방 사기가 기승을 부리자 경찰청은 특별단속을 벌여 1년여 만에 총 7,200여 건의 사건을 적발하고, 3천여 명을 검거했다고 발표하기도 했습니다. 그만큼 이 SNS 기반 집단 투자 사기는 현재 심각한 사회 문제로 떠오르고 있습니다.

심리학 해설 : 전문가 환상과 군중심리의 악용

이 에피소드는 오늘날 늘어나는 온라인 투자 사기의 전형적인 수법과 그 배경에 깔린 심리적 함정들을 잘 보여 줍니다. 우선 많은 청년들이 이러한 사기에 속는 이유 중 하나로 '전문가 환상'을 들 수 있습니다. 경제적 성공에 대한 열망이 큰 젊은층일수록 스스로 경험이 부족하다는 생각에 권위 있는 전문가에게 조언을 얻고 싶어하는 마음이 큽니다. 사기범들은 이를 악용하여 가짜 전문가 행세를 합니다. 유명 투자 유튜버의 사진을 도용하거나 경제 방송의 배경 화면을 흉내내는 등 겉모습만 그럴듯하게 포장합니다. 심리학에서는 이를 권위에 대한 암시 효과라고 부르는데, 사람들은 실제로 그 사람이 진짜 전문가인지 검증하지 못한 상태에서도 그럴듯한 외형과 어휘에 쉽게 현혹됩니다. C씨도 채팅방에서 마치 증권사 애널리스트처럼 말하는 사기범의 화려한 언변에 압도당했습니다. 또한 사칭된 유명인 사진은 그 자체로 신뢰도의 착각(illusion of credibility)을 일으켜 비판적 사고를 마비시켰습니다.

둘째, 군중심리와 사회적 증거의 악용이 두드러집니다. 채팅방에 바람잡이로 참여한 일당들이 올린 허위 수익 인증은 전형적인 사회적 증거 효과를 노린 것입니다. 여러 사람이 '나도 수익 얻었다', '고맙다'고 말하면 보는 사람은 '정말 많은 이들이 성공하고 있구나'라고 착각하게 됩니다. 이러한 동조 현상은 특히 또래 집단에서 강하게 나타납니다. 젊은 피해자들은 '저 사람도 나와 비슷한 평범한 사람인데 돈 벌고 있네'라는 생각에 경계심을 풀고 덩달아 행동하게 됩니다. 이때 등장하는 FOMO(Fear of Missing Out, 좋은 기회를 놓칠지 모른다는 두려움)도 심리를 부채질합니다. C

씨가 '인생을 바꿀 찬스'라고 느낀 것처럼 사기범은 한정된 시간에만 얻을 수 있는 특별한 기회인 양 강조하여 서둘러 결정하게 만듭니다. 일종의 집단 최면 상태가 만들어지는 것이지요.

셋째, 탐욕과 희망이라는 인간 감정 역시 악용됩니다. 금융사기에서 흔히 말하듯 '단기간에 고수익을 보장한다면 100% 사기'로 봐야 함에도 피해자들은 그 미끼를 물고 맙니다. 이는 인간이라면 가지고 있는 행운에 대한 희망, 손쉽게 부를 얻고 싶은 욕망 때문입니다. 특히 최근 몇 년간 주식과 가상화폐 시장에서 일부 사람들이 단기간에 큰돈을 버는 사례들이 화제가 되었습니다. 그걸 지켜본 청년층은 자신도 뒤처질세라 기회를 잡으려는 조급함이 있었을 것입니다. 사기범들은 '이번 기회를 놓치면 넌 영영 부자 못 된다'는 식으로 이 조급함을 자극합니다. 또한 가짜 앱에서 일부러 초기에 작은 성공 경험을 맛보게 하는 기법도 심리 조종 수법입니다. 한 번 수익을 본 피해자는 도박사의 오류에 빠져 '이번에도 되겠지' 하고 더 큰돈을 걸게 됩니다. 그리고 손실이 시작되면 인지부조화로 인해 '곧 회복될 거야' 하며 스스로 합리화합니다. C씨가 손실이 났을 때 즉각적으로 의심하기보다는 방장의 말을 믿고 추가 매수를 한 행위가 그것을 잘 보여 줍니다. 이렇듯 사람들의 욕망과 자기합리화 심리는 사기범이 교묘히 활용하는 무기입니다.

넷째, 온라인 공간의 익명성과 기술적 속임수는 피해자의 현실 감각을 흐리게 합니다. 대면이 아닌 채팅과 가상화면으로 이루어지는 상황에서 피해자들은 눈앞에서 벌어지는 일이 마치 게임이나 시뮬레이션같이 느껴져 경계심이 떨어질 수 있습니다. 게다가 범죄 조직이 만든 가짜 HTS 화면은 실제 거래 시스템처럼 보이기에 피해자는 속고 있다는 사실을 눈치채기 어렵습니다. C씨 또한 화면에 찍힌 잔고를 진짜 돈으로 착각했습니다. 디지털 상의 숫자는 실제 현금을 만질 때보다 덜 실감나기에 사람들은 더 큰 금액도 상대적으로 가볍게 여기게 되는 경향이 있습니다. 이러한 현실감 부재 속에서 피해는 눈덩이처럼 불어납니다.

마지막으로 사기를 깨달은 후 피해자들이 겪는 심리적 후폭풍은 혹독합니다. C씨처럼 자신의 무지와 부주의에 대한 강한 자책, 경제적 손실로 인한 우울과 불안, 주위의 시선에 대한 수치심 등이 한꺼번에 밀려옵니다. 특히 청년층 피해자들은 '가족이나 친구들에게 뭐라고 말하나' 하며 대인관계를 회피하는 경향도 보입니다. 이는 사기 피해자들이 공통적으로 겪는 낙인 효과로 '내가 어리석었다'는 주위의 평가를 두려워하게 됩니다. 다행히 피해자들이 서로 모여 이러한 감정을 공유하고 동병상련의 지지를 얻으면 조금씩 회복의 실마리를 찾기도 합니다. 에피소드에서 C씨가 피해자 모임에 참여해 '나만 그런 게 아니었구나'라고 느낀 점은 극복의 첫걸음이라고 할 수 있습니다.

☕ 독자에게 드리는 조언

'현혹되는 SNS 투자, 이렇게 대처하라.' 인터넷과 SNS를 통해 누구나 투자 정보를 접하는 시대, 합법과 불법, 진짜와 가짜를 구분하기가 점점 어려워지고 있습니다. 그동안 수많은 유사 투자 자문 사기사건을 다뤄 보고 피해 내용을 청취하면서 몇 가지 일관된 교훈이 얻었습니다. 이를 토대로 독자 여러분께 투자 사기 예방 조언을 드리고자 합니다.

첫째, '고수익 보장'이라는 말이 나오면 무조건 의심해야 합니다. 합법적인 금융기관이나 전문가라면 절대로 수익을 보장하지 않습니다. 수익 보장은커녕, 원금도 위험해질 수 있다는 경고부터 하는 게 정상입니다. 그런데 SNS에서는 너무나 손쉽게 '원금 100% 보장', '단기간에 2배 수익' 같은 말을 내걸죠. 이는 100% 사기라는 명백한 신호입니다. 어떠한 경우라도 '절대 손해 볼 일 없다'거나 특정 수익률을 약속한다면 그 자리에서 대화를 끊으십시오. 실제로 금융감독원도 고수익·원금 보장을 미끼로 접근하는 문자나 전화는 절대 응대하지 말라고 지속 경고하고 있습니다.

둘째, 무등록 투자 자문에 현혹되지 마세요. 합법적인 투자 자문사는 금융위원회와 금감원에 등록되어 감독을 받습니다. 따라서 SNS 메시지로 불쑥 접근해 '당신에게만 좋은 정보를 준다'거나 온라인 오픈 채팅방으로 끌어들여 유료 리딩을 하려는 행위는 모두 불법입니다. 가령 카카오톡이나 텔레그램에서 '특별 VIP방으로 초대한다'는 제안을 받았다면 즉시 의심하십시오. 유명 전문가의 이름이나 사진을 내세워도 안심할 수 없습니다. 최근 부산에서 적발된 사례에서도 사기범들이 팔로워 100만 명이 넘는 유명 유튜버의 사진을 도용해 투자자를 현혹했습니다. 겉모습만 보고 판단하지 말고 항상 해당 인물이 진짜 그 사람인지 공식 채널을 통해 교차 확인하시기 바랍니다.

셋째, 가짜 수익 인증과 후기를 믿지 마십시오. 온라인에서 흔히 볼 수 있는 '출금했습니다', '수익 감사합니다' 등의 후기는 얼마든지 조작될 수 있습니다. 사기 조직은 여러 개의 가짜 계정이나 하수인을 동원해 마치 다수의 사람이 성공한 양 연출합니다. 이는 일종의 '작업'이므로 눈으로 보이는 대화라 해도 곧이곧대로 믿어선 안 됩니다. 진짜 수익이 났다면, 굳이 SNS에 영수증 캡처를 뿌리며 사람들을 모집할 이유가 없다는 점을 기억하세요. 또한 가짜 거래 화면도 경계해야 합니다. 일반인이 보기엔 진짜 HTS와 구분이 어렵겠지만 엉뚱한 앱 설치를 요구하거나 공인된 증권사 앱이 아닌 경우는 특히 조심해야 합니다. 조금이라도 이상하면 전문가나 금융당국에 문의해 확인하는 게 안전합니다.

넷째, 돈을 먼저 요구하는 제안은 의심하십시오. 리딩방 사기의 전형적인 수법은 초반에 무료로 참여시킨 뒤 '더 큰 이익을 보려면 유료 회원이 되라', '프로그램 비용을 내라'며 돈을 요구합니다. 또는 C씨 사례처럼 출금하려면 수수료를 보내라고 하기도 합니다. 합법적인 투자 자문이나 증권사는 고객에게 돈을 직접 받지 않습니다. 투자 대금을 제3자 개인 계좌나 해외 계좌로 보내라고 하는 순간 이는 100% 불법입니다. 또한 회원권 명목으로 거액을 입금하면 평생 고급 정보를 주겠다는 식의 접근도 피하십시오. 대다수 피해자들이 '처음에는 무료라고 해서 들어갔다가 나중에 큰돈을 요구받았다'고 증언합니다. 그러니 '무료'라는 말에 안심하지 말고 어떤 식으로든 금전 요구로 이어지면 즉시 중단해야 합니다.

다섯째, 피해를 당했다면 혼자 끙끙대지 말고 즉시 신고하십시오. 투자 사기를 당하고도 부끄러운 마음에 숨기다 보면 범죄자들은 그 사이 증거를 인멸하고 더 많은 피해자를 양산합니다. 경찰청은 최근 유사 투자자문 사기 특별단속을 통해 수많은 조직을 검거하고 있는데 이는 피해자들의 용기 있는 신고가 밑바탕이 되었기에 가능했습니다. 112(경찰)나 1332(금융감독원 신고센터)로 연락하면 즉각적으로 도움을 받을 수 있습니다. 또한 같은 피해를 입은 사람들이 모인 온라인 카페 등에서 정보를 교류하고 공동 대응하는 것도 권장합니다. 집단 지성은 혼자 고민할 때 놓칠 수 있는 증거와 대응책을 마련해 줍니다. 법률 전문가의 조력을 받아 집단소송이나 형사 고소를 추진하면 수사 기관도 더욱 신속히 움직입니다. 피해당한 사실을 늦게나마 깨달았다면 지체 없이 행동하는 것만이 더 큰 손해를 막는 길임을 명심하십시오.

덧붙여 사기범들이 법망을 피하려고 수법을 계속 진화시키고 있으므로 항상 경계하는 태도가 필요합니다. 최근 사례를 보면 이들은 단순한 리딩방을 넘어 '해외 선물 투자 대리 거래', 'AI 자동매매 프로그램 제공' 등 새로운 포장지로 갈아입고 있습니다. 그러나 본질은 동일합니다. '단기간에 고수익', '아무 노력 없이 돈 번다'는 말로 현혹한다면 거부하세요. 세상에 그런 투자는 없습니다. 특히 우리 20~30대 청년들은 사회 초년생으로서 돈을 불리고픈 마음이 간절하겠지만 그럴수록 원칙을 지키는 투자 습관을 들여야 합니다. 금융사기범들은 우리의 약점을 노립니다. 냉철한 이성과 끈끈한 공동 대응만이 그들을 이길 수 있는 무기라는 것을 기억해 주시기 바랍니다.

마무리 : 사기를 넘어서, 사회가 함께 가야 할 길

　전세 사기와 투자 사기 에피소드를 통해 우리는 사기가 더 이상 개인의 불운만이 아닌 사회적 재난임을 절감하게 됩니다. 피해자들은 각자 자신의 꿈과 생활 터전에서 쫓겨났지만 그 아픔은 개인에 머물지 않고 이웃과 사회 전체에 파장을 일으켰습니다. 한 신혼부부의 전세 사기 피해는 주변 또래들에게 "우리도 안전하지 않다"는 불안감을 심어 주었고, 빌라왕 사건은 수많은 세입자들로 하여금 부동산 시장 전반에 대한 불신을 갖게 만들었습니다. 또한 투자 리딩방 사기의 광범위한 피해는 젊은 세대의 금융 참여 자체를 위축시켜 건강한 투자 문화 형성에 걸림돌이 되고 있습니다. 이렇듯 사기는 사회 구성원 간 신뢰라는 공동체 기반을 무너뜨리고 궁극적으로 경제 시스템의 건전성마저 해칩니다.

　피해자들의 심리 변화 역시 사회적으로 주목해야 할 부분입니다. 이들은 사기를 당하는 순간부터 극심한 배신감과 분노, 수치심에 휩싸입니다. 가까웠던 사람이나 믿었던 제도에 대한 신뢰가 한번에 깨지면서 대인 관계 단절이나 공동체로부터의 위축 현상이 나타납니다. 전세 사기로 보금자리를 잃은 피해자들은 "세상에 믿을 사람이 없다"며 마음의 문을 닫고 우울증을 겪는 경우가 많습니다. 투자 사기 피해자들 또한 자신의 판단력을 의심하며 자아존중감의 추락을 경험합니다. 이러한 심리적 고통은 단순히 돈을 잃은 것 이상의 사회적 치료가 필요한 부분입니다. 우리는 피해자들이 겪는 정신적 후유증에 공감하고 돕는 공동체적 노력을 기울여야 합니다. 그들이 다시금 사회의 일원으로서 당당히 설 수 있도록 따뜻한 손길을 내밀어야 합니다.

다행히도 최근 들어 제도적 대응이 본격화되고 있습니다. 앞서 언급한 전세 사기 특별법의 시행과 보완 작업, 경찰청의 투자 사기 특별단속 등이 대표적입니다. 정부는 전세 사기를 '주거 안정을 위협하는 범죄'로 규정하고 예방을 위한 시스템 개선과 피해자 지원 예산을 확충하고 있습니다. 금융당국 역시 온라인 불법 리딩방을 수시로 모니터링하고, 불법 광고 게시물을 차단하는 노력에 나섰습니다. 그러나 법과 제도가 제 역할을 하려면 시간도 필요하고 사각지대가 없도록 지속적인 관심이 요구됩니다. 무엇보다 중요한 것은 이러한 노력이 피해자의 목소리를 충분히 반영해야만 합니다. 정책 입안자들은 일선 피해자들의 경험담과 요구를 경청하여 현장에서 작동하는 대책을 마련해야만 합니다.

끝으로 예방은 최고의 해결이라는 점을 강조하고 싶습니다. 사기는 인간 심리의 허점을 파고드는 만큼 우리 모두가 조금씩 더 의심하고 배우는 자세를 갖출 필요가 있습니다. 이것은 피해자에게 책임을 돌리자는 뜻이 아닙니다. 오히려 공동체 전체가 사기의 수법과 위험성을 인지하고 서로 경고해 주고 교육함으로써 누구도 속지 않는 환경을 만들자는 것입니다.

이를테면 부동산 계약을 앞둔 사람이 있다면 주변에서 '등기부 떼봤어?', '보험 들었어?'라고 한마디씩 챙겨주는 문화가 자리잡길 바랍니다. 또 투자 정보를 공유할 때도 '출처가 확실한지', '혹시 너무 과장된 건 아닌지' 서로 점검해 주는 동료애가 필요합니다.

이 책의 부제인 '당신이 믿는 순간, 사기가 시작된다'는 우리에게 무조건적인 불신을 가지라는 뜻이 아닙니다. 믿음에는 반드시 검증과 균형이 따라야 함을 일깨우는 경고입니다. 계약서의 조항 하나하나를 검증하고 전문가의 말에도 반론을 가져보는 건강한 의심이야말로 사기 예방의 열쇠입니다. 그리고 이러한 경계심을 사회 전반에 퍼뜨리는 것이 공동체의 책무입니다.

사기는 인류 역사와 함께 존재해 왔지만 함께 지혜를 모으면 충분히 극복할 수 있는 사회적 문제입니다. 개인은 경각심을 높이고, 공동체는 연대하며, 국가는 보호막을 강화할 때 비로소 사기의 사슬을 끊어낼 수 있습니다. 부디 이 장을 읽은 독자 여러분께서는 피해자들의 눈물을 자신의 일처럼 느끼고, 내 주변의 사기 위험 신호에 한 번 더 관심을 기울여 주시길 당부드립니다. 사회적 이슈로서의 사기는 우리 모두의 문제인 만큼 그 해결 역시 우리 모두의 노력을 필요로 합니다. 함께 지키고 보듬을 때 믿음이 다시 힘이 되는 사회를 만들어갈 수 있을 것입니다.

Part 3

속지 않기 위한 지침서 : 사기 예방과 대응 전략

11장
전문가의 시선 – 형사가 본 사기의 세계

피해자의 목소리 – 끝없는 고통과 자기 자책

　제가 형사 생활을 하며 마주한 사기 피해자들의 현실은 단순히 금전적 손해에 그치지 않았습니다. 많은 피해자들이 극심한 심리적 고통을 호소했습니다. 어떤 분은 사기를 당한 후 밥도 제대로 못 먹고 밤에도 잠을 못 이루는 생활을 이어갔습니다. 실제 보이스피싱으로 거액(약 5천만 원)의 피해를 본 B씨는 '사기당한 걸 아무에게도 말하지 못했다'며 '그날 이후로 밥을 못 먹고 음료로만 버틴다. 밤에는 몇 시간이라도 자보려고 매일 술을 마신다'고 털어놓았습니다. 또 다른 피해자인 C씨는 '얼굴 한 번 보지 못한 사람에게 돈을 보낸 내 자신이 바보같이 느껴진다.', '사람들이 날 한심하게 볼 것 같아 부끄러워서 밥도 못 먹고 잠도 못 잔다'고 하소연했습니다. 이처럼 피해자들은 엄청난 수치심과 자괴감에 시달리며 일상적인 생활조차 힘겨워합니다.

이러한 심리적 후유증은 때로 극단적인 선택으로 이어지기도 합니다. 실제로 2022년 부산에서는 보이스피싱으로 1억 6천만 원의 피해를 입은 40대 남성이 불과 나흘만에 스스로 목숨을 끊은 안타까운 사건이 있었습니다. 그 이전에도 검찰을 사칭한 사기에 속은 20대 청년이 좌절 끝에 극단적 선택을 한 사례가 있었고, 심지어 방송에 출연하며 여배우로서의 꿈을 키우던 젊은 배우 지망생이 200만 원 정도의 보이스피싱 피해를 당한 다음날 생을 마감한 일도 알려졌습니다. 사기 피해의 충격은 이처럼 누군가의 목숨까지 앗아갈 만큼 심각합니다.

무엇보다 마음 아픈 점은 많은 피해자들이 고통을 혼자 삭이며 자책한다는 사실입니다. 피해자들은 흔히 '내가 바보처럼 속았다'면서 자신을 책망하고 심지어 이런 수치심 때문에 경찰에 신고조차 망설이는 경우가 많습니다. 실제 한 피해자는 "사기를 당했다 하면 다들 '어떻게 그런 데 속냐'면서 피해자를 탓한다. 당해 보지 않으면 그 심정을 모른다"고 토로했습니다. 그러나 잘못은 결코 피해자에게 있지 않습니다. 그들이 속은 유일한 이유는 사기 수법이 너무나 치밀하고 교묘했기 때문입니다. 제가 만난 피해자들 대부분은 자신이 속았다는 사실에 크게 좌절하면서도 한편으로는 '처음부터 내가 좀 더 의심했더라면…' 하며 모든 책임을 자기에게 돌리는 모습을 보였습니다. 한 피해자는 '무슨 생각을 해도 결국에는 다 내 잘못이라는 생각으로 귀결된다'고 한숨지었지요. 부끄러움과 자괴감 때문에 주변 사람들에게조차 털어놓지 못하고 혼자 괴로워하는 피해자도 많았습니다.

저는 이러한 피해자들의 목소리를 가까이서 들으며 사기 범죄가 남기는 깊은 상처를 실감했습니다. 금전적인 피해는 시간이 지나면 어느 정도 복구될 수 있을지 몰라도 무너진 자존감과 인간에 대한 신뢰는 쉽게 회복되지 않습니다. 피해자 중 일부는 대인기피증에 시달리고 세상 모든 사람이 두렵다고 말하기도 했습니다. 사기 가해자보다 자신을 더 미워하게 되는 역설적인 상황에 빠지고 맙니다. 이렇듯 사기의 후유증은 피해자의 삶 전반을 뒤흔드는 심리적 지진과도 같습니다. 저는 그동안 수사와 정보 업무를 해 오면서 현장에서 많은 사람들을 만나고 피해 내용을 청취하면서 피해자들의 이러한 눈물과 절망에 깊이 공감하며 그들의 이야기를 세상에 전해야겠다는 생각을 오랜 기간 해 왔습니다. 피해자들의 목소리를 우리가 외면하지 않고 함께 듣고, 이해할 때 비로소 사기 범죄의 실상을 바로 볼 수 있을 것입니다.

피해자 지원과 신고의 중요성 – 용기를 내야 할 이유

사기 피해를 입은 많은 분들이 창피함과 두려움에 빠져 신고를 주저하곤 합니다. 그러나 저는 경찰관으로서 하루라도 빨리 신고하는 것이 무엇보다 중요하다고 강조드립니다. 피해 사실을 인지한 즉시 경찰에 신고하면 범인의 계좌를 지급정지시키는 등 초기 대응 조치가 가능합니다. 실제 금융감독원 신고센터에서는 피해 접수와 동시에 은행 계좌의 동결 절차를 도와주는데 빠르면 수분에서 늦어도 1시간 내에 부당 이체를 차단할 수 있습니다. 즉 신고가 1분 1초라도 빠르면 그만큼 피해금이 빠져나가는 것을 막을 가능성이 높아집니다. 반대로 신고가 늦어지면 범인들은 돈을 바로 빼돌리기 때문에 나중에 수사가 진행되어도 피해 회복이 어려워지는 경우가 많습니다. 저 역시 현장에서 '조금만 더 일찍 알려 주셨더라면…' 하는 안타까움을 느낀 적이 한두 번이 아닙니다.

그럼에도 많은 피해자들이 신고를 망설이는 이유는 이해하지 못할 바가 아닙니다. 앞서 언급했듯 피해자들은 자기 자신을 탓하거나 주위의 시선을 두려워하여 신고를 미루곤 합니다. 또한 '설마 내 돈을 찾을 수 있을까' 하는 회의감, 혹은 사기범에 대한 막연한 두려움 때문에 적극적으로 나서길 주저하기도 합니다. 하지만 범죄자들은 피해자의 그런 심리를 악용합니다. 신고가 늦어지는 사이에 증거를 인멸하고 다른 피해자를 물색하지요. 결국 용기를 내는 쪽만이 피해 확산을 막을 수 있고, 본인의 피해도 최소화할 희망을 얻을 수 있습니다.

피해자 지원 제도를 활용하는 것도 매우 중요합니다. 경찰청은 이미 2015년을 '피해자 보호 원년'으로 선포하고 전국 모든 경찰서에 피해자 보호 전담 경찰관을 배치해 왔습니다. 이들은 피해자들의 심리 치유를 돕고 필요에 따라 의료 지원이나 취업 알선, 손해배상 청구 지원까지 다양한 도움을 제공하고 있습니다. 예컨대 상담 치료를 연결해 트라우마를 치유하도록 돕고 생계가 막막한 사람들에게는 관련 기관을 통해 일자리를 찾을 수 있도록 지원도 합니다. 저 역시 수사 과정에서 만난 피해자에게 이러한 제도를 안내하고 연계해 드린 적이 있습니다. 전담 경찰관 제도 외에도 지자체나 민간 차원의 피해자 지원 센터 등이 운영되고 있어 법률 상담부터 심리 상담까지 받을 수 있는 창구가 있습니다.

안타깝게도 현실에서는 이런 지원 제도를 아는 피해자가 많지 않고, 설령 알아도 혼자 끙끙 앓는 경우가 대다수입니다. 현재 전담 경찰관이 경찰서당 1명 정도에 불과해 모든 피해자를 세심하게 챙기기엔 역부족인 것도 사실입니다. 그러다 보니 대부분의 범죄 피해자들은 홀로 마음을 추스르거나 경제적 피해를 메울 방법을 찾아야 하는 실정입니다. 저는 이러한 현실을 보며 우리 사회의 시선이 바뀌어야 한다고 느꼈습니다. 사기 피해를 개인의 부끄러운 실수로 취급할 것이 아니라 사회 전체가 함께 짊어져야 할 문제로 인식해야 합니다. 이웅혁 건국대학교 경찰학과 교수의 말처럼 '범죄 피해자가 입은 경제적 손실과 정서적 트라우마는 사회 전체의 피해'이므로 국가와 공동체가 나서서 피해자 치유에 필요한 인력과 자원을 투자해야 합니다. 범죄 피해자의 일상 회복까지 돕는 것이 현대 치안의 목표가 되어야 한다고 합니다.

피해자 여러분께 제가 꼭 드리고 싶은 말씀은 부디 혼자 괴로워하지 말고 용기를 내어 도움을 요청하시라는 것입니다. 신고는 범인을 잡기 위한 첫걸음인 동시에 피해 회복과 2차 피해 예방을 위한 출발점입니다. 또한 주변의 지지와 상담을 받는 것은 결코 부끄러운 일이 아닙니다. 잘못은 전적으로 사기범들에게 있지 피해자에게 있지 않으니 스스로를 탓하거나 숨지 않으셨으면 합니다. 한 사람의 용기 있는 신고가 또 다른 피해를 막고 범죄의 고리를 끊는 밑거름이 됩니다. 형사로서 저는 피해자의 편에서 끝까지 함께할 것을 약속드리며 어려움에 처한 분들은 언제든 경찰과 관련 기관의 문을 두드려 주시길 바랍니다.

사기범 검거의 난관 - 기술과 국제적 장벽 앞에서

저를 비롯한 수사관들은 사기범을 반드시 잡아내기 위해 최선을 다하고 있지만 현실적으로 많은 난관에 부딪히는 것이 사실입니다. 사기 조직은 보이지 않는 곳에서 치밀하게 움직이기 때문에 그 꼬리를 잡기가 여간 어렵지 않습니다. 특히 보이스피싱 같은 조직형 사기의 경우 국경을 넘나드는 범죄로 진화하여 국내 수사망만으로는 한계가 명확합니다.

첫째 난관은 대포통장과 대포폰, 즉 타인 명의로 된 금융계좌와 휴대전화입니다. 사기범들은 범죄 수익을 추적당하지 않으려고 애초에 자신 명의의 계좌나 전화번호를 쓰지 않습니다. 대신 남의 명의를 도용한 통장이나 유령 법인 계좌를 이용하지요. 피해자들이 송금한 돈은 일단 그런 대포통장으로 빨려들어간 뒤 눈 깜짝할 사이에 여러 차례에 걸쳐 이체되거나 현금으로 인출됩니다. 불과 몇 시간 만에 돈의 행방이 꼬리에 꼬리를 물고 흩어지기 때문에 추적이 무척 복잡해집니다. 또한 범인들은 대포폰이나 선불폰을 사용해 연락하기 때문에 통신 기록을 조사해도 실제 사용자가 누구인지 파악하기 어렵습니다. 번호 이동성을 악용하여 국내 번호로 가장하거나(예: 해외발신 전화를 '010' 등으로 조작) 특정 기간만 쓰고 버리는 휴대폰을 쓰는 식으로 흔적을 지웁니다.

둘째, 범죄 수익의 해외 유출과 신종 기술의 악용이 수사의 큰 장애물입니다. 최근 사기범들은 훔친 돈을 재빨리 해외로 빼돌리기 위해 가상자산(암호화폐)을 적극 활용하고 있습니다. 예를 들어 한 보이스피싱 조직은 피해자로부터 가로챈 8억 원을 국내 은행 계좌 3개와 특정 가상화폐 거래소 계정으로 나눠 송금한 뒤 즉시 그 돈으로 비트코인을 구매했습니다. 그리고는 그 비트코인을 자신의 전자지갑으로 옮겨 현금화해 버렸지요. 불과 몇 단계 만에 거액의 돈이 가상자산으로 세탁되어 버리니 전통적인 금융추적 기법으로는 쫓아가기 벅찹니다. 경찰과 금융당국이 계좌를 동결하려 해도 범인이 해외에 있는 가상화폐 거래소로 돈을 옮기거나 암호화폐로 전송해 버리면 우리 수사당국의 추적이 거의 불가능한 실정입니다. 실제 금융감독원 조사에 따르면 2017년 하반기 두 달 사이에 가상화폐를 이용해 피해금을 인출한 보이스피싱 사례가 50건, 총 35억 원 규모로 파악되기도 했으며 2024년 1월~7월 기간에는 가상화폐 관련 사기 피해건수는 420건이 발생했습니다. 현금에서 암호화폐로, 다시 해외로 이어지는 이 신종 자금세탁 수법은 수사에 엄청난 시간과 비용을 소모하게 만듭니다.

범인들은 암호화폐 외에도 상품권, 명품, 금괴 등 생각지도 못한 것들을 동원해 돈 자취를 감춥니다. 저와 같이 수사를 했던 동료 형사는 '대포통장만 쓰는 건 옛날 얘기죠. 요샌 상품권에 암호화폐·명품가방까지 상상치도 못한 아이템들이 자금세탁에 이용되고 있어요'라고 말할 정도입니다. 실제로 최근 적발된 사례들을 보면 사기 일당이 편의점 상품권이나 온라인 게임 쿠폰 등으로 피해금을 쪼개어 바꾸고 이를 다시 되팔아 현금화하거나, 고가의 명품시계를 구매하여 해외로 빼돌리는 식의 교묘한 수법이 확인됩니다. 과거보다 한층 다각화된 자금 세탁 방식을 수사기관이 따라잡기가 쉽지 않은 형국입니다.

셋째, 난관은 주요 범죄자의 해외 도피입니다. 앞서 언급한 보이스피싱 범죄의 본거지가 해외에 있는 경우 국내 공조만으로는 한계가 있습니다. 일명 '총책'이라고 불리는 조직의 윗선 지휘자들은 중국, 동남아 등 외국에 머무르며 원격으로 범죄를 조종합니다. 이들은 한국 경찰의 손이 미치지 않는 곳에서 콜센터를 차리고 전화를 걸어 대니 실제 현장에서 잡히는 인원은 하부 조직원들에 불과합니다. 통계청 자료에 따르면, 2018~2021년 사이 보이스피싱으로 검거된 총 인원 3만8천여 명 중에서도 정작 총책이나 관리책 등 핵심 조직원 검거율은 2.0%에 불과했습니다. 나머지 98%는 돈을 운반하거나 현장에서 심부름하는 하위 가담자와 대포통장으로 사용되게끔 한 통장의 명의인들이라는 뜻입니다. 이처럼 몸통은 해외에 숨어 있고 국내에서는 꼬리만 잘리는 상황이 반복되니 범죄의 뿌리를 뽑기가 참 어렵습니다.

저 역시 국제 공조 수사의 벽을 실감한 적이 많습니다. 몇 해 전 제가 제출한 첩보로 추적을 받던 보이스피싱 조직의 총책은 중국 칭다오에 근거지를 두고 한국인을 상대로 범행을 벌인 20대 젊은 남성이었습니다. 그 일당은 2019년부터 2년간 무려 49억 원이라는 거액을 뜯어냈는데, 2021년 현장 조직원 22명을 국내에서 검거하고서도 정작 두목은 해외로 도피해 버렸습니다. 경찰은 여권 무효화와 인터폴 적색수배까지 내리며 5년간 추적한 끝에 최근에서야 중국 공항에서 그를 붙잡을 수 있었습니다. 검거까지 장장 5년이 걸린 셈입니다. 그 동안 범인은 호화로운 도피 생활을 이어갔고, 피해자들의 눈물은 제대로 위로받지 못했습니다. 다행히 압수한 현금 1억4천만 원과 은닉 계좌에 남아 있던 1억5천만 원을 찾아 일부 피해 변제를 할 수 있었지만 애초에 피해액 49억 원에 비하면 극히 일부만 회수된 상황이었습니다. 이처럼 주범 검거가 지연될수록 피해 복구는 요원해지고 새로운 피해가 발생할 위험도 높습니다.

국내 수사 환경의 제약도 있습니다. 예컨대 해외 서버를 통해 발송되는 스미싱 문자나 국제 전화의 경우 발신지를 정확히 알아내거나 차단하는 데 시간이 걸립니다. 또 개인정보보호법 등의 장벽으로 인해 수사기관이 통신 기록이나 금융계좌를 추적하는 데는 법적 절차가 필요하고, 그 사이에 범죄에 가담한 인물들이 도주하거나 증거를 인멸하는 경우도 있습니다. 사이버 범죄 수사에서는 암호화 기술과 가상 사설망(VPN) 등이 범인에 의해 이용되면 추적이 더 난해해집니다. 범죄 수법이 고도화될수록 수사기관도 이에 대응하는 기술과 인력이 따라줘야 하는데 현실은 늘 한 발 늦게 느껴지기도 합니다.

그렇다고 경찰이 손을 놓고 있다는 뜻은 결코 아닙니다. 수사 현장에서는 늘 시간과의 싸움을 벌이며 한 줌의 단서라도 놓치지 않기 위해 총력을 다하고 있습니다. 앞서 말씀드린 대로 범인들은 속전속결로 움직이기 때문에 수사의 초동 단계에서 빠르게 대응하는 게 핵심입니다. 저를 비롯한 동료 형사들은 피해 신고가 들어오는 즉시 계좌 추적과 통신 수사에 착수하고 관련된 CCTV 영상, 차량 이동 경로 등을 밤낮없이 뒤쫓습니다. 어떤 경우엔 가담자가 사용할 법한 숙박업소, 렌터카 기록까지 발로 뛰며 찾아냅니다. 국제 공조도 예전보다는 활발해져서 중국 공안 등과 협력 수사를 통해 조직원들을 검거한 사례도 늘어나고 있습니다. 그렇지만 사기범죄 수사의 현실은 녹록지 않은 마라톤과도 같습니다. 눈앞에서 범인을 놓치기도 하고, 나중에 잡아도 이미 피해금은 증발해 버린 경우도 있습니다. 이런 한계를 마주할 때마다 형사로서 좌절감과 분노가 몰려오지만 그럴수록 포기하지 않고 수단과 지혜를 총동원합니다. 피해자들에게 조금이라도 돌려줄 방법을 찾기 위해, 그리고 두 번 다시 같은 범죄자가 활개치지 못하도록 하기 위해 수사의 끈을 끝까지 놓지 않는 것이 저희의 사명입니다.

사회의 대응 - 제도적 시스템과 공동체의 역할

이러한 사기 범죄에 대응하기 위해 우리 사회 역시 가만있지 않았습니다. 경찰, 금융당국, 통신사, 금융기관, 정부 등이 다각도의 대책을 내놓고 시스템을 정비해 왔습니다. 기존에도 경찰청과 금융감독원이 공조 운영하는 전기통신금융사기 통합신고 대응센터가 있어 피해 신고 접수부터 계좌 지급정지, 수사 개시까지 원스톱 서비스를 제공해 왔습니다. 저도 사건을 접수하면 이 시스템을 통해 즉각 관련 기관과 공조하여 계좌 동결 등의 절차를 밟았습니다.

특히 금감원은 은행들과 직접 협조 라인이 구축되어 있어서 경찰 신고 후 발급되는 피해신고 확인서로 은행이 빠르게 계좌를 동결할 수 있게 하고 있습니다. 또한 최근에는 스마트폰을 활용한 간편 신고 및 스팸 차단 서비스도 도입되었습니다. 피해자가 앱을 통해 신고 버튼을 누르면 10분 내로 해당 번호를 차단하고 문자 메시지도 실시간으로 차단하는 기술입니다. 이는 국민 누구나 손쉽게 사기 신고에 참여할 수 있도록 만든 장치이며, 제보된 데이터를 종합 분석해 새로운 사기 수법을 사전에 차단하는 효과도 기대됩니다. 저도 보이스피싱 피해를 조사하며 느낀 점이 일선 경찰 인력만으로는 한계가 있으므로 시민들이 적극 신고하고 정보가 공유되는 환경이 매우 중요하다는 것입니다. 이러한 통합 대응 플랫폼은 '누가, 언제, 어떻게 신고해도 바로 대응된다'는 든든한 울타리가 되어 줄 것입니다.

특히 2025년부터는 범정부 차원의 더욱 강화된 대응책이 시행됩니다. 정부는 2025년 9월부터 경찰청을 중심으로 금융위원회·금감원·방송통신위원회 등 관계기관이 참여하는 '보이스피싱 통합대응단'을 출범시키기로 했습니다. 상주 인력을 기존 통합센터의 43명에서 137명으로 대폭 늘리고, 운영 시간도 평일 주간에서 24시간 365일 체계로 확대했습니다. 언제 어느 때나 피해 신고가

들어와도 즉각 대처할 수 있도록 하였습니다. 이 통합대응단은 접수-분석-차단-수사를 실시간으로 연결하는 종합 컨트롤타워 역할을 하며 모든 신고에 100% 응답하는 것을 목표로 하고 있습니다. 범죄에 이용된 전화번호는 신고 즉시 확인하여 10분 내 긴급 차단하는 체계를 구축해 이전엔 하루 이상 걸리던 번호 차단을 획기적으로 단축할 예정입니다.

더불어 정부는 근본적인 예방과 피해 구제를 위해 여러 제도 개선책을 내놓았습니다. 우선 금융회사들의 책임을 강화하기로 했습니다. 앞으로는 은행 등 금융기관이 사기 예방에 소홀하여 피해가 발생한 경우 피해액의 일부 또는 전부를 금융회사가 배상하도록 법률에 명문화할 방침입니다. 이는 금융기관도 고객 보호 의무를 다하도록 동기를 부여하는 한편 피해자가 전적으로 떠안는 손해를 줄여 주기 위한 조치입니다. 또 전기통신사업법 개정을 통해 통신사들의 책임도 크게 강화됩니다. 앞으로 이동통신사가 명의 도용이나 휴대폰 불법 개통을 관리하는 의무를 게을리하여 대포폰이 다량 발생할 경우 정부가 해당 통신사에 등록 취소나 영업정지 등 강력한 제재를 부과할 수 있게 됩니다. 이를 위해 외국인 명의 휴대폰 개통도 기존 1인 2회선에서 1회선만 개통 가능하도록 제한하고, 개통 시 AI 안면인식 기술로 신분증 사진과 실제 얼굴이 일치하는지 확인하는 절차를 도입할 예정입니다. 한마디로 대포폰 자체를 원천 차단하겠다는 의지입니다.

가상자산에 대해서도 제도 보완이 이뤄집니다. 정부는 가상자산 거래소에서도 범죄계좌에 대한 지급정지와 입출금 차단이 가능하도록 법적 근거를 마련하기로 했습니다. 즉 은행에서 계좌를 동결하듯 거래소에서도 수상한 지갑 주소나 코인 계정을 동결할 수 있게 하는 방향입니다. 나아가 AI 기술을 활용한 새로운 범죄 탐지 시스템도 구축됩니다. '보이스피싱 AI 플랫폼'을 만들어 금융권 거래 데이터를 실시간으로 분석, 의심 거래 패턴을 자동 탐지하고 거래 차단까지 할 수 있도록 한다는 계획입니다. 예컨대 평소와 다른 패턴으로 한꺼번에 돈이 인출되어 해외로 송금된다면 AI가 즉각 감지하여 실제 피해로 이어지기 전에 경고 및 차단하는 식입니다. 앞으로는 휴대전화 제조사와 통신사도 이런 AI 데이터를 활용해 스팸 차단 기능을 기본 탑재한 단말기를 내놓는 방안도 추진됩니다. 기술을 악용하는 범죄에 기술로 대응하겠다는 것입니다.

수사 측면에서도 대폭 강화책이 마련되었습니다. 경찰청 내에 400여 명 규모의 전담 수사 TF팀을 신설하여 보이스피싱 같은 사기범죄를 끝까지 추적하기로 했습니다. 또한 형법 개정을 통해 형량을 상향하고 가중처벌 규정을 두어 사기범들에게 내려지는 처벌 수위를 높일 계획입니다. 그동안 총책이나 해외 조직원이 잡혀도 형량이 낮다는 지적이 있었는데 이를 보완해 강력히 처벌함으로써 범죄 억지 효과를 높이려는 취지입니다. 나아가 범죄수익은 반드시 몰수·추징하도록 관련 법 개정도 추진됩니다. 피해자들로부터 빼앗은 돈으로 호의호식하지 못하도록 끝까지 쫓아가 범죄이익을 환수하겠다는 강력한 의지입니다. 그리고 해외에 근거지를 둔 범죄에 대응하기 위해 '해외 보이스피싱 사범 대응 TF'도 범정부 차원에서 운영한다고 하니 국제 공조 수사도 한층 힘을 받을 것으로 기대됩니다.

금융기관과 플랫폼 기업들도 자체적인 예방책을 강화했습니다. 시중 은행들은 신규 계좌로 큰 돈을 이체할 때 지연 인출 제도를 도입하고 ATM에 '보이스피싱이 의심되면 직원에게 문의하십시오'라는 경고 멘트를 띄우고 있습니다. 카카오톡 등의 메신저 앱도 사칭 계정 신고를 받으면 빠르게 차단하고 의심스러운 링크 차단 기능을 개선했습니다. 중고거래 플랫폼이나 구인구직 사이트에서도 의심스러운 게시글을 모니터링하고, 경찰과 핫라인을 구축하는 등 노력에 동참하고 있습니다. 예컨대 '해외 고수익 알바' 형태의 게시글은 등록 단계에서 걸러내고, 이용자들에게 안전거래 수칙을 주기적으로 알리는 식입니다. 민간 기업들 또한 자체 AI 모니터링으로 사기 의심 행위를 조기에 탐지하여 대응하는 추세입니다.

이러한 제도적 대응과 시스템 개선은 분명 긍정적인 변화이며, 저 역시 일선에서 그 효과를 체감하고 있습니다. 예전에는 일일이 사람의 손으로 처리하던 것을 이제는 시스템이 자동으로 걸러 주니 수사에도 속도가 붙고, 피해 확산도 어느 정도 억제되고 있습니다. 하지만 제도만으로는 부족한 부분도 있습니다. 사기범들은 늘 허점을 파고들어 우리 예상을 뛰어넘는 수법을 개발하기 때문입니다. 아무리 훌륭한 장비와 법이 갖춰져도 결국 현장에서 경각심을 갖는 사람들이 없다면 무용지물입니다. 그래서 개인과 공동체의 경각심이 여전히 가장 중요합니다. 사기를 당하지 않기 위한 가장 효과적인 방법은 한 사람 한 사람이 의심할 것은 의심하고, 서로 정보를 공유하며, 취약한 주변인을 챙기는 것입니다. 가족 간에, 이웃 간에 새로운 사기 수법에 대한 이야기를 나누고 주의를 주는 문화가 필요합니다. 예를 들어 부모님 세대에게 최신 보이스피싱 수법을 알려 드리고, 혹시 낯선 번호로 전화가 오면 바로 송금하지 말고 자녀에게 확인하는 습관을 들이시도록 하는 것입니다. 또 주변에 혼자 사는 노인이나 경제적으로 어려운 사람이 있다면 평소에 관심을 갖고 수상한 제안에 속아넘어가고 있지 않은지 살펴보는 공동체의 노력도 절실합니다.

사기는 더 이상 개개인의 문제가 아니라 우리 사회 전체의 안전을 위협하는 범죄입니다. 따라서 이에 맞서는 것도 사회 전체의 대응이어야 합니다. 정부와 경찰의 제도적 노력 위에 모든 시민이 함께 경계를 늦추지 않고 서로 도울 때, 우리는 비로소 사기의 사슬을 끊어낼 수 있을 것입니다.

범죄 심리 분석 – 평범한 사람들이 괴물이 되기까지

사기범들을 쫓고 이들의 새로운 범죄 수법을 파악하는 형사로서 저는 종종 이들이 도대체 어떤 마음가짐으로 이런 범행을 저지르는지 궁금해하곤 했습니다. 많은 분들이 사기범이라 하면 천성적으로 사악한 범죄자나 전문적인 범죄 집단을 떠올리실지 모릅니다. 그러나 제가 마주한 현실 속 사기범들의 모습은 때로 놀랍도록 평범했습니다. 돈과 욕망에 눈이 멀어 범죄자가 된 평범한 사람들, 이것이 제가 여러 사기범을 조사하며 얻은 큰 통찰입니다.

사실 처음부터 '사기의 괴물'이었던 사람은 거의 없었습니다. 그들 중 다수는 우리 주변에서 흔히 볼 수 있는 평범한 청년, 가장, 직장인이었습니다. 다만 삶의 어떤 순간 그들은 쉽게 돈을 벌고 싶은 유혹에 스스로를 내맡겼습니다. 누군가는 대학을 졸업하고도 취직이 안 되어 구직 사이트를 전전하다가 "고액 알바"라는 글자에 끌렸습니다. 또 다른 이는 사업 실패로 빚더미에 앉자 '한탕 벌어 보라'는 지인의 제안을 덥석 물었습니다. 그중에는 과거에 본인이 사기 피해를 당했다가 오히려 가해자편에 가담하게 된 안타까운 사례도 있습니다. 이렇게 평범했던 이들이 일확천금을 좇아 범죄에 발을 들이는 순간, 그들도 또 다른 피해자를 양산하는 가해자로 돌변하고 맙니다. 제가 만난 한 사기 가담자는 잡힌 뒤에야 '처음엔 이렇게 큰 범죄인 줄 몰랐다. 그냥 심부름센터에서 빚 대신 받아오는 일인 줄 알았다'고 후회했습니다. 그는 800만 원을 번 대가로 징역 3년 옥살이를 하고 나왔다며, '두 번 다시 이런 유혹에 넘어가지 말라고 내 후배들에게 말해 주고 싶다'고 했습니다. 그는 20대 초반의 한 청년에 불과했지만 순간의 선택이 자신의 인생과 남의 인생을 망쳤다고 눈물을 보였습니다.

사실 이런 하부 가담자들, 이른바 '수거책'이나 '송금책'들은 범죄 조직에서 소모품처럼 이용당합니다. 한 연구에 따르면 2018~2019년 사이 서울경찰청 관할에서 검거된 보이스피싱 전달책 235명 중 70.6%가 인터넷 구직 사이트를 통해 범행에 연루되었고, 이 중 약 70%는 19~29세 청년층이었습니다. 사기 조직은 이렇게 어수룩하고 돈이 필요한 청년들을 유인해 현금 수거 같은 일을 시키고 잡히면 모든 책임을 그들에게 떠넘겨버리는 식으로 운영됩니다. 잡범으로 전락한 청년들은 '그냥 쉬운 심부름인 줄 알았다'고 변명하지만 법의 심판을 피할 순 없습니다.

최근 판례는 '설령 피싱 조직이라는 사실을 명시적으로 몰랐어도 고액 아르바이트에 현혹되어 현금을 전달받는 행위 자체가 미필적 고의에 의한 가담'이라고 보고 엄하게 처벌합니다. 그만큼 '나는 몰랐다'는 변명이 통하지 않는다는 것이지요. 범죄는 범죄이기 때문입니다.

그렇다면 조직의 상층부나 독자적으로 사기를 기획한 주범들의 심리는 어떨까요? 이들은 처음에는 하위 가담자와 비슷한 동기로 출발했을지 몰라도 범죄를 반복하며 죄책감이 무뎌지고 점차 대담해진 케이스가 많았습니다. 일례로 제가 조사한 한 사기범은 초기에는 생활고 때문에 작은 사기에 손댔다가 의외로 돈이 쉽게 벌리자 점점 판을 키워 나간 경우였습니다.

처음엔 몇십만 원을 뜯었다가 나중엔 수억 원대 투자 사기를 치기에 이르렀지요. 그는 피해자를 속여 돈을 받아 낼 때마다 '바보 같은 놈들, 내가 돈 버는데 기여해 주는구나' 하고 속으로 비웃었다고 진술했습니다. 자신의 행위를 합리화하거나 피해자를 멸시하는 심리가 자리 잡은 것입니다. 이런 핵심 사기범들은 타인의 고통에 공감하는 능력이 현저히 결여되어 있었습니다. 돈만 들어오면 누군가를 울리는 일쯤 아무렇지 않게 여기는 일종의 도덕적 마비 상태에 빠진 것이지요. 흥미로운 것은 그들 대부분이 스스로를 악질 범죄자라고 생각하지 않는다는 점이었습니다. '난 칼이나 주먹을 들고 협박한 게 아니다.', '상대가 욕심 부리니까 당한 거지, 나는 기회만 줬다'는 식으로 궤변을 늘어놓곤 했습니다. 심지어 어떤 이는 '나라가 잘못해서 내가 이렇게 된 것'이라며 사회를 탓하기도 했습니다. 결국 돈에 눈이 먼 인간은 자신의 악행조차 제대로 인식하지 못하고, 남 탓으로 돌리는 심리 상태에 이르게 됩니다.

'돈과 욕망에 눈이 먼 평범한 사람들이 범죄자가 된다.' 이는 제가 여러 사기범들을 면밀히 관찰하며 깨닫게 된 냉혹한 현실입니다. 우리는 흔히 사기범들을 우리와 전혀 다른 부류의 악인으로 치부하지만 실상은 그렇지 않았습니다. 그들도 한때는 우리와 다르지 않은 사람이었을 것입니다. 다만 내재된 탐욕과 도덕적 나태함이 브레이크 없이 폭주한 결과 그 평범함이 일순간 악마성으로 돌변한 것입니다. 어떤 의미에서는 이러한 사실이 더욱 두렵게 느껴졌습니다. 범죄자가 따로 있는 것이 아니라 우리 주변의 누구든 잘못된 유혹에 빠지면 범죄자가 될 수 있다는 현실 때문입니다. 이는 동시에 우리 자신을 돌아보게 만듭니다. '나는 과연 어떠한가, 나라고 해서 절대 속지 않는다는 과신에 빠져 있지는 않은가, 혹은 나도 한탕주의에 물들 가능성은 없는가.' 사기범들의 심리를 분석하면서 저는 피해자뿐 아니라 우리 사회 전체가 이 질문을 스스로에게 던져 봐야 한다고 느꼈습니다. 사기범들은 특별한 괴물이 아니라 우리의 한 단면일 수 있다는 깨달음은 씁쓸하지만 중요합니다. 그래야만 사기라는 범죄의 근본과 인간 내면의 어두운 욕망을 제대로 이해하고, 그 악순환의 고리를 끊을 방안을 모색할 수 있기 때문입니다.

물론 모든 사기범들에게 일말의 선의가 남아 있다고 옹호하려 하지는 않습니다. 다만 그들도 우리 사회가 만든 산물임을 인정해야만 합니다. 돈이 최우선인 풍조, 성공을 숭배하고 과정은 묻지 않는 분위기가 만연하면 상대적으로 도덕 의식이 희미한 일부 개인들은 범죄의 지름길로 빠져들 수 있습니다. 그리고 그 대가로 수많은 선량한 사람들이 피해자가 됩니다. 그런 의미에서 사기범죄는 한 개인의 일탈이면서 동시에 우리 사회의 거울일지도 모릅니다. 사기범들의 심리를 들여다보는 일은 그래서 중요합니다. 그들의 심리를 이해해야 예방과 재활도 가능하기 때문입니다. 제가 범인을 조사하며 종종 느낀 것은 처음부터 악의로 가득 찬 사람은 드물고 대부분 평범함과 악함이 뒤섞인 회색 지대에 있다는 사실입니다. 그리고 어떤 계기로 그 회색이 검게 물들었는가를 추적해 들어가 보면 결국 '돈'과 '욕망'이라는 공통분모가 나타났습니다. 부와 성공을 향한 지나친 갈망이 인간성을 압도할 때 평범한 사람도 범죄의 늪에 빠질 수 있다는 경고를 우리는 사기범들의 사례에서 얻어야 합니다.

형사인 저는 이러한 통찰을 통해 두 가지 마음가짐을 갖게 되었습니다. 하나는 사기범이라 해서 무조건 포기하지 않고 교화와 단절을 위해 끝까지 노력해야겠다는 것입니다. 그들이 어디서부터 잘못됐는지 파악하고 잡힌 자들에게는 자신의 잘못을 뉘우치게 하는 일도 중요한 사회적 과제입니다. 또 다른 하나는 나 자신을 포함한 누구도 방심하면 안 된다는 다짐입니다. '저 사람은 괜찮은 사람이니까 돈을 맡겨도 돼.', '나는 절대 나쁜 길로 안 빠져'라는 식의 안일함이야말로 사기 범죄의 토양이 됩니다. 범죄자는 우리와 다르다는 근거 없는 선긋기를 하는 순간 경계심은 무너지고 허점이 생깁니다. 결국 사기의 본질은 인간 욕망의 그림자라는 것을 늘 명심해야겠습니다.

마무리 당부 – "검증은 의심이 아니라 예의입니다."

지금까지 형사의 시선에서 사기 범죄의 실태와 본질을 살펴보았습니다. 피해자들의 눈물과 아픔, 수사 현장의 어려움, 사회가 마련한 대응책, 그리고 범죄자의 내면에 이르기까지 이야기를 나누었는데요. 부디 이 이야기를 접한 독자 여러분께서 사기 문제를 남의 일이 아닌 우리의 문제로 느껴 주셨으면 합니다. 사기는 우리 사회 곳곳에 파고든 위험이며 누구도 예외일 수 없습니다. '나는 속지 않을 거야'라는 방심과 낙관이 가장 위험한 함정이라는 것을 여러 사례가 보여 주었습니다. 속지 않는 비결은 특별한 재주가 아니라 누구에게나 일어날 수 있음을 인정하고 늘 경계하는 자세였습니다.

저는 이 책을 통해 독자 여러분이 두 가지를 얻기를 바랍니다.

하나는 현실적인 경각심입니다. 여러분 자신과 가족, 주변 사람들에게 언제든 사기의 손길이 뻗칠 수 있다는 사실을 기억하시기 바랍니다. 혹여 누군가 너무 좋은 조건을 내세우며 금전 거래나 투자를 권유한다면 일단 의심하고 철저히 확인하는 습관을 가져 주세요. 검증은 의심이 아니라 예의입니다.

이는 제가 수많은 사건을 경험하며 얻은 신념입니다. 거래나 계약, 대화를 할 때 상대방의 주장과 신분을 한 번 더 검증하는 것은 상대를 불신해서가 아니라 서로의 신뢰를 지키기 위한 최소한의 예의라는 뜻입니다. 의심스러울 땐 확인하고 또 확인하십시오. 계좌이체 하나를 하더라도 전화 너머 목소리가 진짜 지인인지 한 번 더 직접 연락해 보고, 투자 권유를 받으면 관련 정보나 공신력 있는 자료를 찾아보십시오. '설마 그런 일은 없겠지'라는 방심 대신 '혹시 모르니 확인하자'는 태도가 여러분의 소중한 재산과 평온한 일상을 지켜 줍니다.

또 다른 하나는 피해자에 대한 연대와 공감입니다. 만약 주변에 사기 피해를 입은 분이 있다면 부디 손가락질이 아니라 위로의 말을 건네주세요. '어떻게 그걸 속냐'고 나무라기보다 '누구나 당할 수 있는 일'이라고 함께 분노하고 그들의 상처를 어루만져 주길 바랍니다. 앞서 살펴봤듯이 피해자들은 이미 자신을 심하게 탓하며 고통받고 있습니다. 우리가 그들에게 할 일은 비난이 아니라 치유입니다. 주변의 지지가 피해자가 삶을 추스르고 다시 일어서는데 큰 힘이 됩니다. 그리고 용기를 내어 하루빨리 신고하고 도움을 받도록 곁에서 도와주십시오. 사기범죄에 맞서는 일은 비단 경찰과 정부만의 몫이 아닙니다. 공동체의 모든 구성원이 피해자를 감싸 주고 재발 방지를 위해 지혜를 모을 때 우리는 비로소 사기를 이겨 낼 강한 사회적 면역력을 가질 수 있습니다.

끝으로 제가 독자 여러분께 간곡히 당부드리고 싶은 말씀은 이것입니다. '믿음은 소중히 하되, 맹신은 경계하라.' 우리는 서로 믿고 살아가는 사회를 원합니다. 그러나 그 믿음을 악용하려 드는 어두운 속셈들이 현실에 존재한다는 것도 잊지 말아야 합니다. 검증된 믿음만이 건강한 믿음입니다. 처음 보는 사람, 새로운 제안일수록 차갑게 따져 보고 확인한 뒤에 마음을 주어도 늦지 않습니다. 약속이나 계약을 할 땐 문서로 남기고, 투자나 대여를 할 땐 정식 절차를 거치는 것이 결코 야박한 일이 아닙니다. 오히려 상대에게도 자신을 증명할 기회를 주는 것이며, 이런 안전장치를 이해해 주는 사람이야말로 진정 믿을 만한 사람입니다. '설마 나에게 그런 일이'라는 생각을 버리고, '누구에게나 그럴 수 있다'는 자세로 늘 경계합시다. 그것이 자신을 지키는 동시에 소중한 주변인을 지키는 길입니다.

결국 피해자의 눈물을 자신의 일처럼 여기고, 내 주변에 사기의 위험 신호가 없는지 한 번 더 살피는 공동체의 연대가 필요합니다. 사기라는 사회적 이슈는 우리 모두의 문제인 만큼 그 해결 역시 우리 모두의 노력을 필요로 합니다. 함께 지키고 보듬을 때 믿음이 다시 힘이 되는 사회를 만들어갈 수 있을 것입니다. 오늘의 작은 의심과 검증이 내일의 큰 피해를 막는다는 것을 기억하며 부디 안전과 신뢰가 넘치는 일상을 이어가시길 바랍니다.

12장
사기 예방하는 법
– 속지 않기 위한 실천 가이드

경계 심리 기르기

　사기를 피하기 위한 첫 걸음은 자신의 경계심을 기르는 것입니다. 사기범들은 피해자의 심리를 노려 공포심과 긴급함을 조성함으로써 판단력을 마비시키곤 합니다. 특히 가족이 위험에 처했다는 식의 협박 전화는 누구라도 크게 당황하게 마련입니다. '아이를 납치했다'는 보이스피싱이 그 전형적인 사례입니다. 실제로 어떤 부모는 학교에 간 자녀가 납치되었다는 전화를 받고 몹시 놀란 나머지 범인이 요구하는 대로 바로 거액을 송금하고 말았습니다. 이처럼 사기범은 우리의 가장 소중한 가족을 빙자해 극한의 두려움을 주어 생각할 틈도 없이 돈을 보내게 만듭니다.

• 실제 사례 :
　몇 해 전 한 피해자는 휴대전화로 '딸을 납치했다. 경찰에 알리면 죽인다'는 전화를 받았습니다. 다급한 목소리에 겁을 먹은 그는 전화를 끊지도 못한 채 범인이 시키는 대로 즉시 송금을 진행했습니다. 알고 보니 딸은 납치되지 않았고 범인은 부모의 불안감을 악용해 돈만 가로챘습니다. 이런 납치빙자형 보이스피싱은 갈수록 악질화되고 있으며 자녀가 적은 현대 사회에서 부모의 과도한 보호심을 노리고 있습니다.

• **구체적 대응 시나리오 :**

만약 이런 전화를 받으면 가장 먼저 심호흡을 하고 10초간 멈추어야 합니다. 당황한 상태에서 바로 행동하지 말고 주변에 도움을 요청하세요. 예컨대 직장 동료나 이웃에게 부탁해 실제 가족의 안전 여부를 확인하도록 합니다. 동시에 범인에게는 사전에 가족과 정해 둔 암호 질문을 던져 보는 것도 방법입니다. 가족끼리만 아는 별명이나 추억의 장소 등을 물어 보면 AI 딥페이크 음성으로 가장한 사기범은 답을 못 하거나 엉뚱한 대답을 할 수밖에 없습니다. 그러면 바로 전화를 끊고 112에 신고하십시오. 절대 혼자 해결하려 하지 말고 주위 사람이나 경찰의 도움을 받아 침착하게 대응해야 합니다.

여러 기관에서는 가족 납치 협박형 보이스피싱 주의보를 발령하며 경각심을 당부하고 있습니다. 이런 전화를 받으면 주변에 알리고 함께 대처하는 것이 무엇보다 중요합니다. 실제로 범인들은 '주위에 알리면 해치겠다'고 협박하지만 오히려 주변의 도움을 구해야 사기를 막을 수 있습니다. 설령 순간적으로 속아 송금했더라

[그림] 보이스피싱 주의보를 발령

도 신속히 경찰(112)이나 해당 금융기관에 연락해 지급정지를 신청하면 피해를 구제받을 수 있습니다. 결국 경계심을 늦추지 않는 습관과 침착한 초기 대응이 큰 피해를 막는 열쇠입니다.

체크리스트 :

✓ 갑작스러운 협박 전화는 일단 10초 동안 멈추고 심호흡합니다.
✓ 가족 관련 위급 통화 시 곧바로 사실 여부를 독립 경로로 확인합니다.
✓ 가족과 암호 질문을 미리 정해 두고 의심 상황에서 활용합니다.
✓ 혼자 당황하지 말고 주변 동료나 경찰에 즉시 알립니다.

정보 확인 및 검증

어떤 사기든 사실 확인 없이 급하게 믿는 순간 피해가 시작됩니다. 사기범들은 그 점을 이용해 그럴듯한 신분으로 속여 가짜 정보와 링크를 보내옵니다. 특히 문자 메시지나 메신저를 통한 사칭 사례가 급증하고 있습니다. 이를테면 자녀를 사칭해 "엄마, 폰 액정이 깨져 통화가 안 돼"라며 접근한 뒤 금전이나 개인정보를 요구하는 수법이 전형적입니다. 중장년층 부모님들의 사랑과 걱정을 악용하는 것으로 최근 이런 자녀 사칭 메신저 피싱이 눈뜨고 당할 만큼 교묘해지고 있습니다.

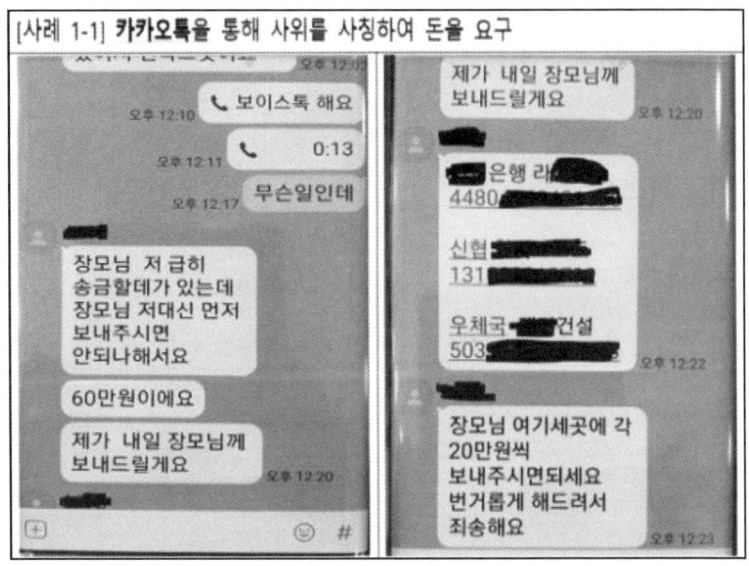

[그림] 메신저 피싱 대화 예시

• 실제 사례 :

　50대 A씨는 카카오톡으로 아들 행세를 하는 메시지를 받았습니다. '핸드폰 고장으로 전화 못 한다'는 그 '아들'은 급히 돈이 필요하다며 링크를 보내 앱 설치를 부탁했습니다. A씨는 의심 없이 링크를 눌러 원격제어 앱을 깔아 주었고, 곧장 범인은 A씨의 휴대폰을 통제해 수천만 원을 인출해 갔습니다. 또 다른 사례로 한 어머니는 '딸'의 문자에 속아 수백만 원을 여러 계좌로 보냈습니다. 나중에 알고 보니 계좌도 제3자 명의였고 딸이 아닌 사기범에게 속은 것이었습니다. 이처럼 사칭범은 가족이나 지인의 말투를 흉내내고 피해자 모르게 개설한 계좌로 돈을 빼돌립니다.

• 구체적 대응 시나리오 :

　모르는 번호나 메신저로 금전 요청이 오면 곧바로 통화를 중단하거나 답장을 멈추고 사실부터 확인해야 합니다. 예를 들어 '자녀'가 돈을 요구한다면 즉시 본인 휴대폰으로 다시 전화해 확인합니다. 통화 연결이 안 될 경우에도 안심하시면 안 됩니다. 이때는 절대 상대가 보낸 링크를 누르지 말고 남편이나 다른 가족, 학교 친구 등 다른 연락망으로 사실 여부를 재확인하세요. 만약 누군가 정부기관이나 금융회사 직원을 사칭한다면 일단 전화를 끊은 후 해당 기관의 대표번호로 직접 전화해 봅니다. 수신된 번호로 재통화하지 말고 꼭 공식 홈페이지에 나온 연락처나 114 안내를 통해 독립적으로 확인하는 것이 핵심입니다. 또한 상대방이 제시하는 명함이나 직원증도 그대로 믿지 말고 기관에 직접 문의하여 그 사람이 실제로 근무하는지 검증해야 합니다. 이런 이중 확인 절차를 거칠 때 사기범은 금세 들통나기 마련입니다.

　사기범은 메신저로 가족을 가장해 금전 요청을 보냅니다. '휴대폰이 고장 나 연락이 어렵다'거나 '급히 돈이 필요하다'는 등의 거짓말로 링크 클릭이나 앱 설치를 유도합니다. 이러한 출처 불분명한 링크와 앱 설치 요구는 100% 사기로 의심해야 합니다. 특히 원격조정 앱 설치를 요구할 때는 즉각 거절하세요. 만약 조금이라도 이상한 낌새가 들면 메시지를 주고받던 대화를 중단하고 가족이나 해당 기관의 공식 채널로 다시 확인하는 습관을 들이십시오. 전화, 문자로 개인 금융정보를 요구하는 경우에도 절대로 응하지 말아야 합니다. 금융회사나 공공기관은 전화로 계좌 비밀번호나 OTP번호 등을 요구하지 않는다는 점을 명심하세요.

체크리스트 :

- ✓ 낯선 번호의 금전 요청은 통화나 답장을 중단하고 사실부터 확인합니다.
- ✓ 전화 받았다면 끊은 후 해당 기관 대표번호로 재통화하여 진위를 검증합니다.
- ✓ 출처가 불명확한 링크나 앱 설치 요구는 거절하고 삭제합니다.
- ✓ 전화로 계좌정보, 비밀번호 등을 요구하면 100% 사기로 보고 응대하지 않습니다.

개인정보 보호

우리의 개인정보는 사기범들의 가장 큰 무기입니다. 일상 속 사소한 정보 노출이 예상치 못한 범죄로 이어질 수 있지요. SNS(소셜미디어)에 올린 글, 사진, 일정 등도 예외가 아닙니다. 예를 들어 가족과의 여행 일정을 SNS에 공개하였다가 빈집털이범의 표적이 된 사례가 있습니다. 'ㅇ월 ㅇ일부터 집을 비운다'는 식의 게시물을 본 범죄자가 그 기간을 노려 빈집에 침입해 절도를 저질렀습니다. 실제 휴가철 7~8월에는 빈집털이가 20% 이상 증가한다는 경찰 통계도 있는데 이는 사람들이 SNS에 휴가 소식을 올리는 경우가 많기 때문입니다. 또한 휴가 중 실시간으로 현재 위치와 사진을 올리는 행동도 위험을 높입니다. 범죄자는 이런 공개 정보를 조합해 집 주소와 비어 있는 시간까지 알아낼 수 있으므로 사생활 정보는 최대한 비공개로 설정해야 합니다.

• 실제 사례 :

한 가장은 SNS에 가족 여행 계획을 자랑스럽게 공유했습니다. "다음 주 5일간 하와이 여행을 간다"고 올린 것이죠. 그러나 그가 떠난 사이 이를 지켜본 빈집털이범이 그 집에 침입해 귀중품을 모두 훔쳐가는 피해가 발생했습니다. 또 다른 사례로 30대 직장인 B 씨는 자신의 페이스북에 새로 산 명품 가방과 집 내부 사진을 올렸다가 도둑에게 집을 털렸습니다. SNS를 통해 생활 반경이나 재산 상태가 노출되면서 표적이 되었습니다. 이렇듯 과도한 SNS 노출은 범죄자에게 '우리 집은 지금 빈 집입니다'라고 광고하는 셈이 될 수 있습니다.

 게다가 온라인에 올린 개인정보는 2차 사기로 이어질 위험도 있습니다. 세계일보 보도에 따르면 SNS에 올린 자녀 이름, 나이, 학교 등의 정보가 보이스피싱에 악용될 수 있다고 합니다. 실제로 사기범들은 피해자의 SNS를 샅샅이 뒤져 가족관계나 배경 정보를 파악하고, 이를 토대로 더욱 정교한 사기 시나리오를 만듭니다. 예컨대 SNS에 '우리 아들 ○○대 합격' 같은 게시물을 올리면 범인은 전화를 걸어 '○○대학교 행정실'을 사칭해 등록금 입금을 요구할 수도 있습니다. 이처럼 나와 가족의 신상 정보가 새어 나가면 언젠가 우리를 겨냥한 사기의 재료로 쓰일 수 있습니다.

• 구체적 대응 시나리오 :

 일상 속에서 내 정보 지키기 습관을 실천해야 합니다. 먼저 SNS 개인정보 공개 범위를 꼭 점검하세요. 내 게시물이 불특정다수가 볼 수 없도록 친구 공개 등으로 제한하고, 현재 위치를 나타내는 체크인 기능은 비활성화하는 것이 좋습니다. 여행 사진은 여행이 끝난 후에 올리는 지혜도 필요합니다. 또한 프로필이나 피드에 자녀의 이름, 가족관계, 직장명, 거주지 등 민감한 내용을 올리지 않도록 합니다. 전화나 문자로 개인정보를 묻는 경우에는 절대 응대하지 말고 바로 전화를 끊습니다. 금융기관이나 공공기관은 전화로 주민번호, 계좌 비밀번호 등을 요구하지 않는다는 것을 기억하세요. 만약 본인도 모르게 개인정보를 이미 공유했다면 비밀번호를 즉시 변경하고 필요한 경우 2단계 인증(이중 인증)을 설정해 계정을 보호합니다. 주요 이메일 계정과 금융 서비스에는 SMS 인증이나 OTP, 보안카드 등 추가 인증 장치를 반드시 적용해 둡니다. 마지막으로 정기적으로 내 신용정보와 계좌내역을 조회하여 이상 거래나 모르는 계좌가 개설되어 있지 않은지 확인합니다. 이는 내 정보가 악용되고 있는 조짐을 초기에 발견하는 데 도움이 됩니다.

체크리스트 :

✓ SNS 개인정보 공개 설정을 주기적으로 점검하고 민감한 내용은 올리지 않습니다.
✓ 가족 여행 등 외부 일정은 사전에 공유하지 않거나 제한 공개로 합니다.
✓ 전화로 주민번호나 금융정보 요구 시 절대로 응하지 않고 바로 끊습니다.
✓ 주요 계정에 2단계 인증을 설정하고 비밀번호를 안전하게 관리합니다.

사기 수법 공부하기

 세상에 새로운 사기 수법이 나올 때마다 이를 미리 알고 대비한 사람과 그렇지 못한 사람의 운명은 크게 갈립니다. 끊임없이 진화하는 사기 수법에 대응하려면 우리도 지속적으로 배우고 업데이트해야 합니다. 실제로 경찰과 금융당국은 각종 보이스피싱, 투자 사기 유형을 국민에게 알리고자 보도자료와 경고문을 내놓고 있습니다. 하지만 안타깝게도 이러한 경고를 접하지 못한 피해자들이 계속 발생합니다. 이를테면 불법 투자 리딩방(유사 투자자문방) 사기가 기승일 때 경찰청과 금융감독원이 유튜브 방송과 홍보 포스터로 경고를 했음에도 많은 사람들이 이를 모르고 피해를 당했습니다. 219억 원에 달하는 피해금이 발생한 부산의 리딩방 사기사건만 봐도 사전 경고를 무시하거나 인지하지 못한 투자자들이 대부분이었습니다.

• 실제 사례:

 50대 투자자 C씨는 카카오톡 주식 리딩방 초대를 받고 전문가들의 조언을 믿고 1천만 원을 투자했습니다. 수익금 인출을 요청하자 이것저것 수수료 명목으로 추가 입금을 요구받았고, 결국 전 재산을 잃은 뒤에서야 사기임을 깨달았습니다. 그는 나중에 뉴스를 통해 이 수법이 경찰 특별단속 대상이었다는 것을 알았지만 이미 늦었습니다. 또 다른 피해자 D씨는 유명 유튜버의 방송을 가장한 리딩방에 속아 거액을 날린 후에야 금융감독원에서 이전부터 유사한 리딩방 사기 경고를 내놨다는 사실을 접했습니다. '진작 알았더라면…' 하는 후회를 남긴 채 말입니다.

• **구체적 대응 시나리오 :**

　사전에 정보를 공부하고 공유하는 습관이 최고의 예방책입니다. 경찰청이나 금융감독원, 한국인터넷진흥원(KISA) 등 공신력 있는 기관의 웹사이트와 SNS를 정기적으로 확인하세요. 경찰청은 보이스피싱 지킴이 사이트, 금감원은 피싱키퍼 사이트 등을 통해 최신 사기 수법과 예방법을 공지합니다. 예를 들어 경찰청 홈페이지나 블로그, 또는 112 통합신고센터에서는 최근 유행하는 사기 수법 사례와 대응 요령을 쉽게 정리해 놓고 있습니다.

　금감원의 금융사기 경보 서비스에 가입하면 새로운 유형의 사기가 등장할 때 문자 알림을 받을 수도 있습니다. 이러한 공식 자료를 틈날 때마다 읽고, 가족과 내용을 공유하는 가족 단톡방을 운영해 보세요. 한 사람이 접한 경고 내용을 가족 전체가 함께 알아 두면 사기 정보의 파급효과가 배가됩니다. 예컨대 부모님께서 뉴스를 잘 접하지 못한다면 자녀가 경찰청 발표 내용을 캡처해서 가족 채팅방에 올리고 함께 대비책을 이야기하는 것입니다.

　또한 금융회사나 언론사의 보이스피싱 예방 캠페인 영상을 가족들과 시청하는 것도 도움이 됩니다. 모르는 번호로 전화가 올 때 어떻게 해야 할지, 수상한 문자 메시지를 받으면 어떻게 확인해야 할지 등, 사례를 통해 미리 학습해 두면 실제 상황에서 침착하게 대응할 수 있습니다.

마지막으로 주변 지인들과도 정보 공유를 적극적으로 하십시오. 내가 받은 사기 의심 문자나 전화를 주변에 이야기하고 서로 들은 적 있는 수법인지 의견을 나누는 것입니다. 동료, 친구들과 '혹시 이런 연락 받아본 적 있어?'라며 수다를 떠는 사이에 이미 그 수법을 알고 있는 사람이 조언을 줄 수도 있습니다. 요즘은 금융당국의 공식 카카오톡 채널이나 앱 알림 서비스도 잘 마련되어 있으니 이를 구독해서 놓치지 않고 정보를 얻도록 합니다. 사기 예방은 정보가 생명입니다. 꾸준한 공부와 정보 공유로 사기범들의 수법을 한 발 앞서 파악해 둔다면 그만큼 속을 확률은 현저히 낮아질 것입니다.

체크리스트 :

✓ 경찰청, 금융감독원 등의 공식 경고 및 보도자료를 꾸준히 챙겨 봅니다.
✓ 가족 및 지인과 사기 사례 정보를 공유하는 채널을 만들어 둡니다.
✓ 새로운 투자 제안이나 돈 버는 얘기를 들으면 일단 의심부터 하는 태도를 가집니다.
✓ 사기 예방 캠페인 영상이나 뉴스를 가족과 함께 시청하며 토론해 봅니다.

심리적 함정 대처 연습

사기범들은 우리의 심리적 빈틈을 노립니다. 인간이라면 누구나 갖고 있는 공포, 조급함, 탐욕, 동정심 등을 교묘히 자극하지요. 예를 들어 '지금 투자하면 1시간 안에 2배 이익을 보장한다'는 말은 희소성과 탐욕을 동시에 자극합니다. 또 '지금 당장 결정 안 하면 기회를 놓친다'는 압박은 조급함(FOMO, 놓치기 두려움)을 일으키죠. 이런 상황에 놓이면 침착한 사람도 순간적으로 판단력을 잃기 쉽습니다. 실제 보이스피싱 피해자들의 증언을 들어 보면 알면서도 속았다고 말하는 경우가 많습니다. 이는 사기범들이 상대의 이성적 판단을 마비시키는 심리전을 펼치기 때문입니다. 우리의 합리적 두뇌 대신 감정과 본능이 앞서게 만드는 함정을 파놓는 것이죠.

• 실제 사례:

평소 신중하던 40대 E씨는 절친한 친구로부터 '지금 엄청 좋은 투자처가 있는데 오늘 안에 돈을 넣어야 한다'는 전화를 받았습니다. 친구의 간절한 권유와 '오늘 지나면 기회 없다'는 말에 E씨는 마음이 급해졌습니다. 평소였다면 투자 제안에 대해 조사해 봤겠지만, 그 순간에는 친구를 믿고 몇 천만 원을 보냈습니다. 그러나 결과는 사기로 판명되었고 돈을 돌려받지 못했습니다. E씨는 '알면서도 그때는 정신이 없었다'고 털어놓았습니다. 이처럼 친분과 초조함이 섞이면 판단력이 흐려져 냉철한 사람도 홀린 듯 당할 수 있습니다. 또 다른 사례로 30대 직장인 F씨는 정부지원 대출을 받으려다 보이스피싱에 걸려들었습니다. 전화 속 사기범은 권위적인 검사 신분을 사칭하며 F씨가 범죄 연루자라고 협박했고, 겁에 질린 F씨는 제시하는 대로 돈을 이체했습니다. F씨는 후에 '마치 가스라이팅 당한 것처럼 머리가 하얘졌다'고 말했습니다. 이렇듯 사기범은 두려움(공포)과 권위에 대한 복종 심리까지 이용하여 사람을 속박합니다.

• 구체적 대응 시나리오 :

이러한 심리적 함정에 걸리지 않기 위해서는 훈련이 도움이 됩니다. 우선 사기 수법에서 주로 쓰이는 심리 기제를 알아 둡시다. 전문가들은 사기범이 자주 쓰는 수법으로 ① 공포 유발(겁주기), ② 희소성 강조(마감 임박), ③ 권위 악용(검사, 경찰 사칭), ④ 호감과 유대감 가장(친근한 말투, 친구 소개), ⑤ 사회적 증거 조작(가짜 후기나 다수 참여 강조) 등을 꼽습니다. 평소에 이러한 5대 심리 장치를 염두에 두면 막상 비슷한 상황이 닥쳤을 때 '아, 이건 나를 급하게 몰아붙이는구나' 하고 자각할 수 있습니다. 예컨대 누군가 계속 지금 결정하라고 압박하면 일단 의심하고 한 발 물러서는 겁니다.

또한 자기 자신과의 약속을 미리 정해 두세요. '절대로 바로 송금하지 않는다' 또는 '한번은 반드시 확인 전화를 한다'와 같은 원칙을 세워 두면 위급한 상황에서도 그 약속이 마지막 안전핀 역할을 합니다.

다음으로 실전 연습을 해봅시다. 가족이나 친구와 함께 보이스피싱 모의훈련을 해보는 것입니다. 예를 들어 가족끼리 역할극을 합니다. 한쪽은 보이스피싱 범인 역할로 '엄마, 나 급한 일이 생겨서 그런데…' 하고 전화를 겁니다. 다른 한쪽은 평소 배운 대로 '잠깐만, 엄마가 확인 좀 해볼게'라고 답하며 전화를 끊고, 진짜 자녀에게 다시 전화하거나 미리 정해 둔 암호 질문을 던집니다. 이런 식으로 가상의 시나리오를 미리 연습하면 실제로 비슷한 전화가 올 경우 당황하지 않고 똑같이 대응할 수 있습니다. 회사나 단체에서도 피싱 이메일 모의훈련을 하는 것처럼 가정에서도 보이스피싱 상황극을 가볍게 해보는 것입니다. 혹은 시중에 공개된 보이스피싱 대본을 프린트해서 가족과 함께 읽어 보고 각각 어디서 이상함을 느껴야 했는지 토론해 보는 것도 좋습니다. 이렇게 하면 평소 무심코 지나쳤을 심리적 함정 포인트를 서로 짚어줄 수 있습니다.

마지막으로 자기 자신만의 대응 매뉴얼을 머릿속에 새겨 두세요. 이를테면 전화 통화 중 상대가 조금이라도 급박한 어조로 압박하면 '네 알겠습니다' 하고 일단 끊는다. 그리고 반드시 10분 이상 고민하거나 제3자의 의견을 구한 후에 움직인다. 또 큰돈이 걸린 일은 꼭 하루 밤을 넘겨 결정한다. 이런 나만의 원칙을 사전에 정해 놓고 늘 상기하면 사기범이 아무리 흔들어도 최소한의 안전장치가 작동합니다. 중요한 것은 평소 연습과 다짐입니다. 위급한 상황에서 우리의 뇌는 연습한 대로 반응하기 때문입니다.

체크리스트 :

✓ 사기범이 노리는 5대 심리(공포, 희소성, 권위, 호감, 사회적 증거)를 미리 숙지합니다.
✓ '절대 바로 송금하지 않는다' 등 자신만의 원칙을 사전에 정해 둡니다.
✓ 가족, 친구와 보이스피싱 상황 역할극을 해보며 대응 연습을 합니다.
✓ 압박감을 느낄 땐 무조건 한 번 통화 종료 후 재검토하는 습관을 실천합니다.

전문가와 상담

혼자 모든 것을 판단하려는 자신감이나 자만심도 때로는 독이 됩니다. 특히 금융투자나 고액 거래처럼 복잡하고 중요한 의사결정일수록 제3자의 전문적인 조언을 구하는 것이 안전합니다. 사기범들은 피해자가 주변에 상담하지 못하게 만들려고 '비밀 유지'를 강요하거나 '지금 당장 아니면 안 된다'며 전문가에게 확인받을 틈을 주지 않습니다. 이러한 때일수록 의심되는 제안은 반드시 전문가와 상의해야 합니다. 실제 투자 사기 피해자 중에는 "믿을 만한 친구라 혼자 결정했다"거나 "변호사한테 물어 보면 기회를 놓칠까 봐 그냥 했다"는 사람들이 많습니다. 그러나 결과적으로 몇 천만 원에서 수억 원까지 잃고 나서 뒤늦게 변호사나 경찰을 찾게 되지요.

• 실제 사례 :

60대 G씨는 오랜 지인이 유망 사업 투자를 권유하자 오랫동안 알고 지낸 사이여서 별 의심 없이 구두로만 약속하고 5천만 원을 투자했습니다. 하지만 계약서 한 장 쓰지 않았던 그 투자는 결국 사기로 드러났고 G씨는 법적 근거 없이 돈을 떼이는 신세가 되었습니다. 만약 투자 전에 법률전문가에게 상담을 받았다면 '계약서 없이 돈을 보내는 건 매우 위험하다'는 조언을 들었을 것입니다.

또 다른 사례로 회사원 H씨는 어떤 사람이 '해외 부동산에 투자하면 6개월 내 50% 수익'을 보장한다며 접근하자 혹해 버렸습니다. H씨는 금융당국에 등록된 업체인지 확인도 하지 않고 거액을 송금했습니다. 결과는 물론 사기였습니다. 그는 나중에 금융감독원에 상담전화를 해 보고서야 자신이 돈을 보낸 업체가 무허가 유사투자업체였다는 사실을 알았습니다. 전문가 확인 절차만 거쳤어도 막을 수 있던 피해였습니다.

• 구체적 대응 시나리오 :

큰돈이 오가는 결정이나 조금이라도 수상한 제안이 들어오면 반드시 전문가와 사전 상담을 하는 습관을 들이십시오. 우선 금융 분야라면 금융감독원, 금융투자협회 등을 통해 합법적인 금융회사나 금융투자 전문가인지 조회해 봐야 합니다. 금융감독원 금융

소비자 정보포털에서 업체나 개인 이름을 검색하면 등록 여부와 제재 이력까지 확인할 수 있습니다. 투자 자문을 가장한 사람이라면 한국금융투자협회 사이트에서 정식 투자자문업자 등록 여부를 조회해 보세요. 만약 상대가 변액보험, 연금 등을 권유한다면 금융협회 공시실 등에서 수익률과 수수료 구조를 객관적으로 비교해 보고 결정합니다. 법률적인 계약이 수반되는 경우에는 변호사 상담을 주저하지 말아야 합니다. 계약서 조항 하나하나가 향후 내 돈을 지킬 근거가 되므로 전문가의 눈으로 약관과 계약서를 검토받는 것이 안전합니다. 설령 변호사를 직접 찾아가지 못하더라도 무료 법률상담 창구(대한법률구조공단 등)에 문의할 수 있습니다. 또한 각 금융회사 고객센터에도 전문 상담 인력이 있으니 수상한 대출 제안이나 투자가 의심될 경우 해당 금융회사 공식 콜센터에 전화해 확인하는 것도 방법입니다.

특히 친구나 친척 등 아는 사람 제안일수록 더 경계해야 합니다. 인간관계가 얽히면 객관적 판단이 어려워지기 때문입니다. 이때 제3자인 전문가의 의견은 냉정한 판단을 하는 데 큰 도움이 됩니다. 가족끼리라도 큰돈 거래는 차용증과 공증 절차를 거치면 좋듯이 지인이 권유하는 투자라도 남에게 검토를 받아 보는 일을 망설이지 마세요. 친구가 소개한 사람이니까 믿을 만해라는 방심을 경계하고 어떤 경우든 내 돈을 지키는 최종 책임은 나에게 있음을 기억해야 합니다. 전문가에게 무엇을 물어 봐야 할지 막막하다면 간단히 이런 체크 리스트를 활용해 보십시오.

① 합법적인 업체나 전문가인가? – 금융감독원, 협회 등에 등록 여부 확인
② 수익 보장이나 확정 이익을 언급하는가? – 합법적인 투자에서는 원금보장이나 확정수익 약속은 없음
③ 계약서나 약정서가 준비되어 있는가? – 없다면 사기 가능성 큼. 있다면 전문가의 검토 필요
④ 리스크와 수수료 등 중요 정보를 충분히 설명했는가? – 장점만 강조하고 단점 설명이 없으면 의심
⑤ 주변에 같은 제안을 받은 사람이 있는가? – 있다면 그 사람들과 정보를 교류하고 함께 검증

이러한 질문에 하나라도 명쾌하게 답하지 못하면 반드시 전문가 의견을 구한 뒤 진행해야 합니다. 예비 단계에서 조금 번거롭더라도 이는 수억 원의 손실과 평생의 후회를 막는 작은 비용이라 여겨야만 합니다.

체크리스트 :

✔ 금융상품 및 투자 제안을 받으면 금감원, 협회 등을 통해 등록 여부를 조회합니다.
✔ 계약서 없이 돈을 요구하는 거래는 절대 진행하지 않습니다.
✔ 큰 결정 전에는 변호사나 공인된 전문가 상담을 거치는 것을 원

칙으로 합니다.
- ✓ 지인 권유일수록 한 걸음 물러서 제3자 검토를 받습니다(투자 전 가족이나 다른 전문가에게 의견 구하기).

사고 발생 시 30분 대응법

아무리 조심해도 불가피하게 사고를 당하는 경우가 생길 수 있습니다. 중요한 것은 피해 직후의 30분입니다. 이 골든타임에 어떻게 대응하느냐에 따라 피해 복구 가능성이 달라집니다. 실제로 보이스피싱 피해자 중 당한 즉시 적절히 조치하여 돈을 되찾은 경우도 있지만 머뭇거리다가 지급정지 시기를 놓쳐 끝내 환급을 못 받은 사례도 있습니다. 또 어떤 분은 당황한 나머지 사기범과의 채팅방을 그냥 나가 버려 대화 내용을 잃어 버리는 바람에 결정적 증거를 놓치기도 했습니다. 따라서 사고가 터지면 1분 1초라도 빨리 움직이고 필요한 증거를 확보해야 합니다.

• 실제 사례 :

대학원생 I씨는 보이스피싱에 속아 500만 원을 이체한 직후 곧바로 112에 신고하고 은행에 지급정지를 요청한 덕분에 피해금 전액을 돌려받았습니다. 불과 10분 이내의 신속한 대응이 주효했습니다. 반면 70대 노인 J씨는 사기를 당했을 때 믿기지 않아 몇 시간을 망설이다 신고했고, 그 사이 범인이 돈을 인출해 버려 돌려받지 못했습니다. 또 다른 예로 직장인 K씨는 메신저 피싱에 속았음을 알아챈 즉시 해당 카카오톡 대화방을 나가 버렸습니다. 이 때문에 사기범의 프로필과 대화 기록 등 핵심 증거를 잃어 수사에 어려움을 겪었습니다. 다행히도 K씨는 휴대폰 포렌식을 통해 일부 증거를 복구했지만 신고 초기에 증거 확보를 소홀히 한 자신을 크게 자책했습니다.

• 구체적 대응 시나리오 :

만약 사기를 당했다고 판단되면 즉시 다음의 순서로 움직이십시오. ① 경찰 신고, ② 금융기관 연락, ③ 금융당국 신고. 우선 112에 전화하여 보이스피싱 등 금융사기 피해 신고를 합니다. 경찰청에는 전기통신금융사기 통합신고대응센터가 있어 신고 접수와 동시에 범죄계좌 추적 및 피해 예방조치를 시작합니다. 신고할 때 내 이름, 피해 금액, 송금 계좌와 수취 계좌번호, 사기 수법 내용 등을 가능한 한 정확히 전달합니다. 112 신고와 병행하여 내가 돈을 보낸 해당 금융회사 고객센터에도 즉시 전화를 겁니다. 은행이나 카드사에 '보이스피싱 피해를 당했다, ○○계좌로 보낸 돈의 지급정지 요청한다'고 알려야 합니다. 금융사는 경찰 사건번호를 확인한 뒤 해당 계좌의 출금을 막고 이후 피해구제 절차를 도와줍니다. 또한 금융감독원 1332로도 전화를 걸어 피해 사실을 접수하고 환급 절차 등에 대해 안내받을 수 있습니다. 요컨대 112 → 은행(고객센터) → 1332의 3단계 신고를 가능하면 30분 이내, 늦어도 1시간 이내에 마쳐야 합니다. 이 시간이 지나면 범인이 돈을 인출하거나 증거를 인멸할 확률이 높아지기 때문입니다.

다음으로 증거 확보에 착수합니다. 통화 중이었다면 통화 녹음 파일을 저장하고, 문자나 카카오톡 대화는 화면 캡처를 해둡니다. 가능하면 상대방 전화번호, 카톡 프로필, 보낸 계좌의 은행 및 예금주명 등의 핵심 정보를 메모합니다. 돈을 송금하거나 이체했다면 해당 거래 내역의 영수증이나 캡처도 필수입니다.

만약 악성 앱을 설치했을 경우 함부로 혼자 지우지 말고 즉시 휴대폰을 인터넷 차단 후 전원을 끕니다. 그리고 가까운 휴대폰 AS센터나 전문 보안업체에 가져가 악성 앱을 완전히 삭제하고 휴대폰을 점검받습니다.

내 개인정보가 탈취되었을 가능성이 있으므로 명의 도용 예방 서비스도 신청해야 합니다. 이동통신사에서 제공하는 명의 도용 SMS 차단 서비스(예: SKT의 Msafer 등)에 가입하면 내 주민등록번호로 개설되는 새로운 휴대폰이나 금융계좌를 막을 수 있습니다. 또한 계좌통합관리 서비스(어카운트인포) 앱을 통해 내 명의로 개설된 모든 은행 계좌와 카드 발급 현황을 조회해 모르는 계좌가 생기지 않았는지 확인합니다. 경우에 따라 신분증 재발급도 고려해야 합니다. 주민등록증, 운전면허증 등이 유출되었다면 분실 신고 후 새로 발급받아 기존 것을 폐기하면 추후 범죄 악용을 예방할 수 있습니다.

이런 일련의 대응을 하는 동안에도 유의할 점이 있습니다. 증거를 충분히 모으기 전까지 해당 연락이나 대화창을 임의로 삭제하거나 나가지 말아야 합니다. 또한 경찰에 신고할 때 가능한 한 사실대로 상세히 진술하고 확보한 증거를 모두 제출합니다. 이후 피해구제 절차는 금융감독원과 수사기관이 안내해 줍니다. 접수 후 수개월이 걸릴 수도 있지만 포기하지 말고 꾸준히 진행 상황을 문의하며 따라가야 합니다. 피해금 환급은 범인의 검거 여부와 피해 규모에 따라 달라지지만 신속 신고한 경우 상당 부분 돌려받는 사례가 늘고 있으니 끝까지 대응해야 합니다.

체크리스트 :

✓ 사기 당한 즉시 경찰 112 → 해당 은행 고객센터 → 금감원 1332 순으로 신속 신고합니다.
✓ 상대와의 통화 녹음, 문자·카톡 대화, 송금내역 등을 곧바로 캡처 및 저장합니다.
✓ 휴대폰에 악성 앱이 의심되면 인터넷 차단 후 전원 종료, 전문가 도움으로 삭제합니다.
✓ 내 개인정보 유출 대응 : 명의도용 방지 서비스 가입, 계좌·카드 개설 내역 조회 등 추가 조치를 취합니다.

마무리 : 속지 않기 위한 오늘의 10가지 실천 행동

마지막으로 지금까지 살펴본 내용을 바탕으로 일상에서 실천할

10가지 수칙을 정리해 보겠습니다. 이것들은 특히 40~60대 독자분들이 생활 속에서 습관화하기 좋은 실천 팁들입니다. 하루하루 실천하며 사기 면역력을 길러보세요.

1. 하루 10초 멈춤 습관 :

낯선 전화나 갑작스런 요청을 받으면 일단 10초간 멈추고 생각하는 습관을 들입니다. 잠깐의 멈춤으로 침착함을 되찾아 충동적인 실수를 예방합니다.

2. 가족과 사기 예방 약속 정하기 :

가족끼리 "혼자 결정하지 않기" 등의 약속을 정해 둡니다. 수상한 연락을 받으면 서로 즉시 공유하고 확인해 주는 가족 방어망을 구축합니다.

3. 모르는 번호는 의심부터 :

발신자가 불분명한 전화나 문자는 기본적으로 의심하고 경계합니다. "설마 내가 속겠어"라고 방심하지 말고 항상 혹시나 하는 마음으로 대응하세요.

4. 항상 공식 채널로 재확인 :

전화나 메시지로 금전 요청이나 신분 확인 연락을 받으면 반드시 해당 기관의 대표번호로 다시 문의합니다. 직접 받은 연락은 절대 곧이곧대로 믿지 말고 모든 정보를 독립적으로 검증하는 습관을 가집니다.

5. 암호 질문 설정 :

가족이나 가까운 지인과 둘만 아는 암호나 질문을 하나 만들어 둡니다. 비상시 본인 확인용으로 활용하여 딥페이크 음성 사기나 지인 사칭을 간파할 수 있습니다.

6. SNS 안전 설정 :

SNS 프로필과 게시물 공개 범위를 점검하고 개인정보 노출을 최소화합니다. 현재 위치나 여행 일정은 실시간 공유하지 않기, 사진에 신분증·명함 등 개인정보가 나오지 않도록 유의하기 등 작은 습관들이 큰 피해를 막습니다.

7. 개인정보 수시 점검 :

내 주민등록번호, 금융정보 등이 유출되지 않았는지 정기적으로 점검합니다. 휴면계좌 조회, 신용정보 무료조회(연 3회) 등을 통해 모르는 계좌나 대출이 생기지 않았는지 확인하는 것이 좋습니다.

8. 투자 전 3자 검토 :

혼자서 결정 내리지 말고 큰돈이 오가는 투자나 거래는 반드시 제3자와 상의합니다. 가족, 친구, 전문가 누구라도 괜찮습니다. "남이 보면 어떻게 생각할지" 한 번 점검하면 많은 위험을 걸러낼 수 있습니다.

9. 2단계 인증과 보안 강화 :

주요 금융계정과 SNS에는 2단계 인증(이중 인증)을 설정해 둡니다. 또한 휴대폰에 공식 백신 앱을 설치해 정기 검사하고, 금융앱은 출처 확인 후 설치하는 등 기본 보안수칙을 지킵니다.

10. 의심스러운 제안은 거절하고 상담 :

너무 좋게 들리는 투자 제안, 급하게 서두르는 계약 권유 등은 과감히 거절하거나 보류합니다. 그리고 나서 금융감독원 1332, 경찰 112, 소비자보호원 등 적절한 곳에 상담 문의를 해봅니다. 공신력 있는 기관에 상담하면 사기 여부를 파악하는 데 큰 도움이 됩니다.

이상 10가지 실천 행동은 오늘부터 바로 적용할 수 있는 것들입니다. 안전은 한순간에 얻어지지 않고, 하루하루의 작은 실천으로 만들어집니다. 지금 이 글을 읽는 순간부터 가족들과 함께 위의 수칙들을 점검하고 다짐해 보세요. 그것이 사기 없는 평온한 일상을 지키는 가장 확실한 방법입니다. 부디 이 안내서가 독자 여러분의 소중한 재산과 마음을 지키는 데 도움이 되기를 바랍니다. 당신이 경계하는 순간 사기는 물러갑니다. 긴 시간 함께 해 주셔서 감사합니다.

에/필/로/그

믿음을 잃지 말고, 지혜를 잃지 마세요.

여러분은 '나는 사기당하지 않을 거야'하고 자신하셨나요? 이 책을 읽으면서 이제 알게 되셨겠지만 때로는 그런 자신감이 가장 위험할 수 있습니다. 사기범죄는 갈수록 교묘해지고 있으며 그 대상은 학력이나 지위를 가리지 않습니다. 실제로 전 세계 소비자의 절반 가까이가 매주 최소 한 번 이상 사기 시도를 겪고 있고, 한국은 하루가 멀다 하고 각종 사기가 시도되는 나라 중 하나입니다. 한국의 사기 범죄 발생 건수도 1970년대 연간 2만여 건 수준에서 2015년에 25만 건을 넘어서더니 2024년에는 43만 건으로 급증했습니다. 그만큼 현대 사회에서 '누구나 사기의 대상이 될 수 있다'는 현실을 우리가 받아들여야 합니다. 사기는 결코 특별한 부류의 어리석은 사람만 당하는 일이 아니며 우리 모두가 직면한 보편적 위험입니다.

그러므로 "나는 절대 속지 않는다"는 안일한 믿음 대신 '사기를 이해해야 속지 않는다'는 지혜를 갖추는 것이 중요합니다. 이런 신념 아래 기획된 이 책은 사기의 심리를 면밀히 파헤치고 실제 사례들을 통해 교훈을 전달함으로써 독자들이 스스로를 지킬 수 있도록 돕고자 했습니다. 앞 장들에서 우리는 사기가 어떻게 우리의 욕망, 신뢰, 불안 같은 인간적 취약점을 파고드는지 살펴보았습니다. 각양각색의 사기 수법 뒤에 숨은 심리적 메커니즘을 해부하고, 실제 사건을 교훈 삼아 대비책을 생각해 보았습니다. 이를 통해 독자 여러분이 일상 속에서 경각심을 가지고 현명하게 대처할 힘을 얻기를 바랐습니다.

이 책은 저자 본인과 오랜 친구인 형사 이승환의 공저로 집필되었습니다. 28년 경력의 베테랑 수사·정보 형사인 이승환은 지능범죄 수사를 전문으로 하였고, 보이스피싱 발생 초창기 때인 2010년에는 '보이스피싱 저격수'로 언론에 소개되며 여러 방송에 출연하여 보이스피싱 예방법을 설명했던 친구입니다. 서울경찰청 정보과로 이동한 후에도 범죄 첩보를 다루며 새로운 사기 범죄 유형에 대해 관심을 가지고 평소 범죄자와 피해자의 심리에 대해서 저와 많은 대화를 나눈 친구로 그동안 현장에서 직접 마주한 수많은 사기사건들의 생생한 에피소드를 이 책에 아낌없이 제공해 주었습니다. 그의 참여로 책 속 사례들은 한층 현실감과 신뢰성을 얻게 되었습니다. 저와 이승환은 이러한 실제 사례들 하나하나에 심리학적 해설과 전문가적 분석을 덧붙여 사기가 어떻게 사람들의 심리를 이용하고 교묘히 파고드는지 알기 쉽게 풀어내고자 노력했습니다. 두 저자의 이러한 협업을 통해 현장 경험과 이론적 통찰을 균형 있게 담아내려 한 덕분에 이 책이 보다 입체적으로 사기라는 현상을 조명할 수 있었다고 자부합니다. 우리의 목표는 독자들이 책을 읽는 동안 마치 한편의 추리소설이나 범죄 스릴러를 읽는 듯 흥미를 느끼면서도 동시에 '아, 이래서 속는 거였구나' 하고 고개를 끄덕이며 깨달음을 얻도록 하는 것이었습니다.

이 책을 통해 독자 여러분께서 얻길 바란 가장 큰 교훈은 '사기는 특별히 어리석은 사람만 당하는 것이 아니다'라는 점입니다. 이제는 잘 아시다시피 누구든지 방심하는 순간 사기의 피해자가 될 수 있습니다. 그렇기에 '미리 알고 대비하는 것'만이 최선의 방어입니다. 만약 이 책을 다 읽은 지금 '사기는 누구에게나 일어날 수 있는 것이니 내 일처럼 경계해야겠구나' 하고 느끼셨다면 이 책의 가장 중요한 목적은 달성된 셈입니다. 더 나아가 독자 여러분이 사기 피해자들을 바라보는 시각에도 변화를 가지게 되셨기를 바랍니다. 흔히 사람들은 피해자에게 '대체 왜 속았을까?' 묻곤 합니다. 하지만 이제 우리는 묻는 방향을 바꿔야 합니다. '어떻게 저렇게까지 속일 수 있었을까?', 즉 사기범의 악랄함과 교묘함에 초점을 두는 인식이 필요합니다. 사기는 누구에게나 일어날 수 있는 만큼 피해자는 우리 사회의 동정과 공감을 받아 마땅합니다. 부디 이 책이 여러분께 그런 피해자에 대한 이해와 연대의 마음도 함께 심어 주었다면 좋겠습니다. 잘못은 속은 사람이 아니라 속인 사람에게 있다는, 당연하지만 종종 잊히는 진실을 다시 한번 되새기며 우리 사회가 피해자를 손가락질하기보다 사기범을 엄단하고 예방에 힘쓰는 쪽으로 나아가길 바랍니다.

이 책의 전반적인 분위기는 독자들에게 경각심을 주면서도 절대로 피해자들을 탓하거나 비난하지 않는 데 중점을 두었습니다. 처음부터 끝까지 저희 두 사람은 독자 여러분의 곁에서 '누구든 속을 수 있다'는 사실을 상기시키며 따뜻하게 조언하는 동반자가 되고자 했습니다. 책 속의 실제 사례들은 때로 한 편의 영화처럼 스릴 있고 긴박하게 전개되었을지 모르지만, 각 장의 뒷부분마다 이어진 해설에서는 늘 '당신도 이럴 수 있었다'는 메시지를 놓치지 않으려 했습니다. 이는 피해자에 대한 공감을 잃지 않기 위해서였습니다. 혹시 책을 읽는 동안 어떤 사례에서는 분노를 느끼셨을 것입니다. '어떻게 저런 파렴치한 방법으로 사람을 속일 수 있단 말인가!' 하고 말입니다. 또 어떤 부분에서는 가슴을 쓸어내리며 안도하셨을지도 모릅니다. '다행히 이걸 미리 알게 되었으니 이제 나는 속지 않을 거야.' 그리고 마지막 책장을 덮는 지금, 이제는 속지 않을 준비가 되었다는 자신감이 마음속에 움트고 있다면 더없이 바람직합니다. 분노, 안도, 자신감… 독자 여러분이 이러한 감정을 느꼈다면 저희는 이 책을 통해 전하고자 한 바를 제대로 전달한 것입니다. 사기범의 악행에 분노하고, 미리 알아두길 잘했다는 안도감을 갖고, 이제는 무엇이 수상한지 알아볼 수 있다는 자신감을 얻는 것. 이 세 가지야말로 저희가 이 책을 통해 독자들에게 선물하고 싶었던 감정입니다.

마지막으로 저희 두 저자는 이 책에 각자의 전문 지식과 현장 경험, 그리고 무엇보다도 독자를 향한 진심 어린 조언을 듬뿍 담았습니다. 우리 사회 곳곳에서 매일같이 벌어지는 사기 범죄로부터 단 한 사람이라도 더 구해 낼 수 있다면 그로써 이 책의 가치는 충분하다고 믿습니다. 부디 이 책이 널리 읽혀 많은 이들에게 실질적인 도움이 되기를 바랍니다. 더 이상 속지 않을 용기와 지식을 얻은 독자 한 분 한 분이 모여 사기범들이 발붙이기 힘든 사회가 이루어질 것이라 믿습니다. 물론 사기라는 범죄가 완전히 사라지기는 어려울지 모릅니다. 기술의 발전과 함께 사기의 수법도 계속 진화할 것입니다. 하지만 그렇다고 두려워할 필요는 없습니다. 우리가 경각심을 잃지 않고 서로 정보를 나누며 대비한다면 사기범들의 앞서는 한 수에 충분히 맞설 수 있습니다. 멈추고 확인하는 습관, 냉철하게 정보를 검증하는 태도, 새로운 사기 수법에 대한 지속적인 관심, 혼자 고민하지 않고 주변과 상담하고 공유하는 문화야말로 사기를 이기는 최고의 무기입니다. '사기를 이해해야 속지 않는다'는 이 책의 메시지를 항상 기억하면서 배운 바를 생활 속에서 실천해 보세요. 그럴 때 여러분은 어떤 사기꾼이 나타나도 쉽사리 흔들리지 않는 든든한 면역력을 갖추게 될 것입니다. 이 책을 덮는 순간이 여러분의 안전이 시작되는 순간이 되기를 바랍니다. 긴 여정 함께해 주신 독자 여러분께 진심으로 감사드리며 앞으로도 여러분의 현명한 판단과 용기를 응원합니다. 이제 자신 있게 다짐해 봅시다. '나는 속지 않는다. 왜냐하면 속임수의 실체를 알아버렸으니까.' 여러분의 앞날에 행운이 함께하길 바랍니다. 감사합니다.

주요 참고문헌(Reference)

1장 누구나 사기의 표적이 될 수 있다.

- 말콤 글래드웰. 2020. 타인의 해석: 당신이 모르는 사람을 만났을 때. 김영사.
- 김영헌. 2018. 속임수의 심리학. 웅진지식하우스.
- 마이클 셔머. 200). 왜 사람들은 이상한 것을 믿는가. 바다출판사.
- 경향신문. 2024년 11월 21일. 재벌 3세 사칭 사기사건 – 피해자 35명에게서 고가 시계 편취(피해액 35억 원). https://www.khan.co.kr/article/202411211536001
- 대한민국 정책브리핑(정부합동). 2015년 4월 29일. 모든 연령대가 보이스피싱 범죄의 표적이 되고 있다 – 20대부터 80대까지 피해 분포. https://www.korea.kr/briefing/policyBriefingView.do?newsId=148794375
- 세계일보. 2015년 11월 7일. '조희팔 사건' – 피해자 약 4만 명, 피해액 약 4조 원에 달한 국내 최대 Ponzi 사기 사례. https://www.segye.com/newsView/20151107001082
- The New York Times. 2024, August 14. Deepfake investment scams featuring Elon Musk ~25% of videos; ~90% in crypto scams. https://www.nytimes.com/interactive/2024/08/14/technology/elon-musk-ai-deepfake-scam.html
- 미주중앙일보. 2024년 1월 19일. 2021년 이후 사기 피해자 4명 중 1명은 소셜미디어를 통해 범죄 타깃 – 美 FTC 보고. https://www.koreadaily.com/news/read.asp?art_id=994296
- Levine, T. R. 2020. Duped: Truth-Default Theory and the Social Science

of Lying and Deception. University of Alabama Press.

2장 똑똑한 사람도 왜 속는가?

- 댄 애리얼리. 2018. 상식 밖의 경제학. 청림출판.
- 크리스토퍼 차브리스, 대니얼 사이먼스. 2011. 보이지 않는 고릴라. 김영사.
- Greenspan, S. 2009. Annals of gullibility: Why we get duped and how to avoid it. Praeger.
- 대니얼 카너먼. 2018. 생각에 관한 생각. 김영사.
- 대니얼 사이먼스, 크리스토퍼 차브리스. (2024). 당신이 속는 이유: 똑똑한 사람을 매혹하는 더 똑똑한 거짓말에 대하여. 김영사.
- 한국경제. 2023년 11월 1일. 서울대 교수도 10억 뜯겼다…'교묘'했던 보이스피싱 수법은? https://www.hankyung.com/article/2023110161047

3장 사기꾼의 심리는 무엇이 다른가?

- 로버트 D. 헤어. 2020. 진단명 사이코패스: 우리 주변에 숨어 있는 이상인격자. 바다출판사.
- 마리아 코니코바. 2018. 뒤통수의 심리학: 속이는 자와 속지 않으려는 자의 심리 게임. 프런티어.
- 존 론슨. 2015. 사이코패스 테스트. 흐름출판.
- Paulhus, D. L., & Williams, K. M. 2002. The dark triad of personality: Narcissism, Machiavellianism, and psychopathy. Journal of Research in Personality, 36(6), 556–563. https://doi.org/10.1016/S0092-6566(02)00505-6

4장 속는 사람들의 심리와 취약점

- 댄 애리얼리. 2012. 거짓말하는 착한 사람들. 청림출판.
- 데이비드 데스테노. 2018. 신뢰의 법칙: 누구를 어떻게 믿을 것인가. 웅진지식하우스.
- 로버트 펠드먼. 2010. 우리는 10분에 세 번 거짓말한다. 예담.
- 경찰청 국가수사본부. 2023. 2023년 상반기 로맨스 스캠 신고 628건 · 피해액 454억 원 (전년 동기 대비 5.6배 · 9.2배). [보도자료].
- 뉴시스. 2023년 10월 25일. 최근 유명 펜싱선수도 연애 사기에 속했다 – 남현희 사건, 사칭 사기범에 35억 원 피해. https://www.newsis.com/view/?id=NISX20231025_0002487372
- Hanoch, Y., & Wood, S. 2021. The scams among us: Who falls prey and why. Current Directions in Psychological Science, 30(3), 260–266. https://doi.org/10.1177/09637214211995489

5장 진화하는 사기 수법의 세계

- 라라 호프만스, 켄 피셔. 2010. 금융사기. 쿠폰북.
- 케빈 미트닉, 윌리엄 사이먼. 2002. 해킹, 속임수의 예술. 사이텍미디어.
- 이철환. 2024. 악마의 유혹, 검은돈과 금융사기. 새빛.
- The New York Times. 2024, August 14. Deepfake investment scams featuring Elon Musk ~25% of videos; ~90% in crypto scams. https://www.nytimes.com/interactive/2024/08/14/technology/elon-musk-ai-deepfake-scam.html
- 전국매일신문. 2023년 9월 27일. 2019년 보이스피싱 피해액 6,720억 원 정

점 → 팬데믹 기간 감소 → 2023년 재증가. https://www.jeonmae.co.kr/news/articleView.html?idxno=1179651
- Federal Bureau of Investigation. 2023. 2022 Internet Crime Report. https://www.ic3.gov/Media/PDF/AnnualReport/2022_IC3Report.pdf

6장 [에피소드] 전화 한 통의 함정 - 보이스피싱의 진화
- 로버트 치알디니. 2023. 설득의 심리학. 21세기북스.
- 임철웅. 2024. 어느 심리학자와 사기꾼의 대화. 트로이목마.
- Truecaller. 2021, June 28. U.S. spam & scam report 2021 (59.49 million victims; $9.8B loss). https://www.truecaller.com/blog/insights/us-spam-scam-report-21
- 매일경제. 2023년 9월 26일. 범죄 피해자 3명 중 1명은 사기 피해자(2019년 19%→2022년 38%). https://www.mk.co.kr/news/society/11403639
- 한국경제. 2023년 5월 28일. 기관 사칭형 보이스피싱 피해 74%가 20대(경기남부 분석). https://www.hankyung.com/article/202305284141Y

7장 [에피소드] 달콤한 거짓말 - 로맨스 스캠과 사랑의 덫
- 마사 스타우트. 2020. 이토록 친밀한 배신자. 사계절.
- 로버트 트리버스. 2013. 우리는 왜 자신을 속이도록 진화했을까?. 살림.
- 김영헌. 2014. 잘 속는 사람의 심리코드. 웅진서가.
- Federal Trade Commission. 2023, February 9. Romance scammers' favorite lies exposed. [Data Spotlight]. https://www.ftc.gov/news-events/data-visualizations/data-spotlight/2023/02/romance-scammers-favor-

ite-lies-exposed
- Whitty, M. T., & Buchanan, T. 2012. The online dating romance scam: A serious cybercrime. Cyberpsychology, Behavior, and Social Networking, 15(3), 181-183wrap.warwick.ac.uk. https://doi.org/10.1089/cyber.2011.0352

8장 [에피소드] 투자 지옥 – 다단계·폰지 사기의 덫
- 존 캐리루. 2019. 배드 블러드: 테라노스의 비밀과 거짓말. 와이즈베리.
- 라라 호프만스, 켄 피셔. 2010. 금융사기. 쿠폰북.
- 이철환. 2024. 악마의 유혹, 검은돈과 금융사기. 새빛.
- 뉴시스. 2024년 2월 13일. 유명 연예인들도 '코인 사기' 연루 의혹… 해명 잇따라. https://www.newsis.com/view/?id=NISX20240213_0002624525

9장 [에피소드] 일상 속의 눈속임 – 생활 밀착형 사기들
- 프랭크 애비그네일. 2012. 캐치 미 이프 유 캔. 문학세계사.
- 경향신문. 2023년 7월 10일. 중고거래 사기 10건 중 9건은 '택배 거래'에서 발생(당근마켓 자료). https://www.khan.co.kr/article/202307100942001
- 조선비즈. 2023년 8월 30일. '몸 캠 피싱' 검거율 8%… 2019년 26% → 2022년 10% → 2023년 8%. https://biz.chosun.com/society/incident/2023/08/30/P3HWD2UH4V2IXH6W7EL2R6XNTQ
- 뉴시스. 2024년 10월 10일. "재산 털어가는 스미싱…5년새 피해금액 36배 늘어" [국감]. https://www.newsis.com/view/?id=NISX20241010_0002914785

10장 [에피소드] 사회적 이슈로서의 사기 - 전세 사기와 집단 사기의 비극

- 찰스 맥케이. 2004. 대중의 미망과 광기. 창해.
- 최지수. 2023. 전세지옥: 91년생 청년의 전세 사기 일지. 세종서적.
- 존 캐리루. 2019. 배드 블러드: 테라노스의 비밀과 거짓말. 와이즈베리.
- 국토교통부 · 주택도시보증공사(HUG). 2023. 2017년 전세보증보험 한도 확대 이후 전세사기 기승(국정감사 증언 자료).
- 경찰청. 2022. 보이스피싱 조직 총책 등 윗선 검거율 2.2% - 국제 조직 범죄화로 인한 검거 난항(국제공조 필요). 경찰청 통계.

11장 전문가의 시선 - 형사가 본 사기의 세계

- 김복준. 2017. 형사 김복준. 이상미디어.
- 사기방지연구회. 2020. 사기의 세계: 전문가가 알려주는 평생 사기방지 비법. 박영사.
- 금융감독원. 2018. 2017년 하반기 두 달간 가상화폐로 인출된 보이스피싱 피해금 50건(총 35억 원) - 신종 수법 동향.
- 매일경제. 2024년 3월 8일). 작년 보이스피싱 피해액 1,965억 원(전년대비 35.4%↑) - 2019년 6,720억→2020~22년 주춤→2023년 재증가.https://www.moneys.co.kr/news/mwView.php?no=2024030716300899294
- 통계청(KOSIS). 2022. 2018~2021년 보이스피싱 검거자 3만8천여 명 중 조직 총책 · 관리책 등 핵심 검거율 2.0%. 국가통계포털.
- 경찰대학. 2021. 2018~2020년 검거된 보이스피싱 전달책 235명 중 70.6%가 구직 사이트를 통해 모집(그중 70%가 19~29세). [연구보고].

12장 사기 예방하는 법 – 속지 않기 위한 실천 가이드

- 프랭크 애버그네일. (2021). 스캠 미 이프 유 캔: 지능형 사기범죄를 이기는 5가지 규칙. 에이콘출판.
- 임채원. 2022. 임 검사의 사기예방 솔루션. 박영사.
- 금융감독원. 2023년 3월. 보이스피싱 피해 예방 가이드라인 – "의심하고, 전화 끊고, 또 확인" 원칙. http://www.fss.or.kr
- 방송통신위원회. 2024년 1월. 출처 불명 링크 클릭 시 악성 앱 설치 · 금융정보 탈취 위험 – 스미싱 주의보. https://www.kcc.go.kr
- 경찰청 사이버안전국. 2023. "최근 '방역수칙 위반 출석요구' 등 제목의 악성 이메일 등장" – 공문서 형식 사칭 이메일 사기 경고. [보도자료].

색인(Index, 가나다순)

ㄱ

- 가상자산(암호화폐) - 5장(폰지 사기의 현대적 변형), 11장(범죄 수익 해외 은닉 수단)
- 건축왕 사건 - 10장(전세 사기 집단 피해 사례, '건축왕' 일당 검거)
- 공공기관 사칭 사기 - 6장(경찰·검사 등을 사칭한 보이스피싱 사례), 9장(최근 5년 사이 관공서 사칭 피싱 급증)
- 공포심 유발 - 3장(사기꾼이 상대를 겁줘 판단력 마비시키는 수법)
- 군중심리 - 4장(친지들 사이의 투자 열풍과 FOMO 심리)
- 권위 편향 - 2장(전문가도 권위에 쉽게 속는 심리), 9장(공식 로고나 명칭에 속기 쉬운 경향)
- 기본적 신뢰성(진실편향) - 1장(사람들이 기본적으로 타인을 믿는 경향), 2장(똑똑한 사람도 쉽게 믿는 함정)

ㄴ

- 낙관편향 - 1장(낙관적으로 "나는 아니겠지" 하다가 당하는 함정)
- 납치 빙자 사기 - 12장(자녀 납치 협박형 보이스피싱 사례), 6장(AI로 자녀 목소리를 합성한 신종 납치 사기)

ㄷ

- 다단계 사기(피라미드 사기) - 8장(불법 다단계 투자 사기 사례), 1장(피라미드형 사기의 전염 효과 언급)

- 다크 트라이어드 – 3장(사기꾼들에게서 흔히 나타나는 세 가지 어두운 성격 특성의 총칭)
- 대포통장 – 11장(타인 명의 계좌로 범죄 수익 세탁, 추적 어려움)
- 대포폰 – 11장(대포폰·선불폰으로 정체를 숨겨 수사 방해)
- 동시 진행 수법 – 10장(전세 사기에서 여러 계약을 한꺼번에 진행하는 수법)
- 딥페이크 – 6장(AI 딥페이크로 가족 목소리를 흉내낸 보이스피싱 등장), 11장(딥페이크 영상 범죄 대응 논의)

ㄹ

- 로또 당첨 번호 사기 – 9장("로또 1등 예상번호 알려준다"는 사기 사이트 사례)
- 로맨스 스캠(연애 사기) – 7장(국제 로맨스 스캠 사례와 수법), 프롤로그(연애를 미끼로 한 사기 피해 규모 언급)
- 리딩방 사기 – 8장(SNS에서 유명 투자자 행세 후 단체방으로 유인해 몰아넣는 주식 리딩방 사기)

ㅁ

- 마키아벨리즘 – 3장(사기범들의 마키아벨리적 성향, 타인을 조종하며 죄책감 없음)
- 매몰비용 오류 – 8장(손실이 나도 "곧 회복될 것"이라며 빠져나오지 못하는 심리)
- 메신저 피싱(지인 사칭 사기) – 12장(카카오톡 등을 통한 자녀 사칭 사례), 9장 (가족·친구 행세 메신저 피싱 증가 추세)
- 메이도프 사기 – 4장(버나드 메이도프의 거대 폰지 사기와 피해 양상)

ㅂ

- 보이스피싱 – 6장(전화 한 통으로 돈을 노리는 금융사기, 진화된 수법 소개), 5장('신종 수법', AI 음성합성 등 갈수록 교묘해지는 전화 사기 기법)
- 빌라왕 사건 – 10장('빌라왕' 일당에 의한 수백 세대 전세 사기 피해 및 특별법 제정)

ㅅ

- 사기(범죄) – 프롤로그("사기는 인간의 믿음과 신뢰를 악용하는 심리적 범죄"), 3장(사기는 남의 일이 아닌 누구나 당할 수 있는 범죄임을 강조)
- 사기 예방 – 12장(속지 않기 위한 실천 가이드와 체크리스트)
- 사이코패스 – 3장(사기범들의 정서적 공감 결여와 사이코패스적 성향)
- 사회공학 – 9장(개인정보 도용과 권위 악용 등 사회공학적 기법으로 사람 속임)
- 사회적 증거 – 4장(주변에 믿는 사람이 많으면 따라 속게 되는 심리)
- 생활 밀착형 사기 – 9장(일상 속에서 벌어지는 택배·중고거래·무료 이벤트 사기 사례들)
- 스미싱 – 9장(문자 내 링크로 악성 앱 설치 유도, "택배회사 사칭"이 85%를 차지)
- 스페인 왕자 편지 사기 – 5장(19세기 편지 사기 수법으로, '나이지리아 왕자 이메일' 사기의 전신)
- 신종 사기 수법 – 5장(기술 변화에 따라 등장한 최신 사기 기법들)
- 심리 조작 – 9장(피해자의 욕망과 희망을 노린 교묘한 심리 조작 수법 해설)

ㅇ

- 엘리 위젤 – 4장(노벨평화상 수상자도 메이도프 사기에 당한 사례, 지인의 추천을 믿은 취약점)
- 의심(회의주의) – 1장("믿음에 앞서 의심하는" 건강한 회의주의의 필요성 강조)
- 익숙함의 착각 – 9장(너무 익숙한 형태의 정보라 경계심을 풀게 되는 함정)
- 인지부조화 – 3장(상식과 현실이 충돌할 때 스스로 상황을 합리화하는 심리 상태)
- 인터폴(국제 공조 수사) – 11장(해외 도피한 총책 검거 위해 인터폴 적색수배 등 국제 공조)

ㅈ

- 자기과신 – 4장(피해자들이 "나는 다를 줄 알았다"고 착각하다 당한 사례)
- 자기애(나르시시즘) – 3장(사기범들의 자기애적 성향, 자신을 남보다 우월하고 특별한 존재로 믿음)
- 자기합리화 – 3장(사기범들이 "당하는 놈이 바보"라며 죄책감을 회피하는 자기합리화)
- 전세 사기 – 10장(세입자 보증금을 노린 조직적 사기, 사회적 재난으로 대두)
- 조희팔 – 4장(조희팔 일당의 사상 최대 다단계 사기사건, 7만 명 피해)
- 지인 사칭 사기 – 9장(가족·지인 행세로 금전을 요구하는 메신저 피싱 수법)
- 진실편향 – 2장(들은 정보를 쉽게 믿어버리는 경향, → '기본적 신뢰성' 항목 참조)

ㅊ

- 친족 사기(친분 사기) – 8장(친구·동창 등 가까운 사람들 간의 신뢰를 악용한 이른바 Affinity Fraud)

ㅌ

- 탐욕(욕심) – 4장(피해자의 탐욕이 발동되면 의심을 무시하고 속기 쉬운 심리)
- 투자 사기 – 8장(고수익 보장을 미끼로 한 투자 사기의 늪 사례들), 서문(보이스피싱부터 투자 사기까지 급증하는 현실 언급)

ㅍ

- 편향 맹점 – 2장(자신은 편향되지 않았다고 믿는 착각으로 경계심을 놓는 현상)
- 포모(FOMO) – 4장("왜 나만 안 해?" 남들 하는 기회를 놓치기 두려워하는 심리)
- 폰지 사기 – 5장(찰스 폰지의 고전적 투자 사기, 이후 모든 돌려막기식 투자 사기의 대명사), 4장(버나드 메이도프 사건으로 본 거대 폰지 사기의 실태)
- 피싱(Phishing) – 5장("나이지리아 왕자" 이메일 등 등장과 SMS 피싱(스미싱)으로의 발전)
- 피해자 비난 – 11장(피해자가 당한 후 스스로를 바보라 자책하고, 주위에서도 "어떻게 속냐"며 비난하는 2차 가해)
- 피해자 심리 – 11장(사기 피해 이후 극심한 수치심과 자기 좌절 등 심리적

충격)
- 피해자 지원 – 11장(피해자 보호 전담 경찰관, 심리상담·의료지원 등 지원 제도 안내)

ㅎ

- 확증편향 – 4장(이미 믿는 바만 받아들이고 불리한 정보는 외면하는 인지적 함정), 8장 (투자 사기 피해자들이 경고 신호를 무시한 원인으로 언급됨)
- 회의주의 – 1장(속지 않기 위해선 "덜 믿고 더 의심하는" 건강한 회의주의가 필요함)
- 후광 효과 – 8장(친분에 따른 신뢰, 일종의 후광 효과로 인해 지인 소개 사기에 취약해지는 현상)
- 희망적 사고 – 4장(근거 없이 상황이 잘 풀릴 거라고 믿어 버리는 낙관적 생각)
- 희소성 효과 – 5장("지금 아니면 못 산다"는 식의 한정적 기회로 조바심을 유발하는 심리)